ISBN 978-0-365-98119-0
PIBN 11056951

1 MONTH OF
FREE
READING

at

www.ForgottenBooks.com

By purchasing this book you are eligible for one month membership to ForgottenBooks.com, giving you unlimited access to our entire collection of over 1,000,000 titles via our web site and mobile apps.

To claim your free month visit: www.forgottenbooks.com/free1056951

English
Français
Deutsche
Italiano
Español
Português

www.forgottenbooks.com

Mythology Photography **Fiction**
Fishing Christianity **Art** Cooking
Essays Buddhism Freemasonry
Medicine **Biology** Music **Ancient**
Egypt Evolution Carpentry Physics
Dance Geology **Mathematics** Fitness
Shakespeare **Folklore** Yoga Marketing
Confidence Immortality Biographies
Poetry **Psychology** Witchcraft
Electronics Chemistry History **Law**
Accounting **Philosophy** Anthropology
Alchemy Drama Quantum Mechanics
Atheism Sexual Health **Ancient History**
Entrepreneurship Languages Sport
Paleontology Needlework Islam
Metaphysics Investment Archaeology
Parenting Statistics Criminology
Motivational

326

Charlotta von Lusignan

und

Caterina Cornaro,

Königinnen von Cypern.

Von

Karl Herquet.

Mit drei Tabellen und einer Karte.

Regensburg, New-York & Cincinnati,
Papier, Druck und Verlag von Friedrich Pustet.
1870.

Charlotta von Lusignan

und

Caterina Cornaro,

Königinnen von Cypern.

Von

Karl Herquet.

⁓⊰⊱⁓

Regensburg, New-York & Cincinnati.

Papier, Druck und Verlag von Friedrich Pustet.

1 8 7 0.

Crus442.18

Vorwort

Die Abfassung der vorliegenden Schrift wurde durch ein Zusammentreffen besonderer Umstände, die ich deshalb hier kurz skizziren will,
veranlaßt.

Vieljährige Beziehungen, denen ich, wenngleich sie längst wieder
gelöst sind, stets eine dankbare Erinnerung bewahren werde, führten mich zu dem Studium der Verfassung und der Geschichte des
Johanniterordens. Vorzüglich war es die Rhodiser Periode desselben,
die mich schon deshalb anzog und besonders beschäftigte, weil sich in
ihr der Orden zu derjenigen Form herausbildete, in der wir ihn bis
zum Verlust seines souveränen Besitzthums, also bis in die neueste Zeit
verfolgen können. Ist die mittelalterliche Geschichte von Rhodos einer
quellenmäßigen Durcharbeitung in hohem Grade bedürftig, so noch mehr
die der Nachbarinsel Cypern, die beide fast zwei Jahrhunderte in so
inniger Wechselbeziehung zu einander standen, daß der Großmeister Jean
de Lastic dem König Johann II. sagen konnte: „Wir haben stets Cypern
und Rhodos für eins gehalten."

J. P. Reinhard's Geschichte des Königreichs Cypern (2 Theile.
Erlangen und Leipzig 1766—1768), das einzige Werk, das bis jetzt
über diesen Gegenstand in deutscher Sprache erschienen ist, bezeichnet zugleich den Standpunkt, auf dem sich die cyprische Geschichte bis in die
neueste Zeit befand. Wenngleich bei-Reinhard der gelehrte Apparat
eine große Rolle spielt, so zeigt sich doch bei ihm nicht allein eine ganz
eigenthümliche Scheu vor Jahreszahlen, ihm ist auch dasjenige Werk,
das ihm neben den cyprischen Chroniken verhältnißmäßig noch die

meiste Aufklärung über die letzten Zeiten der Lusignan's gewähren konnte, nämlich Bosio's Ordensgeschichte, gänzlich unbekannt geblieben. Statt dessen hält er sich an den in hohem Grade unkritischen und verwaschenen Vertôt.

Diesem Zustande ein Ende zu machen, setzte 1841 die französische Akademie den historischen Preis für 1843 auf eine Geschichte Cyperns unter den Lusignan's, wobei zugleich besondere Rücksicht auf die damaligen inneren Verhältnisse der Insel, ihre politischen und kommerziellen Verbindungen mit dem Orient und den italienischen Seestaaten genommen werden sollte.

Der Lösung dieser Aufgabe hatte sich der jetzige Pariser Archivdirector L. de Mas Latrie mit Erfolg unterzogen, weshalb ihn die Akademie aufforderte, seine Arbeit zu erweitern und der Oeffentlichkeit zu übergeben. Nach achtjährigen weiteren Studien, wozu wir eine Bereisung der Insel Cypern rechnen, erschien der erste Band im Mai 1852. Er enthielt die Urkunden bis zum Tode des Königs Janus (Juni 1432), die der Verfasser größtentheils selbst aus den französischen, italienischen, spanischen Archiven und Bibliotheken, aus dem Ordensarchiv zu Malta und den Sammlungen des britischen Museums ausgezogen hatte. Mit dem zweiten, 1856 erschienenen Bande schloßen die Urkunden ab.

Die geschichtliche Darstellung selbst vertheilte der Verfasser auf drei Bände, wovon der erste die Zeit von der Eroberung Cyperns durch König Richard bis zum Aufhören der Kreuzzüge mit dem Fall von Akkon (1191—1291), der zweite die bis zur Einnahme Famagosta's durch die Genuesen (1291—1373) und der dritte die bis zur Einverleibung Cyperns in den venetianischen Staatsverband (1373—1489) umfassen sollte.

Im März 1861 wurde der erste Band ausgegeben, wozu dann noch eine von dem Verfasser entworfene größere Karte Cyperns kam, die Weiterführung des Werkes gerieth aber von jetzt ab in's Stocken. Wie mir von sehr wohlunterrichteter Seite mitgetheilt wurde, bestehen die Hemmniſſe, die dem Erſcheinen der beiden anderen Bände in den Weg getreten ſind und deren Erörterung nicht hieher gehört, noch immer und es zeigt ſich noch keine Ausſicht, daß, was im Intereſſe der Wiſſenſchaft dringend zu wünſchen wäre, ſie endlich beſeitigt werden könnten.

Ohne über Mas Latrie's Werk mir ein Urtheil geſtatten zu wollen, darf ich wohl hier den Wunſch wiederholen, den einer der bedeutendſten Kenner der levantiniſchen Geſchichte mir gegenüber äußerte, es möchte nämlich im Intereſſe derſelben der Verfaſſer die cypriſchen Chroniken nicht, wie geſchehen, in kleineren Bruchſtücken, ſondern voll- ſtändig veröffentlicht haben. Für mich ſelbſt wäre es ein ſehr ange- nehmes Bewußtſein, wenn ich hoffen dürfte, durch meine Arbeit etwas zur weiteren Verbreitung dieſes unſchätzbaren Werkes beitragen zu können. Dieſes iſt leider kein überflüſſiger Wunſch, da ſelbſt größere Bibliotheken daſſelbe bis jetzt entbehren.

Wenn es im Allgemeinen meine Abſicht war, auf Grund von Mas Latrie's Urkundenſammlung eine gedrängte Geſchichte Cyperns unter dem Hauſe Luſignan zu geben, ſo glaubte ich doch bei den ein- zelnen Partieen eine verſchiedene Behandlungsweiſe eintreten laſſen zu müſſen. Die Zeit von 1191—1291 wurde, da ſie einestheils mit der Geſchichte der Kreuzzüge zuſammenfällt, anderntheils, wie oben erwähnt, von Mas Latrie bereits erſchöpfend bearbeitet worden iſt, etwas karg behandelt. Für die folgende Zeit von 1291—1458 glaube ich nichts Weſentliches übergangen zu haben. So beginnt die ausführlichere Darſtellung erſt mit der Regierungsperiode Charlotta's und erſtreckt ſich dann noch auf die Jakobs II. und ſeiner Gemahlin Caterina, umfaßt daher den ganzen Zeitraum, innerhalb deſſen das mit dem Sturz der Dynaſtie abſchließende Drama ſeinen Verlauf findet. Da die mit der Einverleibung in den venetianiſchen Staatsverband auf der Inſel ein- getretenen Veränderungen zur Genüge erörtert, bemerkenswerthe politi- ſche Ereigniſſe bis zur Eroberung Cyperns durch die Türken (1570) aber nicht weiter eingetreten ſind, ſo kann auch dieſer Zeitraum in gewiſſer Beziehung noch miteingerechnet werden.

Zur Ausarbeitung meiner Schrift wählte ich Stuttgart, nachdem ich mich vorher genugsam überzeugen konnte, daß die dortige, ungemein reichhaltige Königliche Bibliothek ebensowohl für meine Zwecke ausgiebiges Material bieten würde, als ich Seitens des Vorstandes mich jeder erdenklichen Förderung und Unterstützung zu erfreuen haben würde. Und diese ist mir denn auch im vollsten Maße zu Theil geworden, weshalb es mir hier gestattet sein möge, dem Herrn Oberbibliothekar und Oberstudienrath von Stälin, den Herren Bibliothekaren und Professoren Heyd und Wintterlin, so wie den beiden unverdrossenen und gewandten Herren Beamten des AusgabeBüreau's meinen ganz besonderen Dank dafür auszusprechen.

In Bezug auf Einzelheiten bemerke ich, daß die beigegebenen Stammtafeln des Hauses Lusignan zwar nicht auf unbedingte Vollständigkeit Anspruch machen sollen, die auch schwerlich ganz erreicht werden würde, doch werden sie hoffentlich allen in Hinsicht auf den Text an sie gestellten Anforderungen entsprechen. Die des Hauses Ibelin kann aber nur auf relative Richtigkeit Anspruch machen, ohne daß sie doch so offenkundige Irrthümer, wie die von Reinhard seinem Werk beigegebene enthalten wird. So ist bei diesem der als Sammler der Assisen bekannte Graf von Joppe und Askalon, Johann von Ibelin (gestorben 1266), ein und dieselbe Person mit dem Herrn von Beirut, Johann II. von Ibelin (gestorben 1264), während der erstere zu dem gemeinschaftlichen Stammvater Balian II. in dem Verhältniß eines Enkels, der zweite aber in dem eines Urenkels steht.

Das auf der Karte von Cypern angebrachte Wappen von Charlotta, welches nach dem auf dem vatikanischen Codex Nr. 1208, einem Geschenk der Königin an den Papst Innocenz VIII. befindlichen gezeichnet ist, verdanke ich der Güte meines Freundes, des Professors der orientalischen Sprachen zu Münster, Herrn Dr. Gustav Bickell, der in diesem Frühjahre längere Zeit auf der vatikanischen Bibliothek arbeitete. Seine Bemühungen, eine photographische Reproduction der Seite 187 erwähnten Freske des römischen Hospitals San Spirito, welche den Empfang der Königin Seitens des Papstes Sixtus IV.

darstellt, zu erhalten, sind leider erfolglos geblieben. Nach den Mit-
theilungen eines am Hospital angestellten Geistlichen befindet sich
daselbst noch eine weitere Fresle, den Eintritt Charlotta's in die Bruderschaft des Hospitals darstellend, sowie die Königin auch in das noch
vorhandene Register dieser Bruderschaft ihren Namen eigenhändig
eingetragen habe. Ich habe zwar bei meinem Aufenthalte in Rom
im Jahre 1865 das Grab Charlotta's in den Grotten von St. Peter
besucht, von der erwähnten Freske hatte ich aber damals noch keine
Kenntniß, da ich erst nach meiner Rückkehr aus Italien mich mit der
cyprischen Geschichte spezieller beschäftigte. Mein Hauptaugenmerk war
damals, wie auch jetzt wieder, auf die Geschichte des Johanniter-
Ordens gerichtet. In Genua und Venedig erlaubte es meine Zeit
nicht, mehr als Lokalstudien zu machen. Ich habe daher die auf
der Markusbibliothek befindliche Handschrift Colbertaldi's über das
Leben der Königin Caterina (nach ihrer Thronentsagung) nur in den
Auszügen von Mas Latrie und Le Bret benutzen können. Ersterer
bezeichnet diese Vita ohnehin als „peu instructive." Das Privat-
leben Caterina's zu Asolo, von dem uns der jugendliche Bembo aus
eigener Anschauung in seinen Asolanen ein so poetisches Bild hinterlassen hat, gehört auch streng genommen nicht mehr in den Rahmen
unserer Geschichte. Was die Form „Caterina Cornaro" betrifft, so
habe ich mich hierbei, obschon sie sich selbst „Cornara" unterzeichnete,
wie diese Form im venetianischen Dialect noch jetzt die maßgebende
ist, dem neueren italienischen Sprachgebrauch anbequemt.

Da Mas Latrie's Urkundenbuch, wie bereits hervorgehoben,
meine vorzüglichste Quelle bildet, so habe ich dasselbe nur in besonderen Fällen citiren zu müssen geglaubt. Gleiches gilt in Bezug auf
Bosio (Rom 1594), der neben Paoli meine Quelle für den Hospitalorden bildet. Die Verschiedenheit der Citate in Bezug auf Stephan
von Lusignan's Geschichte erklärt sich daraus, daß mir bei Ausarbeitung meiner Schrift nur die erste, italienische Ausgabe (Bologna 1573)
zur Verfügung stand, während ich mir früher aus der allerdings kor-
recteren französischen Ausgabe (Paris 1613) Auszüge gemacht hatte.
Das Werk von Loredano war mir nur in einer französischen Ausgabe

(Paris 1732) zugänglich. Seiner Unzuverläſſigkeit halber habe ich es faſt gar nicht benutzt.

Die Beſchaffung von Sperone, Real grandezza di Genova war mir leider unmöglich.

Die von mir Seite 99 ausgeſprochene Abſicht, die Richtigkeit der neuerdings wieder mehrfach aufgeſtellten Behauptung von der Zer-ſtörung des Mauſoleums von Halikarnaß durch die Rhodiſer-Ritter nachweiſen zu wollen, iſt bereits ausgeführt worden. Der betreffende Aufſatz findet ſich in den Nummern 12, 13 und 14 des Wochenblattes der Johanniter-Ordens-Balley Brandenburg.

Den verehrlichen Vorſtänden der Königlichen Bibliotheken zu Berlin, Göttingen, Caſſel und Marburg, die ſchon früher mich auf das Bereitwilligſte unterſtützten, ſpreche ich meinen ergebenſten Dank dafür aus.

Braunzell bei Fulda im Juli 1869.

K. Herquet.

Erstes Kapitel.

Die Erwerbung der Insel Cypern durch Guido von Lusignan (1192).

In dem Herzen Frankreichs, in der Landschaft Poitou, erhob sich seit grauen Zeiten ein geräumiges Schloß, dem erst die Bürgerkriege des sechszehnten Jahrhunderts ein gewaltsames Ende bereiteten. Es war der Sitz und die Wiege eines edeln Geschlechtes, das länger denn drei Jahrhunderte eine Königskrone in der Levante trug und durch das tragische Schicksal seiner letzten Repräsentanten unsere Theilnahme in hohem Grade erregen muß. Eine erlauchte Frau mußte die ganze Schwere einer zusammenbrechenden Herrschaft empfinden und sich zu unverschuldeten Leiden verurtheilt sehen, die ihre Seele wohl umdüsterten, denen sie aber mit männlichem Geiste die Stirne bot. Ihrem Leben sollen diese Blätter vorzugsweise gewidmet sein.

Der Name dieses Schlosses und des darin hausenden Geschlechtes war Lusignan.[1]

Nach der Mitte des zwölften Jahrhunderts übertrug der damalige Burgherr Hugo, der achte dieses Namens, das Erbe seiner Ahnen auf seinen ältesten Sohn, ebenfalls Hugo geheißen, seinen vier anderen Söhnen überließ er es, ihr Glück in der Fremde zu gründen. So umgürteten sich denn drei von ihnen, Amalrich, Guido und Gottfried, mit dem Beinamen Großzahn, nacheinander zum Grabe des Herrn, wobei sie weniger die fromme Wallfahrt, als weltliches Trachten im Auge hatten, während der vierte, Raimund, nach manchen Irrfahrten die kühlen Klostermauern aufsuchte.

Wir treffen Amalrich in Palästina wieder, wo er sich mit Eschiva von Ibelin, der Tochter eines der mächtigsten Barone, vermählt hatte und bald darauf von König Balduin IV. zum Connetable des Reiches ernannt wurde.[2] Diesem, der noch sehr jung war, aber behaftet mit der unheilbaren Krankheit des Aussatzes einem frühzeitigen Tod erlag, folgte Balduin V., der Sohn seiner Schwester Sibylla, den sie aus ihrer ersten, sehr kurzen Ehe mit dem Markgrafen Wilhelm von Montferrat hatte. Schon vorher

(1180) hatte sich Sibylla mit Bewilligung ihres Bruders statt mit einem der großen Barone des Reiches, die dieses erwarteten, mit Guido von Lusignan vermählt, der nichts besaß, als seinen Degen und ein sehr einnehmendes Aeußere. Zu ihm hatte sie bereits eine so heftige Leidenschaft gefaßt, daß die Ehe nicht wohl zu umgehen war. Balduin machte bald darauf seinen Schwager zum Grafen von Joppe und Askalon, welche Besitzungen die Mitgift seiner Schwester bildeten.

Die Eifersucht der Barone des Reiches, dessen Lage sich mehr und mehr verschlimmerte, als nach dem Tode ihres Sohnes Balduin Sibylla nun wirklich Königin geworden war (1186), bewog jene ihrem Gatten die Anerkennung zu versagen. Da setzte es Sibylla mit Hülfe der Ritterorden und des Klerus durch, daß Guido dennoch in Jerusalem gekrönt wurde, worüber die Bevölkerung nicht wenig jubelte.

Als die Nachricht von dessen Glück nach Schloß Lusignan gelangte, rief sein Bruder Gottfried spöttisch aus: „Wenn Guido König geworden ist, wird er auch noch Gott werden" und machte sich gleichfalls nach Palästina auf.

Aber dieses Glück war von kurzer Dauer. Schon am 3. Juli 1187, dem blutigen Tage von Hittin, fiel er mit seinem Bruder Amalrich in die Hände Salabins und wurde erst im folgenden Jahre gegen die Uebergabe von Askalon wieder in Freiheit gesetzt.

Immer trauriger gestaltete sich die Lage des Reiches. Am 2. October 1188 mußte auch Jerusalem kapituliren und am Ende dieses Jahres blieben den Christen nur noch drei Plätze von Wichtigkeit: Thyrus, wohin sich Sibylla zurückgezogen hatte, Tripolis und Antiochien.

Dennoch verlor Guido den Muth nicht. Mit einem kleinen Heere, bei dem sich auch seine Brüder befanden, bezog er ein befestigtes Lager bei Akkon mit der Absicht, diese Stadt, deren sarazenische Besatzung seiner Streitmacht an Stärke wohl viermal überlegen war, zu berennen, wobei er bald Hülfe von lombardischen, genueser und marseiller Kaufleuten erhielt, denen an Wiedergewinnung dieses Hauptstapelplatzes der Levante Alles gelegen war.

Die Belagerung zog sich aber sehr in die Länge und als unglücklicherweise auch die im Lager anwesende Königin mit ihren letzten zwei Töchtern daselbst starb (1190), war es um Guido's Ansehen geschehen.

Seine vielfachen Feinde brachten nun Sibyllens Stiefschwester, Isabella, welche mit Humfried von Toron[3]) verheiratet war, dahin, daß sie von diesem, der seines schwachen Charakters wegen nicht zur Herrschaft geeignet war, den sie aber doch sehr liebte, sich scheiden ließ und ihre Hand dem Markgrafen Konrad von Montferrat, dem Bruder ihres verstorbenen Schwagers, reichte. Dieser, der als Herr von Tyrus bereits Proben einer außerordentlichen Tapferkeit abgelegt hatte, betrachtete sich jetzt als den eigentlichen König und stieß seinen Nebenbuhler sofort aus seinem eigenen Lager hinaus.

In dieser Noth begab sich Guido, der an die Entscheidung der Könige von Frankreich und England appellirt hatte, mit seinem Bruder Gottfried nach Cypern, wo König Richard bereits angelangt war. Auch sein Schwager Humfried begleitete ihn, dessen geschiedene Gattin schwerlich wußte, daß sie einem Manne vermählt war, der, wie seine Feinde wenigstens behaupteten, bereits zwei Frauen hatte und zwar eine in Italien und eine in Byzanz. Daß die letztere, eine griechische Prinzessin, damals noch lebte, scheint wirklich außer Zweifel zu stehen.

Richard Löwenherz war am 10. April 1191 in Messina unter Segel gegangen, begleitet von seiner Schwester Johanna, Wittwe des Königs von Sizilien, und seiner in Messina ihm anverlobten Braut, Berengaria von Navarra, während sein Verbündeter Philipp August von Frankreich bereits früher aufgebrochen war und auch glücklich die Küste Palästina's erreicht hatte. Ein heftiger Sturm setzte der englischen Flotte im Angesichte von Cypern arg zu, so daß das Schiff, welches die Schwester und Braut des Königs trug, kaum im Stande war, vor der Rhede von Limasol vor Anker zu gehen. Auf Befehl des Comnenen Isaak, der einige Zeit vorher sich von Byzanz losgesagt und auf der Insel eine unabhängige Herrschaft errichtet hatte, der zugleich von einem glühenden Hasse gegen die Lateiner beseelt war und mit Saladin im Einvernehmen stand, wurden diejenigen Engländer, die Schiffbruch gelitten hatten, auf eine grausame Weise behandelt; seine Absicht aber, sich der Fürstinnen selbst zu bemächtigen, mißlang, da diese den wahren Grund seiner anscheinend freundlichen Einladung bald erkannt hatten und deshalb nicht an's Land stiegen. In hohem Grade dadurch aufgebracht unternahm Richard, der erst später eingetroffen war und vergeblich um eine friedliche Verproviantirung der Flotte nachgesucht hatte, die Landung mit gewaffneter Hand. Als dies der feige Comnene inne

warb, ließ er seine Truppen im Stich und floh in die Berge. Das
englische Heer lagerte sich nun bei Limasol. Der König, der vor
Begierde brannte, das heilige Land zu erreichen, glaubte unter allen
Umständen ein gutes Einvernehmen mit dem Comnenen anbahnen
zu müssen, er lud ihn daher in sein Lager ein. Isaak erschien auch
mit glänzendem Gefolge. Das Ergebniß der Zusammenkunft war,
daß er den Kreuzfahrern alle erdenkliche Hülfe zusagte und die Gast=
freundschaft des Königs annahm, doch noch in derselben Nacht
entfernte er sich heimlich und erklärte nun offen die Franken als
seine Feinde.

Da ließ der König, gereizt durch eine solche Treulosigkeit, seine
Reiterei ausschiffen und zog unverzüglich gegen Isaak zu Felde.
Dieser war bald geschlagen und mit einer ungeheuern Beute belastet
zog das englische Heer wieder in Limasol ein.

In dieser Zeit war es, daß Guido von Lusignan mit einer
Anzahl Edeln bei Richard, der als Beherrscher von Poitou zugleich
sein Oberlehnsherr war, eintraf. Ihre Gegenwart benutzte der
König, um mit großer Pracht Sonntags den 12. Mai seine Hoch=
zeit mit Berengaria zu Limasol zu feiern.

Das einmal begonnene Werk durchzuführen verfolgte er jetzt
den in das Innere der Insel geflohenen Comnenen, während Guido
mit einer kleinen Abtheilung des Heeres und unterstützt durch die
Flotte die wichtige Seefeste Famagosta eroberte. Endlich nahm
Isaak den Kampf an. Bei dem Dorfe Tremithusia kam es zu
einem sehr hartnäckigen Gefechte, worin dieser seinen ganzen Muth
zusammenraffend mit seinem Streitkolben einen Schlag auf Richard
ausführte, aber auch sogleich ergriffen und zum Gefangenen gemacht
wurde. Das griechische Heer floh nun nach allen Richtungen und
dachte nicht daran, das eine Tagereise entfernte Nikosia, die Haupt=
stadt des Landes, zu vertheidigen. Die bestürzten Einwohner der=
selben zogen mit der Geistlichkeit an ihrer Spitze dem Sieger ent=
gegen und leisteten ihm den Eid der Treue. Damals soll dieser
ihnen befohlen haben, zum Zeichen der Unterwerfung die langen
Bärte abzuschneiden und sich nach Art der Normannen das Kinn
glatt zu scheeren.

Nur vier wichtige Plätze waren noch in den Händen der
Griechen. Vor Allem die Seefeste Cerines auf der Nordküste, wo
Gattin und Tochter Isaaks sich befanden, so wie seine Schätze und
Edelsteine. An Stelle des erkrankten Königs übernahm Guido den
Oberbefehl und war bald Herr der Festung. Die übrigen Schlösser

im Norden, St. Hilarion, Buffavent und Kantara, gewann man leichter, indem man den Comnenen zwang, den Befehl zur Uebergabe zu ertheilen.

Jetzt litt es den König nicht länger mehr in seinem neuen Reiche, zumal Boten über Boten aus Palästina kamen, um ihn herbeizurufen. Er setzte die Ritter Canville und Tornham als seine Statthalter ein, ließ ihnen Truppen und Schiffe und ging nach Limasol, um Schwester und Gemahlin, denen er Isaaks Tochter übergab, nach Akkon vorauszusenden. Den Vater selbst führte er mit goldenen Fesseln belastet mit sich und übergab ihn dem Orden vom Hospitale St. Johann zur Bewachung, in dessen Feste Margat bei Tripolis er aus Gram über die Trennung von seinem Kinde im Jahre 1195 starb.

Die Geschichtsschreiber der damaligen Zeit wissen nicht Ausdrücke genug zu finden, um den ganzen Reichthum der Beute zu schildern, die dem König durch diese Eroberung, die ihn nur wenige Wochen aufhielt, zugefallen war. Neben großen Geldsummen waren es vorzüglich goldne und silberne Gefäße von getriebener Arbeit, Prachtgewänder aller Art und kostbare Edelsteine.

Die eigentliche Bedeutung dieser Eroberung bestand aber darin, daß sie für das Kreuzheer einen festen Stützpunkt abgab und mit ihren reichen Produkten demselben die Mittel zum Unterhalt liefern konnte, während das flache Land von Palästina durch die Streifereien der Sarazenen den Christen gänzlich verschlossen war und diese öfters mit einer Hungersnoth bedrohte.

Am 5. Juni verließ Richard Cypern und erschien mit Guido bald im Lager vor Akkon.

Dort waren unter dem jetzt wohl 80,000 Mann starken Heer fast alle Nationen des Abendlandes vertreten, auch die Deutschen, die ihren großen Kaiser Friedrich I. in Kleinasien durch einen jähen Tod verloren hatten und nun unter den Mauern Akkons auch dessen Sohn, den Herzog Friedrich von Schwaben, den gewaltigen Anstrengungen erliegen sahen. Aber trotz der großartigen Festlichkeiten und Turniere, die man hier veranstaltete, feindete man sich auf das bitterste an, Haß und Scheelsucht herrschte und die Anwesenheit der beiden Kronprätendenten hielt alle Theile in fortwährender Spannung. Richard, wie auch die Ritterorden und die damals sehr mächtigen Pisaner hielten es mit Guido, auf Seiten des Markgrafen Konrad standen hauptsächlich die Franzosen mit König Philipp August, der seinen Verdruß über die Eroberung Cyperns und die dort gemachte reiche Beute nicht verwinden konnte, sowie die Genuesen. Unter solchen Umständen war es fast ein Wunder, daß am 13. Juli 1191 Akkon nach einer nun zweijährigen Belagerung zur Kapitulation gebracht werden konnte, zumal auch Saladin seine ganze Kraft zum Entsatz aufgeboten hatte. Bei dieser Gelegenheit war es, daß Richard durch Beschimpfung der deutschen Fahne den Herzog Leopold von Oesterreich sich zum Todfeinde machte.

Vierzehn Tage später hielt man in der eroberten Stadt eine große Tagfahrt ab, wobei sämmtliche Barone und Prälaten des Reiches, sowie die anwesenden Fürsten des Abendlandes erschienen. Hier entschied man, daß Guido als König von Jerusalem anerkannt, die Einkünfte des Reiches aber zwischen ihm und seinem Neben= buhler getheilt werden sollten. Wenn Guido mit Tod abgehe, solle die Nachfolge auf Konrad oder seine Nachkommenschaft aus der Ehe mit Jsabella übergehen. Außerdem bestätigte man auch den Markgrafen in dem Besitz von Thrus und sprach ihm Beirut und Sidon zu, falls es erobert werden würde. Auch erhielt Gottfried von Lusignan die von seinem Bruder Guido ihm früher überlassene Graf= schaft Joppe wieder, sowie die Stadt Cäsarea.

Statt mit geeinter Macht auf die entmuthigten Sarazenen loszugehen und womöglich Jerusalem zu nehmen, zersplitterte man seine Kräfte und überließ sich auf's Neue gegenseitiger Befehdung. Philipp August wollte nicht länger durch Richard Löwenherz, der zugleich sein Vasall war, in Schatten gestellt sein. Schon am 3. August schiffte er sich in Thrus ein, wobei er allerdings sein Heer unter dem Befehl des Herzogs von Burgund zurückließ, aber dieses Heer sagte dem englischen König, der siegreich vordringend in offener Feldschlacht bereits Saladin geschlagen hatte, im Angesichte der hei= ligen Stadt den Gehorsam auf (Januar 1192.) Die Folge davon war ein Waffenstillstand mit Saladin, der den Christen den Besuch der heiligen Orte gestattete.

Richard mußte nun an die Rückkehr denken. Ehe er aber die= selbe antreten konnte, erwuchsen ihm neue Ungelegenheiten durch den alten Streit zwischen Guido und Konrad von Montferrat. Die syrischen Barone waren nämlich mit ihrer Hinneigung zu Letzterem so offen zu Tage getreten, daß sie sogar in dessen Namen selbstftän= dig mit Saladin pactirt hatten, freilich ohne Erfolg, da Richard ihre Pläne durchkreuzte.

Diese Wahrnehmung machte aber auf diesen einen solchen Ein= druck, daß er jetzt aus freien Stücken Guido fallen ließ und dem

Markgrafen nach Thrus Boten sandte, um ihm sein Einverständniß mit seiner Erhebung anzuzeigen. An demselben Tage hauchte dieser unter den Dolchen zweier Araber, die kurz vorher die Taufe begehrt hatten, auf dem Wege nach seiner Wohnung sein Leben aus. Ob diese That von dem Alten vom Berge ausging, oder ob Richard der eigentliche Urheber war, wie man damals vielfach glaubte, dar= über herrscht ein undurchdringliches Dunkel.

Unmittelbar darauf rief das unter den Mauern von Thrus lagernde französische Heer in Uebereinstimmung mit den Landesbewoh= nern den jungen Grafen Heinrich von Champagne zum König aus und Richard zögerte eben so wenig dieser Wahl sich anzuschlie= ßen, als der Graf sein Neffe war und zwei Tage nach Konrads Tode sich mit der Erbin von Jerusalem, Isabella, vermählte. Frei= lich war diese Ehe eben so ungültig, [4]) wie die vorhergehende mit dem Markgrafen Konrad, da ihr erster Mann, Humfried von Toron, noch lebte, daß aber überhaupt ein solcher Fall möglich war, wirft ein düsteres Licht auf die damaligen Sitten und Anschauungsweise.

Die Krone eines solchen, von den ärgsten Parteiungen zerwühl= ten Reiches zu tragen war schon nicht mehr eine Last, es war ein Marthrium zu nennen. Dennoch schmerzte es Guido tief, sich so von aller Welt verlassen zu sehen. Er würde vielleicht seinen zweifel= haften Besitzthümern in Palästina den Rücken gekehrt und sich in die alte Heimat eingeschifft haben, wenn sich ihm nicht in demselben Augenblicke eine Gelegenheit zu einem ehrenvollen Rückzuge gezeigt hätte. Diese Gelegenheit war die Möglichkeit der Erwerbung Cyperns.

Von den beiden Statthaltern Richards hatte Canville bald diese Insel verlassen und das kleine daselbst befindliche englische Heer stand nun unter dem Oberbefehl Robert de Tornham's. Seine Thä= tigkeit wurde bald genug in Anspruch genommen, indem die Cyprioten Versuche machten, sich ihrer neuen Herren zu entledigen, was ihnen aber nur zum Verderben ausschlug. Da faßte König Richard, der seine Streitkräfte vor Akkon bringend nöthig hatte, einen raschen Entschluß und bestimmte den Großmeister des Tempels, Robert de Sablé, einem Geschlechte der Maine entsprossen und daher so= zusagen ein Unterthan Richards, die Insel Cypern für seinen Orden anzukaufen. Der Preis war hunderttausend sarazenische oder Gold= bisanten, etwa eine Million Francs, was heute ungefähr den acht= fachen Betrag repräsentiren würde, wovon der Tempel vierzigtausend sofort erlegte und für den andern Theil eines seiner Schlösser in Palästina verpfändete.

Unter die Herrschaft des Ordens vom Tempel zu gerathen war für die Cyprioten durchaus keine Verbesserung ihrer Lage. Er befand sich schon damals auf dem Wege, der ihn seinem späteren schreck= lichen Ende entgegenführte. Geldgier, vor Allem aber unbändiger Stolz und maßlose Herrschsucht traten schon damals aus vielen sei= ner Handlungen ziemlich unverhüllt zu Tage. Wohl hatte der edle Guiot von Provins, der ihn zur Zeit seiner Blüte in hochbegeister= ten Versen feierte, nicht Unrecht, wenn er singt:

> Durch zweierlei sind sie verschrieen
> Und werden des Tadels oft geziehen
> Und sie begreifens zu wenig fast,
> Da Gott doch mehr kein Laster haßt.
> Habsüchtig sind sie und berüchtigt
> Durch Stolz, wie Jeder sie bezüchtigt.
> Die Sünden sind's nur, die ich weiß,
> Nichts anders mindert ihren Preis.
> Reich sind sie, herrlich angesessen,
> Geehrt, geliebt auch unermessen,
> Doch jene beiden Laster fraßen
> Verderblich um sich sonder Maßen;
> Ich fleh zu Gott, daß sie sie büßen!
> Daß Jeder es sagt — sie sollen's wissen!
> Von Demuth sei ihr Sinn genährt,
> Da Gott sie also hochgeehrt.
> Der weiße Mantel und das Kreuz
> Bestät'gen ihr Wort und Werk allseits.
> Der weiße Mantel, der ihnen gegeben,
> Bedeutet Demuth und reines Leben:
> Das Kreuz die Buß' und heil'gen Stand;
> Und zweifellos werd' ihnen bekannt:
> Vorn auf den Mantel ward gesetzt
> Das Kreuz, daß Stolz und Habsucht jetzt
> Und nie dahinter sich bergen darf.
> Entsagen sie Habsucht und Uebermuthe,
> So wünsch' ich ihnen alles Gute. [5])

Kaum in dem Besitz von Cypern begann der Orden seine neue Erwerbung gründlich auszunutzen. Er legte starke Schatzungen auf und, was am meisten erbitterte, war die Einführung einer neuen Marktsteuer, die den Käufer, wie den Verkäufer, auf gleiche Weise drückte. Auch mißhandelte er die Cyprioten, wie er dies mit seinen syrischen Bauern zu thun pflegte. Die Erbitterung darüber wuchs mit jedem Tage. Endlich kam man überein, in der Hauptstadt Nikosia an einem Tage, wo das Landvolk des Marktes halber zur Stadt ströme, das kleine Häuflein der Ritter mit seinem Anhang

niederzumachen. Man wählte dazu den Karsamstag (5. April) des
Jahres 1192.

Die Templer hatten indeß bereits Kunde von dem gegen sie
gerichteten Anschlag und flüchteten sich an diesem Tage sammt allen
in der Stadt wohnenden Franken in das schlechtbefestigte Kastell
von Nikosia. Es waren im Ganzen 14 Templer, 29 andere Ritter,
und 74 Leute zu Fuß, wohlbewaffnet, aber ohne Lebensmittel. Bald
umgab eine tobende Volksmenge das Kastell. Seine Insassen, die
Unmöglichkeit einsehend, sich länger darin zu halten, begehrten zu
kapituliren, wobei sie versprachen, sich nach Syrien zurückzuziehen.

Das Volk aber dürstete nach ihrem Blute und wollte nichts
von Kapitulation wissen. Da gedachten die Lateiner wenigstens ihr
Leben theuer zu verkaufen. In der Nacht auf Ostern bereiten sie
sich durch Gebete zu einem verzweifelten Entschluß vor, hören mit
Tagesanbruch die Messe, empfangen die Kommunion, waffnen sich
und stürzen nun in geschlossener Phalanx aus dem Kastell auf
die davor lagernden Volkshaufen, die sich eines solchen Angriffes
nicht versehen. Was ihnen in den Weg kommt wird ohne Gnade
niedergehauen und bald lähmt Schrecken die ganze Bevölkerung.
Niemand denkt an Widerstand. Eine große Menge flüchtet in die
Kirche der heiligen Jungfrau und verrammelt die Thüren. Aber
die Templer erbrechen diese und morden nun ohne Unterschied, was
sie darin vorfinden. Auch alle Flüchtlinge, deren sie in der Stadt
noch habhaft werden können, büßen mit dem Leben. Wie cyprische
Chroniken erzählen, floß in den Straßen Nikosias das Blut in
Bächen. ⁶)

Die Lateiner waren nun wieder Herren der freilich ganz ver-
ödeten Stadt, selbst die Bauern der umliegenden Ortschaften hatten
sich in die Berge geflüchtet. Als der Großmeister Kunde von diesem
Vorgang erhielt, befahl er seinen Rittern die Insel zu verlassen
und bat zugleich den englischen König gegen Rückgabe der gezahlten
Summe und des verpfändeten Schlosses diese wieder an sich nehmen
zu wollen. Richard ging darauf ein und übertrug seine Rechte
auf Guido von Lusignan, der sich verpflichten mußte, innerhalb
zweier Monate dem Orden des Tempels die erwähnten 40,000 Goldbisanten zurückzuzahlen und nach der Besitzergreifung an ihn selbst
die weiteren 60,000. Mit Hülfe des Bischofs von Tripolis, Peter
von Angoulême, damals Reichskanzlers von Jerusalem, gelang es
Guido auch durch Anlehen bei italienischen, in Tripolis ansässigen,
Kaufleuten die erstere Summe innerhalb der festgesetzten Zeit an

den Orden abzutragen. Die zweite größere cedirte Richard an sei=
nen Neffen Heinrich von Champagne, jetzt Regenten von Jerusalem,
worauf er am 9. October 1192 sich nach dem Abendlande einschiffte.

Guido ließ es sich vor Allem angelegen sein, in seinem neuen
Reiche, in dem er sich schon im Mai 1192 installirte, die aufgereg=
ten Gemüther zu beruhigen und seinen neuen Unterthanen allen er=
denklichen Schutz zuzusichern. Gleichzeitig sah er aber auch ein, daß
er inmitten einer ihm ganz fremden Bevölkerung nur wenig Aus=
sicht habe, sich zu behaupten, wenn er nicht derselben ein neues Ele=
ment zugeselle, das diese einigermaßen paralysire und ihm eine gewisse
Stütze verleihe. Er ließ deshalb einen Aufruf ergehen und hatte die
Freude zu sehen, daß ihm aus dem heiligen Lande Ritter und Bür=
ger, die durch das Vordringen der Sarazenen besitzlos geworden
waren, ja selbst Orientalen, zuströmten. Dieselben wurden reichlich
mit Land und Lehen ausgestattet. So vertheilte er über 300 Rit=
terlehen, von denen jedes wenigstens 400 Silberbisanten abwarf.
Die aus der Geschichte der Kreuzzüge hinreichend bekannten Turko=
polen erhielten Lehen bis zu einer Rente von 300 Bisanten, wofür
sie mit zwei Pferden und eigener Rüstung zu dienen hatten. Gerin=
gere, die nur im Fußvolk dienten, wurden entsprechend ausgestattet.
Der Regent zog natürlich Alles, was früher dem Comnenen Isaak
zugehört hatte, und es war dieses nicht unbedeutend, als königliche
Domäne an sich.

Daß viele Eingeborne, namentlich die Vornehmen, diese sozialen
Veränderungen, die die Lateiner zur herrschenden Klasse machten,
nur mit Ingrimm ansahen und deshalb auch das Land verließen,
erzählen gleichzeitige Schriftsteller. Weniger dagegen fand sich die
Landbevölkerung dadurch berührt. Ihr Zustand blieb derselbe, wie
früher. Sie zerfiel nach wie vor in die Klasse der Pariker, [7])
die leibeigen waren und gewöhnlich zwei Tage in der Woche für
ihren Herrn Frohndienste verrichteten, und in die der Perpirier, [8])
die nur gewisse Abgaben zu leisten hatten und im Laufe der Zeit
verschwanden.

Die Umwandlung der Insel in einen fränkischen Feudalstaat
gestattete auch dem Regenten keine so unbeschränkte Machtvollkommen=
heit, wie sie die griechischen Herrscher besessen hatten. Ihm standen
Administration und Executive zu, während Legislatur und Richter=
amt mehr in den Händen der hohen Kammer (la haute cour)
lagen, die nur aus dem Adel und für denselben bestand. Daneben
gab es noch eine niedere Kammer (la basse cour) für freie

Bürgerschaft. Recht wurde gesprochen nach den Affisen[9]) von Jerusalem, einer Sammlung von Rechtsgewohnheiten, die aus dem Abendland nach Paläftina verpflanzt worden waren und im Laufe der Zeit durch die hinzukommenden Entscheidungen der hohen Kammer sowohl von Jerusalem, als von Cypern, erhebliche Zusätze erlitten. Sie beziehen sich hauptsächlich auf Feudalverhältnisse.

Nicht lange erfreute sich Guido seiner neuen Besitzung, da er bereits im April 1194 ftarb.

Bevor wir zur Regierung seines Nachfolgers übergehen, möchte es gegeben sein, die örtlichen Verhältnisse des neuen Reiches eingehender darzulegen.

Aus dem hohen Alterthum leuchtet uns die Insel Cypern[10]) als das wegen seiner Fruchtbarkeit, seiner Schönheit und seiner milden Luft hochgefeierte Eiland entgegen. Eine reiche Vegetation belebte in reizendem Wechfel die Niederungen. Schlanke Palmen, lichte Platanen und Pinien mit ftolzem Baldachin neben dem ftillen Lorbeer, dem in brennenden Blüten prangenden Oleander und dem Erdbeerbaum mit seinem korallenrothen Stamme. Der heiße Strahl der Sonne reifte den Granatapfel, die Orange, die Feige, die Banane[11]) und die süße Schote der Karube oder des Johannisbrodbaums.[12]) Reichlich vergalt der Boden die auf ihn verwandte Mühe. Wein und Oel gab er in Ueberfluß. Große Pflanzungen von Maulbeerbäumen[13]) gaben der aus dem innern Afien schon früh (im sechsten Jahrhundert) hierher übertragenen Seidenraupe die nöthige Nahrung und schufen den Bewohnern eine Quelle des Wohlftandes, wie dieses in späterer Zeit der Fall war mit der noch heute betriebenen Baumwollenkultur[14]) und der Anpflanzung des Zuckerrohrs,[15]) das allerdings nur in den heißen, namentlich südlichen Küstenstrichen gedieh.

Die im Alterthum so hoch begehrten und als kostbare Räucherwerke, wie als Arzneien, geschätzten Harze, Maftix und Storar, lieferte die Rinde des Maftix- und des Liquidamberbaumes.[16]) Das vorzüglich zu wohlriechenden Salben verwendete Ladanum,[17]) ein Product des gleichnamigen Strauches, wurde schon zu Herodots Zeiten, wie noch heute, hauptsächlich aus den Bärten der weidenden Ziegen gesammelt, welche Art der Gewinnung den Vater der Geschichte zu einem ganz eigenthümlichen Mißverftändnisse verleitete.

Die reichgegliederten Höhenzüge, die sich in einzelnen Gipfeln, wie im Macháras und im schneeigen Olymp (oder Troodos) bis zu 4000 — 6000 Fuß erhoben, waren bedeckt mit dichten Wäl-

dern von Föhren, Eichen und Cypressen, die trefliches Schiffsbau=
holz lieferten und reichliches Wild hegten. Unter ihrem Schutze
waren die Quellen der Bäche und Flüsse, die befruchtend die Nie=
derungen durchströmten, unversiegbar; während jetzt sich überall die
traurigen Folgen einer fast vollständig durchgeführten Entholzung
der Insel auf das schärfste geltend machen. [18])

Kein Wunder, daß unter einem solchen Himmel und in solcher
Umgebung der Mensch sich behaglicher der süßen Gewohnheit des
Daseins überläßt. War ja doch diese glückliche Insel der Lieblings=
sitz der schaumgeborenen Aphrodite, der zu Ehren sich prachtvolle
Tempel erhoben, namentlich die so hochgefeierten zu Paphos und
Amathus, wo auch der Lieblingsbaum der Cyprioten, die Terebinthe,
mit der reichen Belaubung und den malerischen Kronen der mehr
als halbtausendjährigen Stämme noch jetzt Haine bildet, während
er sonst auf der Insel nur sporadisch angetroffen wird.

Indessen gewann das Christenthum schon früh hier Boden.
Im Laufe der Zeit bildeten sich nicht weniger als vierzehn Bis=
thümer, über die der Patriarch von Antiochien eine gewisse Juris=
diction beanspruchte, bis der Kaiser Zeno den cyprischen Metropo=
liten autonom machte. Jetzt durfte er ein purpurnes Gewand tra=
gen und statt des Krummstabes ein hohes Rohr mit goldnem Apfel
führen. Seinen Namen durfte er mit zinnoberrother Tinte zeichnen
und sich den Ehrentitel des „Allerseligsten" beilegen, Vorrechte, deren
er sich noch bis zum heutigen Tag erfreut.

Schwere Zeiten kamen über Cypern, als es den immer mäch=
tiger werdenden Arabern gelang, sich auf der Insel festzusetzen, von
der sie allerdings durch die Byzantinischen Kaiser wieder vertrieben
wurden, doch nicht ohne daß sie Unheil genug gestiftet hatten. Die
Zeit, die nun folgte, von der Mitte des zehnten bis gegen Ende
des zwölften Jahrhunderts ist im Ganzen für Cypern eine ruhige
und glückliche Periode zu nennen.

In der Zeit, als die Lateiner sich desselben bemächtigten, war
Leukosia, oder wie die Franken es nannten, Nikosia die Haupt=
stadt. Ihre Lage im Mittelpunkte der Insel, in der großen frucht=
baren Ebene Mesaria oder Messorea (zwischen den Bergen), die
der bedeutendste cyprische Fluß, der vom Troodos kommende und
oberhalb Famagosta mündende Pedias (oder Pediäos) durchströmt
und bei seiner periodischen Ueberschwemmung gleich dem Nil mit
einem fruchtbaren Schlamm überzieht, gewährte ihr eine größere
Sicherheit, als die Küstengegenden deren sich rühmen durften. Nikosia

besaß keine eigentlichen Festungswerke, sondern war nur durch ein wenig festes Kastell vertheidigt. Sehr weitläufig gebaut schloß es viele Gartenanlagen in sich und mochte damals an 20 — 30,000 Einwohner zählen.

Sehr wichtig als Hauptstapelplatz zwischen Syrien und dem Occident und zugleich als Festung berühmt war Famagosta, das alte Ammochostos, an der Ostküste auf einer felsigen Erhöhung gelegen. „Der geräumige Hafen in Gestalt eines länglichen Vierecks wird durch künstliche, antike Dämme und vorliegende Klippen gebildet. Die Einfahrt in denselben ist von der Nordseite durch eine vorspringende Citadelle geschützt, die mit der Festung zusammenhängt, aber doch durch einen besonderen Wassergraben von ihr geschieden ist."[19]) Vor der Festung, die von hohen und stark gemauerten Wällen umgeben ist, zieht sich ein breiter und tiefer, in den natürlichen Felsgrund geschnittener Graben hin.

Auf der Südküste war der wichtigste Handelsplatz Limessos, von den Franken Limasol[20]) genannt, dessen ziemlich flacher Hafen keine sonderliche Befestigung besaß. Dagegen besaß die Stadt ein nicht unbedeutendes Kastell, dessen Spuren jetzt gänzlich verschwunden sind.

Der jetzige Haupthafen der Insel ist das an der Südostküste gelegene Larnaka, auch Salines genannt (das alte Kition) mit seiner sehr weiten, aber geschützten Bucht. Bei Larnaka und auf der Halbinsel Akrotiri, in einiger Entfernung von Limasol, liegen hart am Meere die zwei großen Seen, die durch ihre Verdunstung im Sommer ungeheure Quantitäten Kochsalz liefern, [21]) womit nicht allein die Insel, sondern auch die benachbarten Theile des Orients versehen werden können, während der Betrieb der früher so berühmten Kupfer- und Erzminen, die namentlich die Phönizier stark ausbeuteten,[22]) schon im Mittelalter als resultatlos eingestellt worden zu sein scheint.

In der Nähe von Limasol lag das alte Amathus (auch Alt-Limessos genannt) mit zahlreichen antiken Ruinen.

Ebenfalls an der Südküste liegt Baffo, das Neu-Paphos der Griechen im Gegensatz zu Alt-Paphos mit dem berühmten, mehr landeinwärts gelegenen Heiligthum der Aphrodite.[23])

Der jetzt versandete Hafen von Paphos war einst durch ziemlich starke Festungswerke geschützt.

Die bedeutendste Stadt des nordwestlichen Theiles der Insel ist das in einiger Entfernung vom Meere gelegene Morphu, von welchem ein Beiname der Aphrodite herrührt, sowie auch der zweitgrößte Fluß der Insel, der unfern davon ausmündet, seinen Namen herleitet.

Verfolgt man den Weg von Nikosia nach der Nordküste, so gelangt man durch den zwei Stunden langen Paß des ziemlich steilen Gebirgszugs, der die Insel von Westen nach Osten durchzieht, in die fruchtbare, wenn auch sehr schmale Niederung der nördlichen Küste.

Auf einem fast unzugänglichen Ausläufer dieses Gebirges liegt 3000 Fuß über dem nahen Meere das noch theilweise erhaltene, sehr feste und ausgedehnte Schloß Buffavent, von welchem man bei klarem Wetter die ganze karamanische Küste überblicken kann.

Ihm gegenüber, nur getrennt durch den Paß, liegt das Schloß St. Hilarion, im Mittelalter auch Château du dieu d'Amour (castro del dio d'amore) genannt. Das in Verbindung mit diesen beiden früher erwähnte Schloß Kantära liegt gleichfalls auf diesem Gebirgsrücken und zwar im Anfang der karpassischen Halbinsel. Von demselben sind noch ansehnliche Ruinen erhalten. „Diese drei Schlösser in beinahe gleicher (?) Entfernung von einander beherrschen strategisch sowohl den nördlichen Abfall dieses Gebirges mit dem nahen Meere, als südlich das weite sich vor ihnen öffnende Land im Innern der Insel."

Etwa eine Stunde von dem Ausgang des erwähnten Passes liegt die einst als Hafen und Festung bekannte Stadt Cerines, im Alterthum und noch jetzt von den Eingebornen Keryneia[24]) genannt. „Das wohlerhaltene Schloß, ein längliches Viereck mit runden Thürmen und von einem tiefen, in den Felsen eingeschnittenen Graben umgeben, steht an der Ostseite des Ortes auf einer etwas vorspringenden Landspitze. Es ist ein mächtiger Bau von beträchtlicher Höhe und mit starken Wällen versehen." An der Westseite desselben befindet sich der durch künstliche Dämme gebildete und jetzt fast ganz versandete Hafen.

Der Kern der Bevölkerung Cyperns bestand und besteht natürlich aus Griechen. Daneben gab es indeß noch einzelne, im Ganzen wenig bedeutende Bruchstücke von Nationalitäten, die häusliches Mißgeschick zur Einwanderung bewogen hatte. So die Armenier, die zahlreich in den Städten vertreten waren, treu an ihrem Kultus hingen und in hoher Achtung standen. Sie hatten mehrere Klöster und zwei Bischöfe zu Nikosia und Famagosta, an welch' letzterem Orte sie indeß später so abnahmen, daß sie dort keinen Bischof mehr unterhielten. Durch ihr Geschick zu Handelsgeschäften und durch strenge Rechtlichkeit ausgezeichnet waren sie den Franken die liebsten von allen Orientalen.

Ferner gab es syrische Christen, nämlich erstens Maroniten, die in Cypern, wie in ihrer Heimat, dem Libanon, im Gebirgs= land wohnend, streng an ihrem eigenthümlichen Ritus festhielten und den Franken dadurch näher standen, daß sie den Primat des Papstes anerkannten. Es existiren von ihnen nur noch spärliche Ueberreste in mehreren cyprischen Dörfern, da der größte Theil davon später zum Islam oder zur orthodoxen Kirche überging. Dann Nestorianer oder Chaldäer, wie sie sich lieber nannten, und zu= letzt Jakobiten oder Monophysiten, die sich ganz den Griechen anbequemten. Kopten waren nur in geringer Zahl vorhanden. Jede dieser Secten hatte einen eigenen Bischof. Juden waren gänzlich von der Insel verbannt, seitdem sie im Anfang des zweiten Jahrhunderts ein großes Blutbad unter den eingebornen Christen angerichtet hatten und man ihres vollständig organisirten Heeres nur mit der größten Anstrengung Herr geworden war. [25]) Doch wanderten sie später vereinzelt wieder ein.

Anmerkungen.

1) Man findet auch die Formen: Lusinem, Lezignen, Lusingan, Liseignuel, Lezegnom, Leseignan und andere. Das Schloß Lusignan zerstörte der Herzog von Montpensier nach einer längeren Belagerung im Jahre 1574. Die Stammlinie war bereits 1303 mit Hugo XIII. ausgestorben. Rein= hard, Geschichte des Königreichs Cypern. 1. Theil, S. 113 und 114.

2) Amalrich tritt urkundlich zuerst im Jahre 1174 als Zeuge auf bei einer Schenkung, die Balduin, Herr von Ramla, zu Gunsten des Hospitals St. Johann macht und die König Balduin IV. bestätigt. Er unter= zeichnet sich dort: Aimericus de Lisenian Der Mitzeuge ist Balianus de Hibelino, ältester Bruder des erwähnten Herrn von Ramla, der zu= gleich Amalrichs Schwiegervater war, und Stammhalter des Hauses Ibelin. Die Urkunde ist zu Jerusalem durch den königlichen Kanzler, den bekannten Geschichtsschreiber Wilhelm von Thrus, damals noch Erz= diakon, ausgefertigt. Seb. Pauli, Codice diplomatico del s. militare Ordine Jerosolimitano. T. I. Nr. CCII. (S. 245.) Als Connetable erscheint Amalrich im Jahre 1181, wo er eine Urkunde bezeugt, nach welcher Balduin IV. dem Abt des Berges Thabor eine „Station" (Kauf= laden) auf dem Gemüsemarkt zu Akkon zugesteht. Er unterzeichnet sich dort: Aimericus regius Constabularius. Pauli I. S. 282.

3) Toron, ein altfranzösisches Wort für Hügel, war der Name eines unter Balduin I. unweit Thrus erbauten Schlosses.

4) Auch die Kurie erklärte diese Ehe für nichtig. Reinhard I. S. 125.

5) J. F. Wolfart und San Marte, des Guiot von Provins bis jetzt bekannte Dichtungen, in dem ersten Hefte der Parzivalstudien. Vers 1748—1765, V. 1772—1778, V. 1786—1787. Halle 1861.

6) Mas Latrie, Histoire de l'île de Chypre sous le règne des princes de la maison de Lusignan. I. p. 33.

7) Parik von dem griechischen Wort πάροικος Beisitzer.

8) Perpirier, weil sie jährlich 15 Perpir (gleich sovielen Silberbisanten) zu zahlen hatten. Reinhard I. 128. Nach Anderen wäre „perpero" eine Kopfsteuer von drei und einem halben Bisanten gewesen, die zur Bestreitung des Unterhalts der Strandwachen gedient habe. Mas Latrie III. S. 520.

9) Das einzige Exemplar, das man damals besaß, war bei der Einnahme von Jerusalem 1187 zu Grunde gegangen. Darauf stellte man sie von Neuem zusammen und erweiterte sie nach und nach. Die Sammlung, welche Johann von Ibelin, Graf von Joppe und Askalon (gestorben 1266) veranstaltet hatte, erhielt nach einer eingehenden Revision unter König Peter II. (1369—1382) Gesetzeskraft. Auch die Assisen der Basse cour wurden in dieser Zeit durch einen Einwohner von Nikosia zusammengestellt, doch beziehen sich diese weniger auf Feudalverhält= nisse, als auf Handhabung der bürgerlichen Polizei. Auch ihnen lie= gen zweifelsohne alte aus dem Königreich Jerusalem stammende Ent= scheidungen zu Grunde. Mas Latrie I. 55.

10) Ursprünglich führte Cypern den phönizischen Namen Kittim, der dann auf die sidonische Niederlassung Kition (das heutige Larnaka) beschränkt wurde. Den späteren Namen Κύπρος (wovon bekanntlich Kupfer und Cypresse herkommt) leitet man von dem hebräischen Worte Kopher her, einer Pflanze, die im Orient überall einheimisch war und von welcher ein kosmetisches Mittel bereitet wurde. Nachweisbar ist dieses das bekannte Henna der Araber, mit der man die Kopf = und Bart= haare, die Augenbrauen, die Nägel u. s. f. färbte. In Cypern ist diese Pflanze fast verschwunden. Neuere Untersuchungen haben indeß bewiesen, daß unter dieser Kopherpflanze die kretische Cistrose (cistus creticus Linn.) zu verstehen ist, die ein wohlriechendes braunes Harz, das Labanum, im Sommer ausscheidet. Im westlichen Theil der Insel kommt sie noch massenweise vor und zeichnet sich durch große karmoisinrothe Blüten aus. Das Labanum wird in faustgroßen Kugeln in den Handel gebracht. Siehe die ausführliche Darlegung bei Unger und Kotschy, die Insel Cypern. (Wien 1865). S. 393—410.

11) Die Banane (musa paradisiaca), welche in den Zeiten des Geschichts= schreibers Stephan von Lusignan (1570) noch reife Früchte hervorbrachte, wird auf der Insel jetzt nur ausnahmsweise gepflanzt. Erwähnt und beschrieben wird sie in der Reise des paduanischen Grafen Gabriel Capobilista nach dem heil. Land aus dem Jahre 1458, wo er von

der Umgegend Piskopi's, im südlichsten Theil der Insel, sagt: Veduti certi belissimi giardini de naranzi, cedri e carabari (Karuben) et alguni altri arbore appellate muse, lequale producono fructi molto simile a' cucumeri picoli e nella maturitade sua é zallo et é de sapore dolcissimo (Mas Latrie III. S. 76). Unger und Kotschy S. 460. Dagegen ist der Granatapfel, den Aphrodite eingeführt haben soll, noch ziemlich stark vertreten und steigt bis zu 5500′ Höhe.

12) Von den Früchten der Karube, die namentlich die nördlichen und südlichen Niederungen bedeckt, werden große Quantitäten (in manchen Jahren an 30—40,000 Centner) ausgeführt, um von Griechen und Russen zur Fastenzeit verspeist zu werden. Im Lande selbst werden sie vorzüglich zur Spiritus-Fabrikation verwendet. Unger und Kotschy S. 456.

13) Das Verdienst, die Seidenraupe aus dem innern Asien in die Levante und nach Europa verpflanzt zu haben, gebührt dem Kaiser Justinian I., für den zwei Mönche, die Indien schon einmal bereist hatten, im Jahre 557 eine Quantität Eier von dort wegholten. In Cypern und in Morea machte man die ersten Versuche damit, in ersterem war der Erfolg ein glänzender. Mas Latrie I. 83. Im 13. und 14. Jahrhundert waren die cyprischen Sammt- und Seidenzeuge berühmt, unter der türkischen Herrschaft verfiel aber die Seidenzucht und hat sich erst neuerdings wieder gehoben. Man rechnet die Gesammtproduction der gesponnenen Seide auf 446—572 Centner, von denen der zehnte Theil im Lande bleibt, das übrige wird ausgeführt. Unger und Kotschy S. 461.

14) Die im Mittelalter sehr blühende Baumwollenkultur ist jetzt im Verfall. Noch im Anfange des 16. Jahrhunderts führte man 30,000 Ballen aus, jetzt nur 3000. Unger und Kotschy S. 443.

15) Der Anbau des Zuckerrohrs hat neuerdings gänzlich aufgehört und die zahlreichen Zuckerfabriken sind eingegangen. Einen sehr schwunghaften Handel mit Zucker trieb von Rhodos aus der Orden vom Hospital, zu dessen Kommenden gerade die zur Kultur dieses Rohrs am meisten geeigneten Küstenstriche Cyperns gehörten. Die erste urkundliche Erwähnung des cyprischen Zuckers ist eine vom 21. Februar 1301 zu Genua ausgestellte Quittung des Antonio Cibo an Ruccio Vernagallo über Empfang des Geldes für die von ihm in Cibos Auftrag zu Pisa verkauften zehn Kisten cyprischen Zuckerpulvers (capsiarum decem pulveris zucbari). Mas Latrie II. S. 95.

16) Der Storax bildete bereits einen Handelsartikel der Phönizier. Er wird hauptsächlich aus der Rinde des Liquidamberbaumes gewonnen, der noch jetzt bei Halikarnaß Wälder bildet. In Cypern gibt es nur noch einzelne Bäume und zwar in zwei Klostergärten. Den Mastix liefert die Mastix-Pistazie, in deren Rinde Einschnitte gemacht werden. Sie wird hauptsächlich auf Chios und den griechischen Inseln kultivirt. In Cypern finden sich nur einige Bäume am Kap Kormachiti, die wahrscheinlich dort hingepflanzt wurden. Ausführliches über beide Harze bei Unger und Kotschy S. 410—425.

17) Ueber Ladanum enthält schon die. Anmerkung 10 das Nöthige. Diese sonderbare Art seiner Gewinnung aus den Bärten der Ziegen und Böcke ist auch noch jetzt die beliebteste und einträglichste. „Durch Abschneiden derselben im August, in denen es sich zu einer Masse verdichtet, und Ausbringung der harzigen Substanz mit Hülfe des Feuers erlangt man größere und kleinere, mehr oder weniger unreine Klumpen und Kugeln."

18) Eigentlicher Wald existirt nur noch auf den höchsten Bergspitzen und Gebirgsrücken, wie auf dem Macharas, Troodos und Adelphos. Mehr als die Hälfte der Insel ist gegenwärtig eine Wüstenei, wobei die felsigen Strecken nicht eingerechnet sind. Unger und Kotschy S. 100 u. 427.

19) L. Roß, Reisen auf den griechischen Inseln B. 4. S. 119. Die Stadt ist jetzt fast verödet. Noch erhalten ist die große Kirche des heil. Nikolaus und ein schöner gothischer Dom der heil. Sophie, zum Theil auch das ehemalige Residenzschloß, ein langes Gebäude mit zwei Flügeln aus Sandsteinquadern.

20) Limasol ist jetzt ein Städtchen von 2500 Einwohnern und wird von hieraus hauptsächlich der Cypernwein ausgeführt. Roß S. 172.

21) Man berechnet, daß der Salzsee von Larnaka im Jahre 200,000 Centner und der von Limasol 300,000 lieferte. Zu Zeiten der Venetianer wurden jährlich 70 Schiffe damit befrachtet. Unger und Kotschy S. 8. und ff. Der Salzsee von Larnaka soll früher einen Umkreis von 12 Meilen gehabt haben, von denen der größte Theil trocken gelegt und der Kultur übergeben wurde. Ueber ihn theilt der Schweizer Hans Stockar, der vom 3. bis 17. September 1519, also zur Zeit der Salzgewinnung, in Salines verweilte, in seiner „Heimfahrt von Jerusalem" (Schaffhausen 1839) S. 30 und ff. sehr interessante Einzelheiten mit. Er sagt, „die Salzpfanne," die eine große deutsche Meile im Durchmesser habe, sei rund, wie ein Weiher, das Salz weiß, wie Schnee, von ausgezeichneter Qualität, und ginge man darüber, wie über Eis. Es werde in viereckigen Stücken ausgestochen und dann reihenweise aufgeschichtet, damit es zugleich trockne, was indeß schon nach drei Stunden der Fall sei. Nur Nachts werde darin gearbeitet und zwar seien damals 700 Personen beschäftigt gewesen. Jede habe einen Esel bei sich, der die Salzstücke auf Haufen führe. Die einzelnen, oft häuserhohen Haufen würden dann den Schiffspatronen zugewiesen, die für den weiteren Transport an den Hafen zu sorgen hätten. Stockar und seine Begleiter schätzten die Salzpfanne „für das Königreich Frankreich." Sie trage der Herrschaft Venedig zwar nur ungefähr 100,000 Dukaten ein, dafür könne aber dieser Ertrag nach Belieben gesteigert werden, da der Salzsee, je mehr er ausgenutzt werde, um so mehr sich ergänze und zunehme. Von dem bei Limasol scheint Stockar nichts erfahren zu haben, denn er erwähnt seiner nicht.

22) Die von Terreil und Unger veranstalteten Analysen der in der Nähe der Kupfergruben jetzt noch angehäuften Schlacken haben ergeben, daß die

Phönizier das Metall bereits vollständig auszubringen wußten und daß der damalige Schmelzprozeß von dem jetzt üblichen nicht wesentlich abwich. Unger und Kotschy S. 17.

23) Ueber dieses Heiligthum der Aphrodite bemerkt der westfälische Pfarrer Rudolf von Suchen, der Cypern um's Jahr 1340 besuchte: Justa Paphum quondam stetit castrum Veneris. In hoc templo primo de perdicione Troye tractatum est, nam Helena tendens ad templum istud in via capta est (?) Etiam in hoc templo omnes domine et domicelle pro desponsacione viris se vovebant, propter quod in Cipro prae aliis terris sunt luxuriosissimi homines naturaliter. Mas Latrie II. S 211. Der Moralität seiner Landsleute stellt auch der Pater Stephan von Lusignan ein sehr schlechtes Zeugniß aus. Auch das Laster der Trunksucht scheint früher in viel höherem Grade in Cypern geherrscht zu haben, während die jetzigen Cyprioten ein außerordentlich frugales Leben führen.

24) In Cypern wird K vor E- und J- Lauten wie Tsch ausgesprochen, daher Keryneia = Tscherinia. Cerines ist die französische, Cirenes die italienische Form. Roß S. 89.

25) Zur Zeit Trajan's und zwar im 18. Regierungsjahre desselben sollen die cyprischen Juden unter Anführung Artemion's an 240,000 Griechen und Römer niedergemetzelt haben. Mas Latrie I. S. 73 und Reinhard I. S. 75.

Zweites Kapitel.

Die Herrschaft des Hauses Lusignan bis zum Aussterben des Mannsstammes (1267).

Vor seinem Ende hatte Guido seinen Bruder Gottfried zu seinem Nachfolger bestimmt. Da dieser es aber vorzog, in seine Heimat zurückzukehren, so gelangte Amalrich, der Connetable von Jerusalem, in den Besitz der Herrschaft.

Seine erste Maßregel war, im Einverständnisse mit den Baronen eine neue Gütervertheilung vorzunehmen, wodurch die königliche Domäne, die durch die Schenkungen seines Bruders ganz außerordentlich zusammengeschmolzen war, wieder eine entsprechende Ausdehnung erhielt. Dann ging er an Regelung der kirchlichen Verhältnisse der zahlreich eingewanderten Lateiner und stiftete mit Genehmigung des Papstes Cölestin III. ein lateinisches Erzbisthum zu Nikosia, das sein Kanzler Alanus erhielt, und drei Bisthümer zu Paphos, Limasol und Famagosta, die er reich mit Gütern ausstattete, ohne jedoch die vorhandenen vierzehn griechischen Bisthümer dabei aufzuheben[1]) (1196). Gleichwohl konnte es nicht fehlen, daß die Griechen dieses Vorgehen mit dem größten Mißtrauen betrachteten und in bittere Klagen darüber ausbrachen.

Um seiner Herrschaft durch Erwerbung eines legitimen Titels und Erhebung zu einem Königreich einen noch größern Glanz zu verleihen, zugleich aber auch um sich gegen byzantinische, nie aufgegebene Ansprüche mehr zu decken, hielt er es für zweckmäßig, sie von dem Herrn der Christenheit, dem deutschen Kaiser, zu Lehen zu nehmen, womit auch seine Barone einverstanden waren. Er ließ deshalb unter Renier de Giblet, einem syrischen, jetzt in Cypern ansässigen Ritter, eine Gesandtschaft nach Deutschland abgehen, die dem Kaiser Heinrich VI., der sich damals in seiner Pfalz zu Gelnhausen befand, sein Begehren vortrug (Ende October 1195). Dieser nahm sie huldvoll auf und beauftragte die Erzbischöfe von Trani und Brindisi das königliche Scepter an Amalrich zu übergeben, wobei er sich vorbehielt, bei seinem demnächstigen Kreuzzug die Krönung persönlich zu vollziehen. Als er aber sah, daß dieses ihm seiner Krankheit halber kaum möglich sein werde, sandte er von Messina aus Anfangs September 1197 den Reichskanzler Konrad, damals Bischof von Hildesheim, als seinen Stellvertreter nach Cypern. Von Amalrich, der sich übrigens schon im Laufe des Jahres 1196 den Königstitel selbst beigelegt hatte,[2]) feierlich eingeholt, krönte er ihn denn auch im Dome zu Nikosia unter Entfaltung großen Pomps und in Gegenwart vieler deutschen und französischen Herren, von denen wir den Grafen Adolf von Holstein hervorheben, und nahm ihn den Huldigungseid ab.

In demselben Jahre machte Amalrich auch seinen Frieden mit dem Regenten von Jerusalem, dem Grafen Heinrich von Champagne, der von ihm bisher vergebens die Niederlegung seiner Würde als Connetable hatte erzwingen wollen. Amalrich verzichtete auf diese, sowie auf die von seinem Bruder Gottfried ihm überlassene Grafschaft Joppe, worauf Heinrich seinerseits die Zahlung der von Richard ihm cedirten, von Guido noch nicht abgetragenen 60,000 Goldbisanten ihm erließ. Bald nachher kam der Regent in einer schrecklichen Weise um's Leben, indem er in seinem Palaste zu Akkon, während er mit einigen Pisaner Kaufleuten über die Absendung eines Hülfsgeschwaders für das von den Sarazenen bedrohte Joppe eifrigst verhandelte, einem offenen, und, was er nicht beachtet hatte, ohne Brustwehr versehenen Fenster zu nahe kam und rücklings in den Wall-

graben hinabstürzte. Seinen Zwerg, der ihn bereits an den Klei=
dern erfaßt hatte, zog er mit in seinen Sturz. Beide blieben so=
fort todt.

Die Erbin der Krone von Jerusalem, Isabella, jetzt zum brit=
tenmal Wittwe und erst 27 Jahre alt, wurde wieder·von den Baro=
nen des Reiches vielfach umworben. Die beiden Ritterorden, sowie
der deutsche Reichskanzler brachten es aber dahin, daß König Amal=
rich, dessen Gemahlin Eschiva von Ibelin kurz vorher gestorben
war, ³) sich mit ihr vermählte, worauf er dann zum König von
Jerusalem gekrönt wurde (1198). Freilich bestand das ganze Königs=
reich jetzt nur noch aus einigen Küstenstrichen.

Seine neue Würde nahm ihn, nicht zum Vortheile Cyperns,
wo er nur noch selten weilte, allzusehr in Anspruch. Ohnehin ver=
sprachen die im Abendlande zu einem neuen Kreuzzug gemachten
Anstrengungen eine erhebliche Erweiterung seines Reiches. Bei dieser
Gelegenheit, dem sogenannten vierten Kreuzzug, der sich aber nicht
gegen die Sarazenen, sondern Dank der Bestechung Venedigs durch
den Sultan von Egypten, ⁴) gegen die Byzantiner wandte und die
Eroberung Konstantinopels zur Folge hatte, sollte ihm ein neuer,
ganz unerwarteter Prätendent auf die Krone Cyperns erwachsen.

Die Tochter des Comnenen Isaak nämlich, die Richard seiner
Schwester, der verwittweten Königin von Sizilien, und seiner Ge=
mahlin anvertraut hatte, war im October 1192 mit diesen nach Ita=
lien abgereist. Nach längerem Aufenthalte in Rom waren sie nach
Marseille gegangen und hatten von da unter dem Schutze des Gra=
fen Raimund von St. Gilles, ältesten Sohnes Raimund V.,
Grafen von Toulouse, die englischen Besitzungen in Frankreich glück=
lich erreicht, während Richard bekanntlich seinem erbitterten Feinde
Leopold von Oesterreich in die Hände fiel und von diesem dem Kai=
ser Heinrich VI. übergeben wurde. Raimund, der im Jahre 1194
seinem Vater als Graf von Toulouse succedirte und sich von seiner
ersten Frau getrennt hatte, verheiratete sich mit der erwähnten
Schwester Richards und dann, als diese nach einigen Jahren starb, mit
der Tochter Isaaks. Die Ehe war von kurzer Dauer, denn der Graf
verstieß bald die junge Cypriotin, um Eleonore von Aragon,
Schwester Peters II. von Aragon, zu heiraten. Die Verstoßene
lebte zu Marseille, als im Winter 1202 Schiffe mit flämischen Kreuz=
fahrern dort ankamen. Unter ihnen befand sich ein junger Ritter
von vornehmer Abkunft, der sich in die cyprische Prinzessin verliebte
und sie auch heiratete. Seine Genossen wußte er für seine Pläne,

die auf die Besteigung des cyprischen Thrones abzielten, zu gewin=
nen, so daß sie anderen Kreuzfahrern sich nicht anschloßen, sondern
auf eigene Hand in die Levante zogen. Dort angekommen, stellte
er in der That das Ansinnen an Amalrich, ihm den cyprischen Thron
zu überlassen, „da ja er schon an dem von Jerusalem genug habe."
Dieser ließ ihm den Bescheid zugehen, daß, wenn er nicht schleunigst
sich entferne, er ihn aufknüpfen lassen werde. Daraufhin begab
sich der Ritter mit seiner Gemahlin nach Armenien, wo sie ver=
schollen sind.

Amalrich starb am 1. April 1205 zu Akkon in seinem sechszig=
sten Lebensjahre, nachdem er zu Kaiphas am Fuße des Karmel,
wo er sich mit seinen Rittern gelagert hatte, auf den Genuß einiger
Fische heftig erkrankt war.

Ihm gebührt das Verdienst, der Herrschaft seines Hauses eine
feste Grundlage gegeben zu haben. Begabt mit Energie und Umsicht,
im Besitz einer langjährigen Erfahrung in Bezug auf die verworrenen
Verhältnisse des christlichen Orients, wußte er bei Konsolidirung
seiner Herrschaft die Fehler zu vermeiden, an denen das Königreich
Jerusalem krankte. In Cypern war der König nicht, wie dort, ledig=
lich der erste Baron, der in Allem von dem Willen der Haute cour
abhängig war, er war in der That Souverän, soweit dieses nach den
feudalen Begriffen des Abendlandes überhaupt möglich war. Freilich
war ihm dabei der wesentliche Umstand zu Gute gekommen, daß nicht
der Adel ihn auf den Thron gehoben, sondern daß vielmehr er und
sein Bruder Guido ihn herangezogen und ihm sozusagen erst seine
Stellung in Cypern gegeben hatte. Durch seine Umsicht war auch
die königliche Domäne wieder so erweitert worden, daß sie jährlich
200,000 Silberbisanten abwarf.[5])

Dementsprechend war auch sein Hofstaat zahlreich und glänzend.

Die großen Hofämter, die nicht erblich waren, sondern Lehen,
und bei jedem Thronwechsel neu erlangt wurden, organisirte und
erweiterte Amalrich. Der erste Kronbeamte war der Connetable,
Präsident der Haute cour und Chef des Kriegswesens. Ihm zur
Seite stand der Turkopolier (als Anführer der Turkopolen) und
der Marschall, dem hauptsächlich das Armaturwesen, die Natural=
lieferungen und die Vertheilung des Soldes und der Beute oblag.
In seiner Obhut befand sich das königliche Banner. Das Seewesen
leitete der Admiral. An der Spitze der königlichen Kanzlei stand
der Kanzler. Der Seneschall hatte die Oberaufsicht über die
königlichen Einkünfte, wobei allerdings noch eine besondere Schatz=

kommiffion oder Rechnungskammer (secreta, la secrète genannt) unter einem Großballei existirte, war Chef der Landesverwaltung und auch zugleich für die Instandhaltung der Festungen verantwortlich. Im Kriege befand er sich in der unmittelbaren Umgebung des Königs. Der Kämmerer hatte für den Palast und die Garderobe des Königs zu sorgen, wofür ihm noch ein besonderer Haushofmeister untergeordnet war. Daneben fungirte er als Präsident des Lehnhofes. Gleichfalls einer der höchsten Palastbeamten war der Oberküchenmeister (boutellier, botillerius), der die für die königliche Tafel nöthigen Speisen und Getränke zu überwachen hatte. Das Polizeiwesen lag in den Händen der Vicegrafen, die zugleich Kommandanten der einzelnen Städte waren, die Abgaben einzogen und in der, aus Bürgern bestehenden, mit Civil- und Criminaljustiz betrauten Basse cour (daher auch Cour du vicomte genannt) den Vorsitz hatten. Als Zeichen ihrer Würde führten sie einen, in zwei Kugeln auslaufenden, vergoldeten Stab und waren von einer Wache umgeben, wenn sie ausritten. Der Stellvertreter des Vicegrafen hieß Mactasib (oder Mathessep), eine den Arabern entlehnte Bezeichnung. Er hatte vorzüglich für gute Marktpolizei zu sorgen und führte einen versilberten Stab. Für die Syrier, Maroniten und Kopten bestand ein eigener Unterrichter, Rais genannt.

Der ganze Adel war, wie schon erwähnt, von den Lusignans in's Land gezogen worden. Meist kam er aus Syrien, weshalb er auch seine syrischen Geschlechtsnamen, denn er hatte sich unter Entäußerung seiner fränkischen Namen nach seinen dortigen Besitzungen genannt, beibehielt.

Zu den hervorragendsten Geschlechtern gehören: die Bethsan oder Bessan von den Herren von Bethune in Artois entsprossen und nach einer Besitzung Bethsan bei Nazareth genannt. Die Giblet aus dem genuesischen Geschlechte Embriaco, genannt nach der ihnen gehörenden Stadt Giblet (dem alten Biblios), südlich von Tripolis.

Die Ibelin (oder Iblim) aus dem Geschlechte der Grafen von Chartres, genannt nach der südlich von Joppe im Jahre 1137 von König Fulko gegen Askalon aufgeführten und bald darauf an den Stifter dieses Hauses Balian I. übergebenen starken Burg Ibelin (dem heutigen Ibne oder Jebna), sehr mächtig und reich begütert, wie denn Amalrichs erste Gemahlin Eschiva aus diesem Geschlechte stammte. Nach den souveränen Häusern von Jerusalem,

Armenien, Cypern und Antiochien (dieses bekanntlich von Robert Guiscard abstammend) waren sie das vornehmste Geschlecht in der Levante.

Die Titel eines Fürsten von Antiochien und der eines Grafen von Tripolis wurden nach dem Verluste Palästina's den ältesten königlichen Prinzen zuerkannt, die jüngeren erhielten die eines Fürsten von Galiläa, von Tiberias, eines Herrn von Beirut und Cäsarea, womit auch bestimmte Dotationen verknüpft waren.

Nach Amalrichs Tode, dem auch bald der seiner Gemahlin Isabella folgte, wurden die beiden Kronen wieder getrennt. Die von Jerusalem erhielt Maria Jolantha, genannt die Marquise, weil sie aus der Ehe Isabellens mit dem Markgrafen von Montferrat stammt, die sich später mit Johann von Brienne verheiratete. In Cypern succedirte Amalrichs erst zehn Jahre alter Sohn Hugo I. unter Vormundschaft seines Schwagers Walter von Mömpelgard, [6] des Connetable von Jerusalem, und verheiratete sich, nachdem er das gesetzliche Alter von dreizehn Jahren zurückgelegt hatte, 1208 mit Alise, Tochter Isabellens (seiner Stiefmutter) aus der Ehe mit dem Grafen von Champagne. Der cyprische Adel und die Familie Ibelin hatten hauptsächlich diese Heirat zu Stande gebracht. Nach seiner mit dem zurückgelegten fünfzehnten Lebensjahre erlangten Mündigkeit trat er sofort feindselig gegen seinen von ihm schon lange gehaßten Vormund auf, dem mancherlei Bedrückungen und Erpressungen zur Last gelegt wurden, und zwang ihn zur Flucht aus dem Königreiche, wie er denn überhaupt als ein harter und unduldsamer Charakter geschildert wird.

Auch mit dem römischen Stuhle gerieth er in heftigen Conflict, da Innocenz III. die alte Observanz, wonach dem Könige bei Besetzung eines bischöflichen Stuhles von dem Kapitel der Kathedrale zwei Candidaten präsentirt wurden, von denen er einen als den ihm am genehmsten bezeichnen konnte, nicht gelten lassen wollte. Der Ausgang dieses Conflictes ist unbekannt. Uebrigens gewann der lateinische Klerus damals auf Kosten des griechischen immer mehr Boden und allenthalben erhoben sich lateinische Kirchen und Klöster. Damals begann man auch den Bau der, der heiligen Sophia geweihten, lateinischen Hauptkirche von Nikosia.

Von den Orden begünstigte der König am meisten den des Hospitals St. Johann von Jerusalem. Diesem, der schon eine Kommende auf der Insel besaß, verlieh er 1210 ausgedehnte Privilegien, wie das Recht der freien Aus- und Einfuhr. Er gewährte ihm ferner die Mittel, in Nikosia und Limasol Ordenshäuser zu errichten und schenkte ihm endlich vier Dörfer mit ausgedehntem Landbesitze: Phinika und Platanistia im District von Paphos, Kolossi und Monagrulli in dem von Limasol.

Aus dieser Schenkung entstand die sogenannte Großkommende von Cypern mit dem Sitz im Kastell von Kolossi, das die ganze, von dem Lykos bewässerte, außerordentlich fruchtbare Halbinsel Akrotiri, den südlichsten Theil Cyperns, beherrscht. Sie war die werthvollste Besitzung des Ordens, wie sich aus ihren, später mit= zutheilenden Erträgnissen ergeben wird. Der dort gewonnene Wein, von der Ordenskommende Kommandaria genannt, ausgezeichnet durch seine Güte und Haltbarkeit, bildet noch jetzt einen sehr geschäß= ten Ausfuhrartikel. ⁷)

Hugo I. betheiligte sich auch mit einem kleinen Heere an dem ganz erfolglosen Zug des Königs Andreas von Ungarn und starb kurz nach demselben zu Tripolis im Februar 1218. Seine Ruhe= stätte fand er in der Hospitaliterkirche zu Nikosia. Unmittelbar vor seinem Tode hatte er zu Tripolis die Hochzeit seiner jüngeren Schwe= ster Melusine (Mélisende) mit Boemund IV., Fürsten von An= tiochien gefeiert, aus welcher Ehe zwei Töchter entsprangen, von denen nur die eine, Maria, am Leben blieb. Boemund war da= mals Wittwer von Plazentia von Giblet, die ihm vier Söhne geboren hatte. Einer von ihnen, Heinrich, heiratete später Isa= bella, Tochter Hugo's I., deren Sohn Hugo Stifter der zweiten Dynastie Cyperns, des Hauses Antiochien=Lusignan, wurde.

Da Hugo's einziger Sohn, mit Namen Heinrich I., beim Tode des Vaters erst neun Monate alt war, so übernahm die Königin Alise die Regentschaft. Ihr zur Seite trat, nicht ohne Einwirkung der Barone, ihr Oheim Philipp von Ibelin, der noch seinen älteren Bruder Johann, Herrn von Beirut, zu sich heranzog. Mit Beiden konnte aber die Königin, die etwas von dem Charakter ihrer Mutter geerbt zu haben scheint, wie sie denn auch später ein wahrhaft abenteuerliches Leben führte, sich nicht verständigen, wes= halb sie 1223 nach Syrien ging.

Die Brüder Ibelin, deren Regentschaft die Wohlfahrt des Landes mächtig förderte, sahen sich plötzlich von einer ungeahnten Seite bedroht.

Kaiser Friedrich II. hatte sich nämlich mit Jolantha, Toch= ter Johanns von Brienne, im Juli 1225 vermählt und auch sofort den Titel eines Königs von Jerusalem angenommen, mit der aus=

gesprochenen Absicht, demnächst in Syrien selbst zu erscheinen. Die Vermuthung lag nahe, daß er auch auf die Regierung von Cypern einen gewissen Druck ausüben werde. Die Brüder Jbelin beeilten sich daher, ihr kaum erst neun Jahre altes Mündel in Nikosia krönen zu lassen (1226), worüber Friedrich in der That ihnen schriftlich bittere Vorwürfe machte und die cyprische Regentschaft bis zur erlangten Mündigkeit König Heinrichs 1. für sich beanspruchte. In der Mitte des folgenden Jahres starb Philipp von Jbelin und die Regentschaft ging mit Zustimmung des Adels auf seinen Bruder Johann, den Herrn von Beirut, über.

Am 21. Juli 1223 landete Kaiser Friedrich zu Limasol und schrieb sofort an den Regenten oder Ballei[8]) (wie sein offizieller Titel lautete), daß er ihn, wie den jungen König zu sehen wünsche.

Beide erschienen umgeben vom cyprischen Adel. Friedrich nahm sie gut auf, überhäufte sie mit Geschenken und lud sie auf den folgenden Tag zur Tafel ein. Sie kamen geschmückt mit den Prachtgewändern, die ihnen der Kaiser geschenkt hatte. Mit großem Pomp ging das Gastmahl vor sich, um das sich nach und nach eine Anzahl Bewaffneter gruppirte. Bei dem letzten Gang erhob sich der Kaiser und wandte sich gegen Jbelin, indem er mit lauter Stimme von ihm zwei Dinge verlangte, nämlich Herausgabe von Beirut, da dieses jetzt seinem jungen Sohne Konrad als König von Jerusalem gehöre (die Mutter Jolantha war bei der Geburt des Knaben gestorben) und dann Rechnungsablage über die Einkünfte Cyperns seit König Hugo's Tod, da diese ihm als Oberlehensherrn zuständen. Als der Sieur von Beirut dieses nicht ernsthaft zu nehmen schien, rief der Kaiser mit erhobener Stimme, indem er seine Stirne mit der Hand berührte: „Bei diesem Haupte, das eine Krone trägt, ich schwöre Euch zu, Messire Johann, daß, wenn Ihr nicht thut, was ich sage, Ihr sofort als mein Gefangener festgehalten werdet!“

Jetzt erwiderte ihm dieser mit Ruhe, Beirut sei sein Lehen, das seine Schwester Jsabella,[9]) als Königin von Jerusalem, ihm übergeben habe, und zwar in einem Zustande, daß selbst Templer und Hospitaliter es verschmäht hätten. Ueber die Ansprüche des Kaisers möge die hohe Kammer von Jerusalem entscheiden. Die Einkünfte Cyperns habe die Königin Alise empfangen, er selbst aber nichts, wie er dieß vor der hohen Kammer zu Nikosia erhärten wolle. Nach einigen Wechselreden einigte man sich dahin, daß Jbelin seine beiden Söhne Balian und Hugo als Geiseln übergab.

Den jungen König Heinrich behielt der Kaiser, der sich als seinen rechtmäßigen Vormund betrachtete, gleichfalls bei sich.

Bald darauf zog er in Nikosia ein und ließ sich dort von dem cyprischen Adel, so wie auch von dem jungen Könige den Huldigungs= eid leisten. Jbelin, der anfangs im Norden der Insel gegen den Kaiser eine feste Stellung eingenommen hatte, aber dann sich in Unter= handlungen einließ, leistete nun gleichfalls den Lehenseid bezüglich Beiruts und erhielt seine Söhne zurück, von denen Balian freiwillig in der Umgebung des Kaisers blieb.

Am 3. September segelte dieser von Famagosta ab, gefolgt von König Heinrich, Jbelin und zahlreichem cyprischen Adel, nach= dem er vorher fünf Barone, die heftige Gegner des Hauses Jbe= lin waren, worunter der bedeutendste Camerin von Barlas, zur Verwaltung der cyprischen Einkünfte bestellt und in den Festungen neue Kastellane eingesetzt hatte.

Auf seiner Rückkehr aus Palästina im Mai des folgenden Jahres 1229 hielt er sich nur kurze Zeit in Limasol auf und entließ dort den jungen König Heinrich.

Von Akkon aus hatte er schon die Vormundschaft über diesen auf drei Jahre, wo derselbe dann mündig wurde, gegen eine Zah= lung von 10,000 Mark Silber den fünf Baronen übertragen. Es waren dies außer Barlas, Gavan von Chenichy, Amalrich von Bethsan, Hugo von Giblet und Wilhelm von Rivet, denen zugleich die in den Festungen befindlichen kaiserlichen Truppen, meist Norditaliener und daher im Allgemeinen Lombarden genannt, unterstellt worden waren.

Durch Gewaltthätigkeiten aller Art suchten die Regenten oder Balleien die Freunde Jbelins zu schädigen. Ihr Grimm richtete sich vorzugsweise gegen einen aus dem Abendland gekommenen, sehr angesehenen Ritter Philipp von Navarra, der ihnen seine An= erkennung verweigerte. Vor der hohen Kammer von Nikosia von ihnen so sehr mißhandelt, daß er im Ordenshause der Hospitaliter ein Asyl suchen mußte, benachrichtigte er Jbelin von dem Stand der Dinge.

Dieser kam unverzüglich aus Syrien herbei und lieferte den Balleien ein Gefecht bei Nikosia am 23. Juni 1229, worin diese geschlagen wurden und hierauf in die nördlichen, durch ihre natür= liche Lage auf der Höhe des Gebirges überaus starken Festungen flohen.

Barlas, Bethsan und Giblet führten den jungen König mit sich nach St. Hilarion; Chenichy setzte sich in Kantara fest, Rivet in Buffavent.

Zuerst kapitulirten die Lombarden, die Cerines besetzt hielten, und wurden von der Insel geschafft. Nach einer Belagerung von sechs Monaten übergab sich auch, da die Lebensmittel ausgegangen waren, das ruhmvoll vertheidigte St. Hilarion, [10]) wodurch der König wieder frei wurde. Die Balleien verzichteten hierauf auf ihre Stellung und aller Streit schien glücklich beigelegt.

Diese Ereignisse bewogen den Kaiser, neue in Südtitalien aus= gehobene Truppen unter dem Oberbefehl des Marschalls Filangier in die Levante zu schicken, die, da sie gegen Cypern selbst nichts vermochten, die Stadt Beirut angriffen und auch wegnahmen, ohne jedoch sich des festen, von Ibelins Leuten vertheidigten Schlosses bemächtigen zu können (1231). Zu dessen Behauptung eilte im Februar 1232 Ibelin mit einem cyprischen Heere herbei, bei dem sich auch der König befand, und setzte sich später in den Besitz von Akkon, so daß den Kaiserlichen nur noch Thyrus verblieb. Von dort aus überfielen sie in der Nacht des 2. Mai das cyprische, bei Casal= Imbert lagernde Heer und brachten ihm eine schwere Niederlage bei. Darauf schiffte sich der Marschall sofort mit Barlas und dessen Parteigenossen, die in Syrien wieder zu den Kaiserlichen gestoßen waren, nach Cypern ein und befand sich bald im Besitz der Insel mit Ausnahme von St. Hilarion und Buffavent. Das neuorgani= sirte cyprische Heer zögerte nicht, ebenfalls in die Heimat zu gehen und so kam es am 15. Juni 1232 in der Nähe von St. Hilarion bei dem am Eingang des von Nikosia nach Cerines führenden Passes gelegenen Dorfe Agridi zum Treffen, worin die Kaiserlichen ge= schlagen wurden. Mit dem Rest seiner Truppen verschanzte sich der Marschall zu Cerines, das die Cyprioten bei dem Mangel an Schiffen von der Seeseite nicht einschließen konnten, übergab dann den Oberbefehl an Philipp Genard, Bruder Gavans von Chenichy, und schiffte sich nebst Barlas in's Abendland ein. Erst am 3. April 1233 kapitulirte Cerines auf die Bedingung hin, daß die Besatzung nach Thyrus übergeschifft würde.

Diese Stadt hielten kaiserliche Truppen unter dem Bruder des Marschalls, Lothar, noch zehn Jahre besetzt, bis Balian von Ibelin, Nachfolger seines Vaters [11]) in der Herrschaft Beirut und Conne= table von Cypern, sie im Juli 1243 wegnahm.

Nach dem Tode der Königin Alise, die zuletzt mit einem Ritter Raoul von Soissons sich verheiratet hatte und zur Regentin von Jerusalem proklamirt worden war — der eigentliche Inhaber der Krone war der deutsche König Konrad IV. — wurde Heinrich I. von Cypern in ihre Würde eingesetzt, in welcher er sich in sofern unabhängiger bewegen konnte, als der genannte Throninhaber zu Syrien fast in gar keiner Verbindung stand. Ueberdies befand sich Jerusalem seit zwei Jahren wieder in den Händen der Sarazenen. Verstärkt wurde diese Unabhängigkeit noch durch die Erklärung des römischen Stuhles, die den König Heinrich von seinem dem Kaiser geleisteten Huldigungseid entband [12]) und ihn als Herrn des Königreichs Jerusalem förmlich bestätigte 1247.

An dem Kreuzzug des heiligen Ludwig, der vom 17. September 1248 bis zum 13. Mai des folgenden Jahres sich in Cypern aufhielt, betheiligte sich auch Heinrich I., doch begab er sich schon nach der Einnahme von Damiette in sein Land zurück, wodurch er vor dem schrecklichen Loose, das bald nachher das Kreuzheer in Egypten traf, bewahrt blieb.

Bereits zweimal vermählt, [13]) ohne jedoch Nachkommenschaft zu haben, heiratete er im September 1250 Plazentia, Tochter Boemunds V., Fürsten von Antiochien, aus welcher Ehe ihm ein Sohn geboren wurde, starb aber schon einige Zeit darauf am 18. Januar 1253 zu Nikosia, woselbst er in der Kirche des Tempelordens beigesetzt wurde.

Wiederum mußten die Zügel der Regierung einer noch ohnehin sehr jungen Frau überlassen werden, die auch einige Jahre später die Regentschaft von Jerusalem erhielt, wobei sie indeß an ihrem Bruder, Boemund VI., eine sichere Stütze fand. Einer solchen bedurfte sie allerdings. Denn zwischen den Christen war, seit man mit den Sarazenen neuerdings einen Waffenstillstand geschlossen, ein erbitterter, höchst blutiger Kampf [14]) ausgebrochen, der sich hauptsächlich um Akkon bewegte. Es standen sich hier Venetianer und Genuesen gegenüber, welche letztere sammt ihrem Anhang, dem Orden vom Hospital und den Aragonesen, die cyprische Regentschaft nicht anerkennen, sondern die Rechte Konradins (seit 1254, wo Konrad IV. gestorben war) gewahrt wissen wollten. Die Genuesen erlagen endlich und mußten Akkon räumen. Zwei Jahre hatten die Feindseligkeiten gedauert (1256—58).

Plazentia starb 1261 und über den erst neunjährigen König Hugo II. erhielt nicht seine nächste Verwandte, die Schwester seines

Vaters, Isabella von Lusignan, Gemahlin Heinrichs von Antiochien, eines Oheims des regierenden Fürsten Boemund VI., die Vormundschaft, vielmehr übertrug der cyprische Adel diese unter Adoptirung der Grundsätze des salischen Rechtes dem Fürsten Hugo von Antiochien, ältestem Sohn dieser Isabella und demgemäß leiblichem Vetter des jungen Königs. Unter der Regentschaft dieses Fürsten, der durch Ausspruch der Stände von Jerusalem 1264 auch zum Ballei dieses Königreiches ausgerufen wurde, [15]) verlebte die Insel glückliche Tage und wuchs zu einem nie gekannten Wohlstand heran, während in Syrien der mächtige Sultan Bibars die Christen mehr und mehr zurückdrängte.

Am 5. December 1267 starb der noch nicht volljährige König Hugo II. nach kurzer Krankheit [16]) und erlosch mit ihm die männliche Descendenz Guidos und Amalrichs von Lusignan.

Unter seiner Regierung gelangte man endlich dahin, einen Vertrag aufzustellen, der die gegenüber dem lateinischen Klerus und Adel oft sehr schwankenden Verhältnisse der griechischen Kirche definitiv regelte.

Als, wie erwähnt, Amalrich in seiner ersten Regierungszeit die vier lateinischen Bisthümer von Nikosia, Paphos, Limasol und Famagosta stiftete, geschah dieses nicht ohne Beeinträchtigung der Griechen, indem der größte Theil der Zehnten diesen Bischöfen überwiesen wurde, ein Verfahren, das einem cyprischen Mönche, Verfasser eines Briefes über das Unglück Cyperns (um 1196), bittere Klagen auspreßte.

Nicht genug, daß man den Griechen schließlich nur vier Bischofssitze ließ, der lateinische Klerus verlangte nun auch, auf Grund der Festsetzungen des großen Concils im Lateran vom Jahre 1215, daß kein griechischer Geistlicher ohne Genehmigung des lateinischen Diöcesanbischofs eine Function ausübe, daß alle neuernannten Prälaten den Eid der Treue in dessen Hände ablegen und alle Streitigkeiten vor ihm, als letzter Instanz, entschieden werden sollten. Der Erzbischof von Nikosia sollte als Haupt des gesammten lateinischen und griechischen Klerus angesehen werden.

Der damalige Metropolit Neophytos glaubte unter solchen Umständen seine Würde nicht mehr behaupten zu können und verließ deßhalb die Insel 1221.

Die Anmuthungen des lateinischen Klerus richteten sich indeß auch gegen den Adel und man verlangte von diesem die Rückgabe aller, einst der griechischen Geistlichkeit zugehörigen Besitzungen, indeß einigte man sich unter Vorsitz des Legaten Pelagius auf einer Conferenz beider Stände zu Famagosta am 14. September 1222 dahin, daß der Adel die Güter behielt, von denselben aber den Zehnten erlegte und die Befreiung der Kleriker beider Riten von allen Lasten und Abgaben anerkannte. Gleicherweise hatte die Krone auf alle Abgaben von den Hörigen der geistlichen Güter verzichtet. Ebenso setzte man fest, wie groß die Zahl der Mönche eines griechischen Klosters sein dürfe, und bestimmte, daß die vier griechischen Bischöfe, die jetzt noch bestanden, ihre Sitze in Städte zu verlegen hätten, wo keine lateinischen residirten. Weiterhin sollte keiner der griechischen Landbewohner (Pariker) sich ohne Erlaubniß seines Herrn und des lateinischen Bischofs des Districts zum Diakonen oder Priester, deren es allerdings eine zahllose Menge auf der Insel gab, ordiniren lassen. Geschah dieses von Seiten des Bischofs, aber ohne die Erlaubniß des Herrn, so war ersterer gehalten, dem letzteren einen „gleichguten Bauern" zurückzuerstatten.

Diese Bestimmungen konnten nicht verfehlen, in den Griechen die bittersten Gefühle zu wecken; ihre Ohnmacht aber zwang sie, sich in ihr Schicksal zu ergeben.

Ein neuer Streit brach aus, als Innocenz IV., unter dessen Vorgänger Gregor IX. die griechischen Geistlichen in Menge ihre Kirchen und Klöster verließen, um sich der Härte der Lateiner durch Auswanderung nach Armenien zu entziehen, durch eine Bulle vom 20. December 1251 den Griechen erlaubte, sich einen neuen Metropoliten, Germanos, zu wählen, und ihn durch seinen Legaten, den Cardinal von Albano, Eudes de Châteauroux, bestätigen ließ. Der damalige Erzbischof von Nikosia, Hugo von Fagiano, ein frommer, aber zelotischer Mann, der früher dem Kapitel von Reims angehört hatte, glaubte sich dadurch in seinen Rechten verletzt und suchte seinen Unmuth an dem Metropoliten in jeder Weise auszulassen. Als die Regierung ihn in seinen unaufhörlichen Reklamationen nicht unterstützte, ging er in sein Vaterland Toskana zurück und sprach das Interdict über Cypern aus. Erst nach dem Tode Heinrichs II. erschien er wieder und hob das Interdict auf (1253); doch vermochte er nicht, daß der Metropolit, der nur die Oberhoheit des römischen Stuhles anerkannte, sich ihm unterordnete. Die Kurie, so wie die Krone suchten im Gegentheil die Griechen so weit zu schützen, als es ihnen ihrem eigenen Klerus gegenüber statthaft schien.

Eine nicht minder große Strenge entfaltete der Erzbischof in Bezug auf seine Kirche. So gebot er allen Klerikern, sich zweimal im Jahre, um Epiphanie und Pfingsten, zur Generalsynode nach Nikosia zu begeben, auf dem Weg aber die Wirthshäuser, die Gesell=schaft der Frauen und die Hazardspiele zu vermeiden. Die Polizei von Nikosia erhielt die Weisung, jeden Kleriker, der nach dem dritten Glockenschlag noch auf der Straße betroffen werde, anzuhal=ten und ihn andern Tags dem geistlichen Gerichte zu übergeben. Ferner sollten die Geistlichen darauf hinarbeiten, daß in Krank=heiten keine Zauberformeln angewendet und keine jüdischen oder sara=zenischen Aerzte herangezogen würden. Klageweiber bei Beerdi=gungen sollten durchaus verboten sein und wo man deren habhaft werde, sollten sie gepeitscht und öffentlich ausgestellt werden.

Den Geistlichen wurde einfache Tracht vorgeschrieben. Keine bril=lanten Stoffe, keine goldenen oder silbernen Sporen, Gürtel oder Ringe (sofern sie nicht zu ihrer Würde gehörten), keine Schnabelschuhe und eleganten Handschuhe. Keiner sollte sich zu einem Histrionen oder Jongleur hergeben, der seine Geschichten auf öffentlichen Plätzen oder sonst dem Volke vorträgt. Der Betrieb irgend eines bürger=lichen Geschäfts war ihnen untersagt. [17])

Hugo von Fagiano war nicht der Mann, der einen beinahe unabhängigen griechischen Metropoliten neben sich geduldet hätte. Da Germanos sich weigerte, vor seinem Forum zu erscheinen und sich hierbei auf sein Privilegium berief, so excommunizirte ihn Hugo. Germanos begab sich nun mit seinen Suffraganbischöfen nach Rom und brachte dort vor dem Papst Alexander IV. seine Klage vor. Ebendahin schickte auch Hugo Bevollmächtigte.

Der Proceß, dessen Führung dem Cardinal Eudes de Châ=teauroux übergeben worden war, endete damit, daß die Bulle vom 3. Juli 1260 [18]) die beiderseitigen Verhältnisse durch eine förmliche Constitution, genannt die Summa Alexandrina, definitiv regelte.

Die Fundamentalsätze derselben sind folgende:

1) Es bestehen nur vier griechische Bisthümer, entsprechend den vier lateinischen, und zwar unter Suprematie des lateinischen Erz=bischofs, als alleinigen Metropoliten des Königreiches.

2) Der griechische Bischof von Nikosia wohnt künftig zu Soli oder Solea (im Norden des Troodos, am linken Ufer des Xero=potamos, berühmt durch seine Erzgruben), der von Paphos zu Arsinoë (womit zweifellos der Flecken Arzos am Westab=hang des Troodos, östlich von Paphos, gemeint ist), der von

Famagosta zu Riso Karpasso auf der karpasischen Halb=
insel und der von Limasol zu Levkara (am Südabhang des
Macháras, nordöstlich von Limasol).

(Die drei erst genannten Bischöfe kehrten indeß später in ihre
früheren Sitze zurück.)

3) Das Recht der Bischofswahl behält der griechische Klerus, doch
muß der betreffende lateinische Bischof die Wahl bestätigen. In
seine Hände schwört der Neugewählte, der römischen Kirche und
dem betreffenden Bischof treu und gehorsam sein zu wollen. Die
Consekration vollziehen die vereinigten griechischen Bischöfe.

4) Der Papst allein kann die griechischen Bischöfe entsetzen.

5) Die geistliche Jurisdiction steht nur dann dem griechischen Bi=
schofe zu, wenn beide Parteien Griechen sind. Jeder Partei
steht unmittelbare Appellation an den Papst frei.

6) Der griechische Bischof und sein Klerus haben sich zu der all=
jährlich von dem lateinischen Bischof abzuhaltenden Diöcesan=
synode einzufinden.

7) Die Visitationsreisen der lateinischen Bischöfe sollen für die
Griechen nur mit Entrichtung einer mäßigen Summe begleitet sein.

8) Sämmtliche Zehnten auf der Insel sollen dem lateinischen Klerus
zustehen. [19])

(Die Einkünfte der griechischen Bischöfe bestanden daher nur
in den Abgaben, die sie von ihrer eigenen Geistlichkeit bei Ge=
legenheit der Wethen u. s. f. erhielten.)

Auf den Metropoliten Germanos sollte indeß diese Constitution
in sofern noch keine Anwendung erleiden, als ihm die erzbischöf=
liche Würde lebenslänglich durch die Bulle garantirt wurde. Dadurch
aber fühlte sich Hugo von Fagiano so sehr gekränkt, daß er sofort
resignirte und sich nach Toskana zurückzog, wo er um 1268 starb.

Durch diese Constitution war den Griechen die Hoffnung ge=
nommen, jemals wieder ebenbürtig den Lateinern sich zur Seite zu
stellen und alle ihnen früher von den Päpsten gemachten Zugeständ=
nisse waren auf diese Weise wieder aufgehoben.

Schwerlich war dieses der richtige Weg, um die so nöthige
Amalgamirung der beiden Nationalitäten herbeizuführen und den
alten Haß der Lateiner und Griechen in ein Gefühl der Zusammen=
gehörigkeit zu verwandeln. Das schmerzliche Bewußtsein der Letz=
teren, Besiegte und Unterworfene zu sein, wurde so stets lebendig
erhalten und zwar, wie die spätere Zeit gezeigt hat, zum großen
Schaden der occidentalischen Kirche.

Auch die lateinischen Mönchsorden hatten bereits zur Zeit unserer Darstellung auf Cypern zahlreiche Niederlassungen mit ansehnlichem Grundbesitze. Die vornehmsten waren die Karmeliter, dann kamen Prämonstratenser, Benedictiner, Karthäuser, Cisterzienser, Dominikaner und Franziskaner.

Daß auch die beiden Ritterorden und zwar vornehmlich der vom Hospital auf der Insel reich begütert waren, haben wir bereits erwähnt.

Anmerkungen.

1) Mas Latrie I. S. 124. Die von 18 Cardinälen mitunterzeichnete Bestätigungsbulle über die Rechte und Besitzungen des neuerrichteten Erzbisthums ist vom 13. December 1196 datirt. Der Erzbischof erhält darin auch das Recht, das Pallium an festlichen Tagen zu tragen. Mas Latrie III. S. 601.

2) In der Bulle vom 20. Februar 1196 wird Amalrich noch dominus Cipri genannt (Mas Latrie III. S. 599) und in der vom 13. December desselben Jahres erscheint er schon als illuster rex Cipri.

3) Eschivas Tod wurde wahrscheinlich durch ihre gewaltsame Entführung verursacht, die ein cyprischer Pirat bewerkstelligte, als sie sich zur Stärkung ihrer Gesundheit zu Paradisi, in der Nähe Famagostas aufhielt. Der Pirat brachte sie zu seinem Beschützer, dem Herrn von Antiochetta (Cypern gegenüber), einem Griechen, der sie auf Betreiben des Fürsten Leo II. von Klein-Armenien wieder auslieferte. Mas Latrie I. S. 140.

4) Mas Latrie I. S. 162

5) Das Verhältniß zwischen Silber- oder weißen und Gold- oder sarazenischen Bisanten war, wenigstens später (1370), so, daß drei und ein halber der ersteren auf einen Goldbisanten gingen. Mas Latrie II. S. 362.

6) Er war ein Sohn des Amadeus von Montfaucon, Grafen von Mömpelgard, und erhielt von seinem Schwiegervater Amalrich außer der Connetableschaft von Jerusalem ausgedehnte Güter in Cypern. Mas Latrie I. S. 167.

7) Der Kommandariawein ist jung dunkelroth, fast schwarz, aber je älter er wird, eine desto lichtere Farbe erlangt er und wird zuletzt sogar braungelb. Unger und Kotschy S. 450. Sein Preis wächst mit dem Alter und bezahlt man die Kusa (ungefähr 15 Flaschen) von dem über 10 Jahre alten Wein mit 10 Thalern und mehr. Roß S. 92.

8) Die Benennung „Ballei" (bajulus, bajulivus und bailivus in Urkunden) als Titel des Regenten, namentlich, wenn er Vormund des eigentlichen Herrschers war, findet sich auch im Königreiche Jerusalem.

9) Die Mutter Isabella's, die Kaisertochter Maria Comnena, hatte nämlich nach dem Tode ihres Gemahls, des Königs Almarich I. von Jerusa-

lem (1173), Balian II. von Ibelin geheiratet, welcher Ehe die Brüder Johann und Philipp, Regenten in Cypern, entsproßten. Isabella und Johann waren daher Stiefgeschwister.

10) Bei dem dortigen Belagerungsheer befand sich auch der tapfere Philipp von Navarra, der neben seiner diplomatischen Gewandtheit auch den Ruhm eines geistreichen Dichters genoß. Bei einem Ausfalle der Belagerten hätte ihn Barlas beinahe gefangen genommen, wenn ihm nicht Balian von Ibelin zu Hülfe geeilt wäre. Indeß sank er schwerverwundet vom Pferde. Triumphirend riefen nun die Belagerten von den Wällen: Der Poet ist todt, er wird uns nicht mehr mit seinen Chansons langweilen! Ihre Rechnung erwies sich aber als falsch, denn am anderen Tage ließ sich Philipp, der sich bereits wieder erholt hatte, auf einen der Burg benachbarten Felsen bringen und sang von dort den Belagerten vernehmlich einen Chanson auf den Kampf, den er in der vergangenen Nacht gedichtet hatte. Mas Latrie I. S. 260.

11) Johann von Ibelin, der alte Herr von Beirut, wie er zum Unterschiede von seinem Sohn Balian, der Beirut erhielt, und seinem Neffen Johann, dem bekannten Sammler der Assisen, in den Chroniken genannt wird, starb 1236 in Folge eines Sturzes von dem Pferde. Er ließ sich zu Akkon in der Kirche des Tempelordens und in dem Kleide dieses Ordens beerdigen, so wie er es einst in der Schlacht von Agridi gelobt hatte. Mas Latrie I. S. 311.

12) Mas Latrie II. S. 63.

13) Seine erste Gemahlin war Alise von Montferrat, Schwester des Markgrafen Bonifacius III.; der Zeitpunkt der Vermählung ist ungewiß, wie auch der ihres Todes. Letzterer fällt in die Jahre 1232 oder 1233. Im Jahre 1237 verheiratete sich Heinrich I. mit Stephanie, Schwester des Königs Haiton I. von Armenien, die vor 1250 starb.

14) Die Zahl der Opfer schätzt man wahrscheinlich übertrieben auf 20,000 Todte. Mas Latrie I. S. 375.

15) Seine Mutter Isabella, die 1264 starb, war gleichfalls ein Jahr vorher zur Regentin von Jerusalem erklärt worden. Nach ihrem Tode machten sich ihr Sohn Hugo von Antiochien und sein leiblicher Vetter Hugo, Graf von Brienne, dessen Mutter Maria die ältere Schwester Königs Heinrich I. von Cypern und Isabella's war, die Regentschaft von Jerusalem streitig. Die hohe Kammer von Akkon, vor der beide Prätendenten weitläufig ihre Sache führten, entschied aber zu Gunsten Hugo's von Antiochien, weil derselbe, wenn schon von der jüngeren Schwester geboren, älter an Jahren, als sein Vetter, der Graf von Brienne, sei. Mas Latrie I. S. 399 ff.

16) Obwohl noch nicht fünfzehn Jahre alt, hatte er sich doch schon einige Zeit vor seinem Tode mit Isabella von Ibelin, Tochter Johanns II. und Enkelin Balians III., verheiratet, die zugleich Erbin von Beirut war. Da sie auch von ihren drei folgenden Männern keine Kinder

hatte, so ging Beirut auf ihre Schwester Eschiva über, die Humfried von Montfort, Herrn von Tyrus und Toron, heiratete. Mas Latrie S. 418.

17) Mas Latrie I. S. 369 ff.

18) Die betreffende Bulle gibt unter Anderen auch Reinhard in den Beilagen zum ersten Theil S. 53.

19) Mas Latrie berechnet (II. S. 72), daß die Revenüen der lateinischen Kirche eine Summe betrugen, die heutzutage den Werth von zwei Millionen Franks übersteigen würde, was nicht unglaublich erscheint, wenn man erwägt, daß im Anfang des 14. Jahrhunderts das Erzbisthum Nikosia auf 25,000 Goldgulden geschätzt wurde. Der Pater Stephan von Lusignan behauptet, ausgerechnet zu haben, daß zu seiner Zeit (1560) die Revenüen des lateinischen und griechischen Klerus sich auf wenigstens 90,000 Dukaten beliefen, wobei freilich fünf Sechstel auf den ersteren kamen.

Drittes Kapitel.

Die Regierung der vier ersten Könige des Hauses Antiochien-Lusignan. (1267—1359.)

Der bisherige Regent von Cypern und Jerusalem, Hugo von Antiochien, wurde nun ohne Einsprache von irgend welcher Seite zum cyprischen Könige ausgerufen und am 25. December 1267 zu Nikosia durch den Patriarchen von Jerusalem, Wilhelm von Agen, feierlich gekrönt. Von seiner Mutter Isabella hatte er bereits den Namen Lusignan überkommen, dessen er sich von nun an ausschließlich bediente.

Gleicherweise wurde er auch zum Könige von Jerusalem ausgerufen, seine Krönung erfolgte aber erst am 24. September 1269, nachdem der eigentliche König von Jerusalem, Konradin, auf Befehl Karls von Anjou zu Neapel am 29. October 1268 enthauptet worden war. Im Interesse dieses Fürsten, der als Nachfolger des staufischen Hauses in Italien sich zum Protector der Christen im Orient aufwarf, hatten bereits die Templer die sechszigjährige Tante Hugo's III., Maria von Antiochien, bewogen, Ansprüche auf die Krone von Jerusalem zu erheben, die aber sowohl von der hohen Kammer zu Akkon, als auch von dem römischen Stuhle als nichtig erkannt wurden.

Von seiner neuen Würde hatte Hugo nichts als Kummer und Lasten. Der Sultan Bibars machte immer größere Fortschritte, nahm den Jbelins Joppe[1]) weg, den Templern die Burgen Sapheb[2]) und Belfort[3]), den Deutschherren ihre einzige Besitzung, Schloß Montfort[4]), nöthigte den Hospitalorden, dem er schon 1265 das kurz vorher von den Jbelins erworbene Arsur[5]) nach vierzigtägiger Berennung und 1270 das gleichfalls sehr feste Schloß Krak[6]) bei Tripolis entrissen hatte, die Hälfte des Territoriums von Margat, ihrem stärksten Bollwerke, abzutreten, wobei sie sich noch verpflichten mußten, keine Ausbesserungen an der Festung vorzunehmen, und ging erst im April 1272 einen Waffenstillstand auf zehn Jahre ein. Auf den König, den er als solchen gar nicht anerkennen wollte, hatte Bibars einen besonderen Grimm, der noch dadurch vermehrt wurde, daß eine Flotille von zehn egyptischen Galeeren, die er im Jahre zuvor gegen Cypern ausgesandt hatte, bei Limasol scheiterte, wobei den Cyprioten an 1800 Gefangene in die Hände fielen.

Bei einem solchen Stand der Dinge weigerte sich auch der cyprische Adel, in Syrien länger Kriegsdienste zu thun, wozu er seiner Behauptung nach nur in Ausnahmefällen verbunden sei. Nach langen Verhandlungen einigte man sich endlich (1273) dahin, daß die Ritter sich zu einem jährlichen viermonatlichen Dienste außerhalb Cyperns verpflichteten, vorausgesetzt, daß der König oder sein Sohn bei dem Heere sei.

Die ohnehin schwache Autorität Hugo's in Palästina erhielt einen neuen Stoß, als der Gemahl Jsabellens von Jbelin, der Herrin von Beirut, ein englischer Ritter[7]), bei seinem Tode sie und ihr Land unter den Schutz Bibar's stellte. Ueber eine solche Verletzung seiner Rechte und Würde aufgebracht führte Hugo Jsabella jetzt nach Cypern, dessen König Hugo II. einst, wenn auch nur kurze Zeit, mit ihr vermählt gewesen war. Bibars aber, ihr Protector, forderte sie in einem heftigen Schreiben zurück, widrigenfalls er Beirut für sich nehmen werde. Da der Tempel den Sultan unterstützte, mußte der König Jsabella wieder entlassen (1274). Eben so gelang es ihm nicht, die Vormundschaft über seinen Neffen, den Fürsten Boemund VII. von Antiochien und Grafen von Tripolis, und damit die Regierung über letzteres zu erhalten, da dessen Mutter, Sibylla von Armenien, mit Hülfe einer starken Partei ihm einen erfolgreichen Widerstand entgegensetzte. Von dem einst so bedeutenden Fürstenthum Antiochien war übrigens nur noch Laodicäa übrig, da Bibars schon im Mai 1268 die Hauptstadt erstürmt und ihre zahlreiche Bevölkerung theils umgebracht, theils in die Sclaverei verkauft hatte.

Mißmuthig zog sich Hugo nun nach Akkon zurück. Aber auch hier warteten seiner neue Demüthigungen, denn die Bürger der Stadt, im Bunde mit den Venetianern und dem Tempelorden, versagten ihm förmlich den Gehorsam. Letzterer beleidigte ihn auf's Neue, indem er bei Erwerb eines Lehens, das einem Kronvasallen zugehört hatte, ihn nicht um die oberlehensherrliche Bestätigung anging, sondern die Besitzung ohne weiteres dem Ordensgut einverleibte. Da verließ der König die Stadt (October 1276) und ging nach Thyrus, das der ihm befreundeten Familie Montfort zugehörte, ohne einen Stellvertreter zurückzulassen oder irgendwie andere Anordnungen treffen zu wollen.

Dieß hatten die Akkonenser nicht erwartet. Aus Furcht vor Anarchie und arabischen Marodeurs unterstützten sie jetzt die Genuesen, Pisaner, Hospitaliter und Deutschherren in ihren Bitten bei dem Könige um baldige Rückkehr. Nur die Templer und Venetianer hielten sich hochmüthig fern, indem sie äußerten: Wenn der König zurückkehren will, möge er kommen; wenn nicht, werden wir uns deshalb nicht grämen.

Der Großmeister vom Hospital, Hugo de Revel, und der Patriarch, Thomas Agni, brachten ihn endlich dahin, daß er in der Person Balians von Ibelin einen Ballei für das Königreich bestellte und die wichtigsten Staatsämter neu besetzte. Nach Akkon wollte er schlechterdings nicht wieder zurück, vielmehr schiffte er nach Cypern über.

Eine Koalition, deren Seele der Großmeister des Tempels, Wilhelm von Beaujeu, war, veranlaßte die Prinzessin Maria von Antiochien, ihre ohnehin nichtigen Ansprüche auf Karl von Anjou zu übertragen (1277), der sich dagegen verbindlich machte, ihr eine jährlich im Tempelhause zu Paris zu zahlende Rente von 4000 Turnosen und eine weitere von 1000 Goldgulden auszuwerfen, die ihr zu Akkon zur Verfügung gestellt werden sollte. Karl nannte sich jetzt König von Jerusalem und sandte sofort als seinen Ballei Roger de St. Severin, Grafen von Marsico, mit zwölf Rittern und einigen Schiffen in die Levante, wo er im Tempelpalast zu Akkon einstweilen Herberge fand.

Der Ballei, Balian von Ibelin, der in dieser Stadt residirte, wußte nicht, was er beginnen sollte, um so mehr als Templer und Venetianer entschlossen waren, mit bewaffneter Hand dem Grafen und seinen Neapolitanern zur Seite zu stehen. Ehe er indeß noch einen Entschluß gefaßt hatte, drangen eines Abends die Templer, den Grafen in ihrer Mitte, in die Citadelle und Jbelin, der es nicht auf die Waffen ankommen lassen wollte, verließ dieselbe sofort. Auf derselben ließ Roger jetzt die Banner seines Herrn aufpflanzen und proklamirte ihn zum König von Jerusalem. Die Bürgerschaft Akkons fiel ihm sogleich zu, nicht aber so der Adel, der sich seines Lehenseides erinnerte. Als aber Hugo III. alle Botschaften der Ritter an ihn, auch eine letzte, deren Absendung der Tempelorden mit anscheinender Mäßigung in's Werk gesetzt hatte, ausweichend beantwortete, unterwarf sich der Adel dem König Karl. Hugo landete zwar im folgenden Jahre (1278) zu Thrus mit einem Heere, da er aber nicht rasch genug gegen Akkon vorging, zwang ihn dasselbe wieder zur Rückkehr. In seinem Mißmuthe zog er alle Einkünfte des Tempels auf Cypern ein, was Karl von Anjou seinerseits mit denen des ihm ungünstig gesinnten Hospitalordens in seinen Staaten gethan hatte, und brach das Tempelschloß Gastria auf der karpasischen Halbinsel.

Auch nach außen übten diese Streitigkeiten einen übeln Einfluß aus, indem Roger, entgegen den Hospitalitern und dem Fürsten von Antiochien, dem sich auch Hugo anschließen wollte, jedes feindliche Auftreten gegen den Sultan Kelavun, Bibars Nachfolger, hinderte, als dieser von einem großen mongolischen Heere angegriffen wurde. Nach der großen, aber unentschiedenen Schlacht bei Emessa am 30. October 1281 zogen sich beide Theile wieder zurück. Kelavun hielt es für vortheilhaft aus Furcht vor einer Verbindung der Christen mit den Mongolen, einen neuen Waffenstillstand abzuschließen, vorzüglich mit dem Tempelorden, der dieß benutzte, um den Fürsten Boemund durch Feindseligkeiten aller Art zu schädigen. [8])

Von Neuem schiffte sich Hugo mit seinen drei Söhnen und einem kleinen Heere nach Syrien ein. Nach einigen Unglücksfällen begab er sich nach Thrus, dessen Herr sein Schwager Johann von Montfort war. Dort starb zuerst sein zweiter Sohn Boemund am 3. November 1283, am 23. desselben Monats Johann von Montfort[9]) und nach kurzer Krankheit am 26. März 1284 der König selbst. [10]) Sein ältester Sohn Johann, als König von Cypern der erste, brachte die Leiche zurück, die in der St. Sophienkirche zu Nikosia beerdigt wurde.

Hugo war ein Fürst von hervorragenden Eigenschaften. Leider verzehrte sich seine ganze Kraft in den unentwirrbaren Verhältnissen Palästina's, die den unausbleiblichen Sturz der christlichen Herrschaft schon im Voraus signalisirten.

Die Regierung seines Sohnes Johann I. währte nur ein Jahr; da derselbe bereits am 20. Mai 1285 starb, worauf sein Bruder Heinrich, der zweite dieses Namens, den Thron bestieg.

Ein neuer Schlag traf in dieser Zeit die Christenheit, indem Sultan Kelaun die gewaltige Feste Margat, [11]) die sich nahe dem Meere zwischen Antiochien und Tripolis über ein weites Felsplateau erstreckte und noch von keinem Sultan angegriffen war, dem Hospitalorden, mit dem er im Waffenstillstand lebte, entriß. Ihre Thürme reichten, wie die Araber sagten, bis zu den Sternen, und ihre Wälle waren so fest, wie die Mauern von Palmyra. Trotzdem, daß er die Ritter förmlich überraschte, dauerte die Belagerung vom 17. April bis 27. Mai 1285, wo die Ritter erst kapitulirten, als sie sich überzeugt hatten, daß die Minengänge der Sarazenen bis in das Innere der Burg reichten, und als alle ihre Ausfälle vergeblich gewesen waren.

Dem Hospitalorden gelang es endlich den König Heinrich II. mit den Templern zu versöhnen und ihn zu einer Landung zu Akkon zu vermögen. Am 24. Juni 1286 erschien er mit seiner Flotte vor dieser Stadt, feierlich von dem Klerus und der Bürgerschaft empfangen, nur der Seneschall Eudes de Poilechien [12]) machte Miene, die Citadelle im Namen des Königs Philipp IV. von Frankreich zu vertheidigen. Nach fünf Tagen jedoch übergab er sie.

Am 15. August fand die feierliche Krönung Heinrichs zu Tyrus statt, worauf sich der Hof nach Akkon zurückbegab und dort vierzehn Tage lang sich Festlichkeiten aller Art überließ. Glänzende Turniere wurden gehalten, Reiteraufzüge und Schauspiele veranstaltet. So stellte man in dem großen Rittersale des Hospitalpalastes eine Reihe von Scenen aus den damals beliebtesten Dichtungen und Aventüren dar, worin Tristan, Lanzelot, König Artus und die Ritter der Tafelrunde, sowie der Hof einer sagenhaften Amazonenkönigin auftraten. Die Frauenrollen wurden von zierlichen Edelknaben gegeben. Das ganze Volk schwamm in Freude und vergaß einen Augenblick seine so überaus unsichere Lage.

Am lebhaftesten fühlte diese der König. Er zog es deshalb vor, sich wieder nach Cypern zu begeben, wobei er seinen Oheim Philipp von Ibelin zum Balleien einsetzte.

Die Geschicke Palästina's sollten sich indeß mehr und mehr erfüllen.

Im folgenden Jahre eroberte Kelavun die reiche Stadt Lao=
bicāa und zwei Jahre darauf fiel das starkbefestigte Tripolis, das
zudem noch durch innere Parteien zerrissen war, nach längerer Bela=
gerung durch Sturm am 26. April 1289. Die Orden vom Tempel
und Hospital verloren dabei eine große Anzahl ihrer Angehörigen.

Jetzt begab sich Heinrich wieder nach Akkon und erlangte
wenigstens von dem Sultan eine Verlängerung des Waffenstill=
standes auf zehn Jahre. Zum Regenten bestellte er seinen Bru=
der Amalrich, Fürsten von Tyrus, und kehrte dann wieder
zurück.

In Akkon wußte man, daß Kelavun sein Wort nur so lange
halten werde, als es ihm genehm sei. Der Hauptschlag konnte nicht
lange ausbleiben. Man rüstete deshalb mit Eifer und forderte
bringend Hülfe vom Abendland. Papst Nikolaus IV. sandte Geld
und Truppen, so viel er vermochte, ließ das Kreuz predigen und
wandte sich an alle Fürsten. Darauf schickte der Doge von Vene=
dig einige Galeeren. Dieses war aber auch Alles.

Aengstlich hatte man bisher vermieden, dem Sultan den gering=
sten Anlaß zu Feindseligkeiten zu geben, als einige neuangekommene
Kreuzfahrer in und bei Akkon mehrere sarazenische Kaufleute erschlu=
gen. Darauf erklärte Kelavun den Waffenstilland für gebrochen
und der Krieg war beschlossen. Eben im Begriff von Kairo aufzu=
brechen, starb er (October 1290).

Da alle Vorbereitungen schon getroffen waren, zögerte sein
Sohn und Nachfolger Malek=al=Aschraf=Khalil nicht, das
Unternehmen seines Vaters auszuführen. Am 5. April 1291 erschien
er vor Akkon und sechs Tage nachher waren bereits alle Belagerungs=
maschinen im Gang.

Dem sarazenischen Heere, das über 200,000 Mann zählte,
standen ungefähr 24,000 christliche Streiter gegenüber. Eine Ein=
heit des Oberbefehls gab es bei ihnen nicht. Jede Partei folgte
ihrem Führer und hielt sich mehr an Vertheidigung ihres eigenen
Postens; die Franzosen verlangten sogar den Oberbefehl für sich.
Dafür war auch Akkon die Stadt, wo es 17 von einander unab=
hängige Jurisdictionen gab. Da der Großmeister vom Tempel,
Wilhelm von Beaujeu, die meiste Autorität genoß, so kann man ihn
als den eigentlichen Oberbefehlshaber betrachten, der Regent Amal=
rich von Lusignan hingegen besaß fast gar kein Ansehen.

Da die Seeseite frei blieb, litt man keine Noth und konnte
auch Frauen und Greise nach Cypern schaffen. Doch war es nicht

möglich, den stets fortschreitenden Minenarbeiten der Belagerer Ein=
halt zu thun, die außerdem noch die Christen fortwährend mit grie=
chischem Feuer überschütteten.

Erst am 4. Mai erschien König Heinrich in der Stadt. Er
brachte viele Lebensmittel mit, aber nur geringe Streitkräfte. Seine,
so wie die syrischen Barone hatten sich mit den Deutschherren in die
Besetzung des äußersten Postens, eines großen, neuerbauten run=
den Thurmes, genannt der Thurm des Königs Heinrich, getheilt,
hinter welchem erst der vielgenannte „verfluchte" Thurm sich erhob. [13])
Als der Sultan die Ankunft des Königs erfuhr, ließ er einen wü=
thenden Sturm gegen diesen Posten am 15. Mai ausführen, der
beinahe geglückt wäre, hätte man nicht von anderer Seite Hülfe
geleistet.

Wie es scheint, gerieth der König dabei in einen Streit mit
dem Großmeister der Deutschherren, Konrad von Feuchtwangen,
und da ihm auch die ganze Art der Vertheidigung keinen Erfolg zu
versprechen schien, schiffte er sich noch in derselben Nacht ein. Er
zog dadurch, wie es heißt, an 3000 Ritter mit sich, so daß Akkon
zuletzt kaum noch 10,000 Vertheidiger hatte. Heinrich II. war über=
haupt kein Mann, der den Waffenlärm liebte und Strapazen ertragen
konnte, da er von schwacher, krankhafter Körperkonstitution war.

Freitag, den 18. Mai, befahl Khalil den allgemeinen Sturm,
der ihn nach einem verzweifelten Kampfe in den Besitz der vor=
geschobensten Posten und der Umfassungsmauer setzte. Der Groß=
meister des Hospitals, Jean de Villiers, wurde hierbei tödt=
lich [14]) verwundet, der des Tempels erhielt einen Lanzenstich, an dem
er noch selbigen Tages starb. Die zweite schwächere Vertheidigungs=
linie wurde vorzüglich durch die jetzt von ihrem Marschall, Mathieu
de Clermont, befehligten Hospitaliter gehalten. Am andern Mor=
gen bei dem Kampf um das St. Antoniusthor (hinter dem verfluch=
ten Thurm gelegen) und bei dem Verluste dieser Position starb auch
dieser den Heldentod.

In den Händen der Christen befand sich nur noch die am
Hafen gelegene Templerburg, unter deren Schutz sich ein großer Theil
der Einwohner einschiffte. Bei der hochgehenden See ertrank hier
der Patriarch Nikolas de Hanapes, dessen Barke mit Flüchtlin=
gen so überladen war, daß sie untersank.

Der Sultan bot den Templern jetzt Kapitulation an, die man
annahm. Aber während die Einschiffung der Christen vor sich
gehen sollte, mißhandelten sarazenische Soldaten die Frauen in der

Burg. Da übermannte die Wuth die noch vorhandenen Verthei=
diger derselben, man verrammelte die Thore, riß das auf dem
Thurme bereits aufgehißte Banner des Sultans herab und erschlug
alle im Innern befindlichen Sarazenen. In der Nacht beschloß man,
daß Thibaut Gaudin, Großpräceptor des Tempels und Stell=
vertreter des Großmeisters, sich mit dem Schatz und den heiligen
Gefäßen nach Sidon, das sich noch im Besitze des Ordens befand,
begeben solle.

Einige Tage nachher bot Khalil eine zweite Kapitulation
an. Als sich im Vertrauen darauf eine große Anzahl Christen mit
ihren Frauen aus der Burg begab, ließ der Sultan sie nieder=
metzeln. Da schworen die Zurückgebliebenen sich bis zum letzten Hauch
zu vertheidigen. Nach mehreren Tagen fortwährenden Kampfes, in=
deß der Feind die Burg bereits von allen Seiten unterminirt
hatte, öffneten sie die Thore und kamen in einem furchtbaren Hand=
gemenge, während der große Thurm über ihnen zusammenstürzte,
alle um's Leben. Es geschah dieses am zehnten Tage nach der
Eroberung der Stadt. So fiel Akkon, das letzte Bollwerk der Chri=
sten im heiligen Lande, die reichste und prächtigste, aber auch sitten=
loseste Stadt der Levante.

Die anderen an der Küste noch im Besitz der Christen be=
findlichen Orte, nämlich Kaiphas bei Akkon, Thyrus, Sidon
und Beirut gab man ohne weitere Vertheidigung auf. Zuletzt
am 4. Juli das bei dem Berge Karmel gelegene Pilgerschloß Ath=
lit, das ohnehin schon in Trümmern gelegen zu haben scheint.[15])

Die spärlichen Ueberreste der Besatzung von Akkon sammelten
sich jetzt in Cypern, wo auch ein großer Theil der Einwohnerschaft
der jüngst eroberten levantinischen Städte eine neue Heimat fand.
Von den drei Ritterorden begaben sich die Deutschherren sofort in's
Abendland, um ihre Kraft ungetheilt ihrem neuen Wirkungskreise in
Preußen widmen zu können; die Hospitaliter und Templer dagegen,
deren Zahl so sehr zusammengeschmolzen war — nur fünf Hospi=
taliter und elf Templer hatten sich nach Cypern gerettet — ließen sich
in Erwartung eines neuen Kreuzzuges mit Genehmigung Heinrichs II.
in Limasol nieder. Dort stärkten sie sich wieder, indem sie Geld
und Mannschaft aus dem Abendlande heranzogen. Bald standen
sie neugekräftigt da, auch fehlte es ihnen nicht an Schiffen, um die
sarazenischen Küstenländer zu beunruhigen.

Mit Besorgniß sah Heinrich diese Erstarkung der beiden Orden.
Er hatte ihnen schon früher untersagt, fernerhin Grundbesitz ohne

seine oder der römischen Kurie Genehmigung auf Cypern zu erwer=
ben, als er aber weiter ging und den Ordensbrüdern eine Kopf=
steuer (testagium) von zwei Bisanten auflegte, wies Bonifazius
VIII. diese Zumuthung als eine ungesetzliche zurück und bat auch den
König das frühere Verbot zu mildern (1299). Es scheint indeß,
daß Heinrich nicht nachgab und daß daher eine gewisse Spannung
zwischen ihm und den Ritterorden entstand. Wenn auch sein Ver=
hältniß zum Hospital keine weitere Störung erlitt, so trat doch die
traditionelle Feindschaft zwischen dem Hause Lusignan und dem
Tempelorden immer schärfer hervor und würde unheilvolle Folgen
gehabt haben, wenn dieses nicht plötzlich durch ein eigenthümliches
Ereigniß in Parteiungen zerrissen worden wäre.

Des Königs Bruder, Amalrich, Fürst von Tyrus und Con=
netable von Jerusalem, ein herrschsüchtiger Charakter, wußte auf einer
Versammlung der Großen zu Nikosia am 26. April 1306, welchen er
vorstellte, daß sein Bruder ein energieloser Mann sei, keine Kinder
habe und haben werde, diese für sich zu gewinnen, so daß sie ihn
zum Regenten ausriefen. Der König wurde nun gezwungen, auf
die Regierung förmlich zu verzichten, wofür er eine jährliche Rente
von 148,000 Bisanten und zwar für sich, seine Mutter, Gemah=
lin, drei Schwestern und seinen Neffen erhielt und zehn Ritter, dar=
unter seinen Oheim, Philipp von Jbelin, Seneschall von Cypern,
bei sich behalten durfte. Zugleich mußte er geloben, sich in Rom
nicht beschweren zu wollen. [16]) Diese Bedingung scheint er nicht
eingehalten zu haben, denn nach Jahresfrist erpreßte Amalrich die
erneute Zusicherung, daß ihm die Regentschaft auf Lebenszeit ver=
bleiben solle, wobei ihm der König noch angeboten haben soll, ihn
als seinen Thronerben anzuerkennen. Diese Entsagungsurkunde wurde
von drei lateinischen Bischöfen und den Repräsentanten der beiden
Ritterorden als Zeugen unterzeichnet (Juni 1307). [17]) Als die
Kurie endlich den Erzbischof Nikolaus von Theben und den
Kanonikus Raimund de Pins beauftragte, diese Mißhellig=
keiten beizulegen, ließ Amalrich seinen Bruder aus seinem Palaste
herausreißen und ihn nach Gastria auf der karpasischen Halbinsel
schleppen, von wo aus er am 1. Februar 1309 nach Armenien
in ein festes Schloß gebracht wurde. König Oschim von Arme=
nien, Schwager Amalrichs, nahm es auf sich, ihn bewachen zu
lassen. Nochmals verzichtete Heinrich hier in Gegenwart des Nun=
tius be Pins und des Königs Oschim auf die Regierung und erhielt

für seine Person eine Rente von 110,000 Bisanten. Seine Rechte als Oberlehensherr wurden ihm indeß gewährleistet (April 1310).

Die Regentschaft Amalrichs, der sich durch Willkür und Grausamkeit unrühmlich auszeichnete, ist besonders dadurch bemerkenswerth geworden, daß unter ihr der Tempelorden ein so schreckliches Ende fand.

Unter dem 6. Juni 1306 war von Bordeaux aus nach Cypern an den Großmeister des Tempels, Jacques de Molay, und den des Hospitals, Guillaume de Villaret, ein Schreiben ergangen, worin der neugewählte Papst Clemens V. beide zu sich einlud, um mit ihnen über die Wiedereroberung des heiligen Landes sich zu berathen. Während Villaret mit der Wichtigkeit eines besonderen Unternehmens sich entschuldigte (es war die Absicht auf Eroberung von Rhodos), folgte Molay mit sechszig seiner Ritter noch im Winter desselben Jahres der päpstlichen Ladung. Bei seinem Einzug in Paris trugen zwölf Pferde die mitgebrachten Schätze, die in der dortigen großartigen Tempelburg niedergelegt wurden. Von Papst Clemens und König Philipp dem Schönen freundlich aufgenommen und fortwährend mit Auszeichnung behandelt, wurde Molay plötzlich am 13. October 1307 mit 140 seiner Ritter im Tempel zu Paris ergriffen und in's Gefängniß geworfen. Am gleichen Tage geschah dieses mit allen Templern im Gebiete König Philipps.

Im Mai 1308 übergab der Prämonstratenser Haiton aus dem armenischen Regentenhause [18]) ein päpstliches Schreiben an Amalrich, das die Verhaftung der auf Cypern befindlichen Templer und Einziehung ihrer Güter anordnete. Diese waren aber längst von dem ihnen drohenden Schicksal unterrichtet. Sie hatten sich bereits zu Limasol, ihrem Convente, in großer Anzahl versammelt und schienen entschlossen mit den Waffen in der Hand Widerstand zu leisten. Amalrich traf daher, wie er selbst sagt, große Zurüstungen zu Wasser und zu Land, um gegen sie auszuziehen. Ehe es aber zu einem Zusammenstoß kam, stellten sich der Marschall, zugleich Stellvertreter des Großmeisters im Convente, der Großpräceptor, der Turkopolier, der Drapierer [19]) und der Schatzmeister mit einigen der angesehensten Rittern zu Nikosia und erklärten vor zahlreich versammeltem Adel und Klerus ihre Unterwerfung. Sie wurden abgesondert in Gefängnisse gebracht und ihre Habe inventarisirt. Im Convente fanden sich hierbei 930 Harnische, sowie sonstige Waffen und Vorräthe aller Art. Die Werthgegenstände des Schatzes beliefen sich auf 120,000 Bifanten, an Silber ergaben sich ungefähr 1500 Mark. Man glaubte daher, daß sie Vieles vorher bei Seite geschafft hätten. Vielleicht wußte man auch nicht, daß der Großmeister so große Schätze nach Paris übergeführt hatte.

Diese Vorgänge meldete Amalrich in einem äußerst kriechenden Schreiben an den Papst, dem er zugleich ein Inventar übersandte. [20])

Es scheint, daß man in Cypern unterließ, wobei wahrscheinlich die bald nachher eintretenden Ereignisse mächtig mitwirkten, die gefangenen Templer, deren es im Ganzen 75 waren, mit jener empörenden Grausamkeit zu behandeln, die in dem Verhör und der schließlichen Verbrennung des Großmeisters und des Großpräceptors der Normandie am 11. März 1313 ihren höchsten Ausdruck fand.

Die formelle Verdammung und Aufhebung des Ordens hatte das Concil von Vienne durch die Bulle: „Vox in excelso audita est lamentationis, fletus et luctus" vom 22. März 1312 dekretirt.

Durch die Bulle: „Ad providam Christi vicarii" vom 2. Mai 1312 [21]) wurden seine Güter im Allgemeinen dem Hospitalorden zugesichert und ist Cypern eins der wenigen Länder, wo dieser sie fast ungeschmälert erhielt.

Die usurpatorische Regierung Amalrichs war nicht von Bestand. Bereits am 5. Juni 1310 erdolchte ihn sein Kämmerer, Simon von Montolif, in seinem Palaste zu Nikosia. Seine Wittwe, Isabella von Armenien, die Rache des zurückkehrenden Königs fürchtend, bewog ihren Bruder, in die Freilassung desselben nicht eher zu willigen, als bis derselbe bestimmte Garantien gegeben habe. Am 4. August wurde auch in Armenien in Gegenwart des päpstlichen Legaten, Raimund de la Spina, und des Nuntius, Raimund de Pins, ein Vergleich abgeschlossen, der das Eigenthum Isabella's und ihres Sohnes garantirte und die Stellung einiger Geiseln, worunter der Seneschall Philipp von Ibelin und Balduin von Ibelin, an König Oschim stipulirte, bis der Hof zu Rom Alles bestätigt habe. [22]) Am 27. August landete Heinrich II. zu Famagosta, worauf er seinen Einzug unter dem Jubel des Volkes und begrüßt von seiner Familie zu Nikosia hielt.

Kurz vorher, am 15. desselben Monats, hatte ein Ereigniß stattgefunden, das für Cypern von weittragendster Bedeutung war. An diesem Tage eroberte nämlich der Orden vom Hospital mit Unterstützung eines zu Brindisi zu diesem Zwecke gesammelten Kreuzheeres, das freilich von diesem speziellen Zwecke nichts wußte, die Insel Rhodos, die sich damals in den Händen einer mit sarazeni=

schen Piraten verbündeten, griechischen Familie G a v a l a befand, und richtete sich sofort häuslich darauf ein. So verlor Cypern inner=halb dreier Jahre auch den Convent des zweiten Ritterordens und zwar zu einer Zeit, als dieser durch den bald darauf ihm zufallenden Tempelbesitz dem Anscheine nach eine ungleich größere Macht denn früher repräsentirte, während er in Wahrheit dadurch, wie sich dieses erst später ergab, eine enorme Schuldenlast sich aufbürdete. [23]) In dem die Insel Rhodos besitzenden Hospitalorden gewann dagegen das Königreich einen neuen Vorkämpfer gegen die in Asien immer gewaltiger um sich greifende Herrschaft der Osmanen.

Beiden wurde schon jetzt Gelegenheit gegeben, die Gleichartig=keit ihrer Interessen und zwar leider ihren eigenen Glaubensgenossen gegenüber zu erkennen.

Von allen handeltreibenden Mächten waren es vorzüglich die Genuesen, die in Cypern kraft eines Privilegs des Königs Hein=rich I. vom 10. Juni 1232 die ausgedehntesten Freiheiten genoßen. Darnach waren sie von allen Aus= und Einfuhrabgaben befreit, standen unter der Gerichtsbarkeit ihrer eigenen Konsuln und hatten zu Nikosta, Famagosta und Limasol besondere Quartiere erhalten. Streitigkeiten blieben nicht aus, namentlich zu Famagosta, die unter der Regentschaft Amalrichs in Blutvergießen übergingen und noch nicht endgültig geschlichtet waren. Es scheint hierbei, daß ein be=sonderer Industriezweig eine fortwährende Spannung zwischen Cypern und der Republik unterhielt.

Schon seit dem zwölften Jahrhundert nämlich trieb Genua, wie auch Venedig und Pisa, einen sehr einträglichen geheimen Handel mit dem Sultan von Egypten. Er beschränkte sich nicht blos auf Waffen, Metalle, Schiffsbauholz, Pferde u. s. f., er dehnte sich namentlich auf Knaben aus, die man in Kairo mit hohen Prei=sen bezahlte, um dann aus ihnen das bekannte Corps der Ma=meluken zu bilden. Die Venetianer verhandelten Slavonier und Dalmatiner, katalonische, wie auch cyprische Piraten raubten Kna=ben von den Inseln des griechischen Archipelagus, am großartig=sten trieben es aber die Genuesen, die ihre Kolonie Kaffa am schwar=zen Meere zu einem großen Menschenmarkt gemacht hatten, von wo aus geraubte tartarische Knaben, die man in Kairo mit den höchsten Preisen (130—140 Dukaten) bezahlte, nach Egypten geliefert wur=den. [24]) Die Genuesen fuhren sogar, wenn sie es für zweckmäßig erachteten, unter sarazenischer Flagge, [25]) wie denn auch die Sultane durch sie von allen Zurüstungen und Bewegungen der Christen auf das Genaueste in Kenntniß gesetzt wurden. Selbstverständlich war dieser Menschenhandel von den Päpsten mit den schärfsten Strafen belegt, aber alle Bullen und alle Anstrengungen der christlichen Für= sten erwiesen sich hier als ohnmächtig. Die Einzigen, die mit Er= folg dagegen auftraten, waren der cyprische Fürst und der Orden vom Hospital, dem dieses auch ausdrücklich zur Pflicht gemacht war. Als dieser schon im ersten Winter seiner Niederlassung auf Rhodos eine genuesische Galeere, die verbotene Waaren nach Alexandrien führte, aufgebracht hatte, erfuhr er von der darüber auf's Höchste ergrimmten Republik, der die rhodisische Niederlassung ohnehin ein Dorn im Auge war, eine empfindliche Schädigung an seinem Eigen= thum zu Wasser und zu Land. Auch König Heinrich hatte sich etwas Aehnliches zu Schulden kommen lassen und in derselben Zeit, wie er in seiner Relation an den Papst zur Zeit des Concils von Vienne sagt,[26]) eine genuesische Galeere, die von Kleinasien nach Egypten ging, weggenommen. Die Republik blieb daher zu Heinrich in fort= während feindseligem Verhältniß, im Jahre 1313 überfielen sogar drei genuesische Galeeren Paphos und plünderten es. Erst 1320 konnte der Papst Johann XXII. dahin wirken, daß man von den gegenseitigen Befehdungen Abstand nahm und sich zu vertragen suchte.

Heinrich II. starb am 31. März 1324, ohne von seiner Ge= mahlin, Konstanze von Aragon, Tochter Friedrichs II. von Sizilien, Kinder zu haben.

Ihm folgte sein Neffe, Hugo, der vierte dieses Namens, Sohn seines Bruders Guido, während Hugo, Sohn Amalrichs, trotz der Anstrengungen seiner von Armenien herübergekommenen Mutter Isabella, von der Thronfolge ausgeschlossen wurde.

Die langjährigen Streitigkeiten mit den Genuesen wurden end= lich durch den Gesandten der Republik, Nikolin Fieschi, der schon geraume Jahre deshalb sich in Cypern aufhielt, beigelegt, da Genua nicht ohne Grund fürchtete, dieselben möchten Venedig zu Gute kommen. Man erneuerte daher am 16. Februar 1329[27]) den alten Vertrag von 1232 und verpflichtete sich von Seiten Cyperns zur Zahlung der Anleihen, die Amalrich für sich und den Staat bei den Genuesen gemacht hatte, so wie zu einem Ersatz für die zur See denselben zugefügten Schäden. Die Höhe der Gesammtsumme, die Cypern zu erlegen hatte, belief sich auf 268,000 Bisanten.

Indeß hörten auch in der Folge die gegenseitigen Reibereien nicht auf, deren Beilegung immer wieder neue, wenn auch im Wesent= lichen sich gleich bleibende Verträge erforderte.

Den unausgefetzten Bemühungen der päpftlichen Kurie gelang es endlich, ein Bündniß zwischen Venedig, Cypern und dem Hospital= orden zum Zweck eines Türkenzuges zu Stande zu bringen.

Im Sommer 1344 begannen die Operationen. Die päpft= lichen Galeeren kommandirte der Genuese Marino Zacharia, die venetianischen Pietro Zeno, die cyprischen Corrado Picamig= lio und die des Hospitals der Prior der Lombardei, Giovanni di Biandra. Den Oberbefehl über das Ganze führte der Legat Heinrich, Titular=Patriarch von Konstantinopel. Nach einigem Hin= und Herkreuzen näherte man sich Smyrna, dem Waffenplatz Umurbeg's, des Beherrschers der Landschaft Aidin, der noch kurz vorher über eine Flotte von 320 Schiffen verfügte, bei einem Sturm aber ein Drittel derselben verloren hatte.

Am 28. October 1344 wurde die Stadt genommen und ein Theil der Flotte Umurbeg's, so wie sein Arsenal verbrannt. Mit einem Landheere hielt er sich jedoch fortwährend in der Nähe und als bei einem erfolgreichen Ausfall der Christen am 27. Januar 1345 sie sich schon des Sieges erfreuten und über seine Vertreibung trium= phirten, überfiel er sie und ließ eine große Anzahl niederhauen. Dieses Loos traf den Cardinallegaten, den venetianischen und päpft= lichen Admiral, eine Anzahl Hospitaliter und an zwanzig Edle. Darauf gab Umurbeg die Belagerung auf und zog seinem Bundes= genossen Kantakuzenos zu Hülfe.

Der Papst übertrug den Oberbefehl an Picamiglio und den Erzbischof Franz von Kreta.

Als weitere Erfolge der Verbündeten sind noch zu verzeichnen ein Seesieg über die Türken bei Imbros im Frühjahr 1347 und die Wiedereroberung des in der Nähe von Seleucia am Meere gelegenen Lajazzo oder Ajasch, das der egyptische Sultan dem armenischen König Konstanz IV. abgenommen hatte.

Venedig war übrigens damals schon von der Liga zurückgetreten. Diese wurde zwar am 11. August 1350 zu Villeneuve bei Avignon auf 10 Jahre und am 20. März 1357 zu Avignon wie= derum auf 5 Jahre erneuert, es geschah aber trotzdem nichts von Bedeutung. Venedig und Cypern waren am lässigsten und so fiel die Behauptung Smyrna's, die jährlich an 12,000 Goldgulden bean= spruchte, fast allein dem Hospitalorden zu.

Nachdem Hugo IV. seinen Sohn Peter am 24. November 1358 zu Nikosia hatte krönen lassen, starb er am 10. November 1359. Von seiner Gemahlin Alife von Ibelin, Tochter Guido's von

Ibelin, mit der er sich 1318 verheiratete, hatte er fünf Söhne und drei Töchter. Guido, der älteste, vermählt mit Maria, Tochter des Herzogs Ludwig von Bourbon und Grafen de la Marche, starb vor dem Vater, hinterließ aber einen Sohn Hugo. Deß= ungeachtet übertrug Hugo IV. noch bei seinen Lebzeiten die Regie= rung auf seinen zweiten Sohn Peter (I.), Grafen von Tripolis. Dieser und sein jüngerer Bruder Johannes, Fürst von Antiochien, hatten sich in Europa bereits durch einen abenteuerlichen Ausflug bekannt gemacht, den sie 1349 unternommen hatten, um das ritter= liche Leben des Abendlandes kennen zu lernen. Der König in hohem Grade darüber aufgebracht, sandte ihnen zwei Galeeren nach, die sie in ziemlich dürftigen Verhältnissen unfern Sizilien antrafen und zu= rückbrachten. Die beiden Prinzen wurden eine Zeit lang gefangen gehalten, die Ritter aber, welche die Flucht begünstigt hatten, erlitten vom König eine grausame Behandlung. Grausamkeit war überhaupt ein hervorstechender Charakterzug Hugo's, und sein tyrannisches Wesen erstreckte sich sogar auf seine nächsten Angehörigen. So miß= handelte er den Gemahl seiner Tochter Eschiva, den Infanten Ferdinand, Bruder des Königs Jayme II. von Majorka, derart, daß derselbe sich endlich zur Flucht aus Cypern genöthigt sah.

Doch rühmt man an ihm, daß er die Wissenschaften schätzte und begünstigte, wie denn Boccaccio ihm sein lateinisches, jetzt gänzlich vergessenes Werk über die Genealogie der Götter (Genea= logia deorum gentilium) widmete. In Cypern selbst gab es nach glaubwürdigen Berichten damals sogar eigene Schulen, „worin alle Idiome gelehrt wurden" (d. h. alle diejenigen, deren Kenntniß den Cyprioten von besonderer Wichtigkeit war, wie Lateinisch, Griechisch, Arabisch, Französisch und Italienisch).

An Hugo's Namen knüpft sich in Cypern die Erbauung der prachtvollen Prämonstratenser= Abtei auf dem Höhenzug, der parallel mit der Nordküste durch das schmale Band der fruchtbaren Ebene von Cerines von dem Meere getrennt wird. Wenn er auch selbst nicht der Gründer war, so dürfen wir doch mit dem Chronisten Florio Bustron [28]) annehmen, daß der jetzt in Trümmern liegende gothische Bau, der uns ein deutliches Bild von ihrer einstigen Pracht und Großartigkeit gibt, von ihm herrührt. Es ist indeß nicht unwahrscheinlich, daß schon in frühester Zeit sich dort ein griechisches Kloster befand, das später von Augustinern besetzt wurde, denn aus einem Breve Gregor's IX. vom 9. April 1232 [29]) ersehen wir, daß dieses Kloster „von dem verstorbenen König von Jeru=

salem (Amalrich) einigen Brüdern dieses Ordens übergeben wurde."
Wir erfahren dann weiter aus diesem Breve, daß sie mit Erlaubniß
des Erzbischofs von Nikosia die Regel des Prämonstratenser=Ordens
annahmen und sich dem Mittelpunkte desselben als Glied unter=
warfen. Da aber dabei die Rechte des Erzbischofes nicht gewahrt
waren, so erwirkte er dieses Breve, wodurch der Abt des Klosters,
das den Namen Episkopia führte, angewiesen wurde, dem Erz=
bischof ebenso zu gehorchen, wie seinen Obern.

Es ist demnach unrichtig, wenn die Prämonstratenser=Annalen
angeben, daß erst Hugo III. im Jahre 1269 diesen Orden in Cypern
eingeführt und ihm die Abtei gebaut habe. [30])

Der ursprüngliche Name Episkopia, der sich jedenfalls auf ihre
außerordentliche Lage bezieht, machte bald dem fränkischen „de la
paix" Platz, woraus das Volk „Bellapaise" und „Dellapais"
bildete. „Auf einem Vorsprung des Gebirges gelegen lehnt sich der
Bau an einen Felsen an, so daß die nördliche Wand vom Fuße des
Felsens zu schwindelnder Höhe emporsteigt, der Mittelbau aber mit
der Kirche, die an der Südseite ist, auf der natürlichen Felsterrasse
ruht. Man tritt von Westen her in einen Vorhof, der rechts in die
geräumige Kirche, links aber durch ein Portal, das mit den könig=
lichen Wappen von Jerusalem und Armenien gekrönt ist, in einen
prächtigen, innern Hof führt. Er ist von hohen Bogengängen rings
umgeben und mit einer, aus zwei antiken Marmorsärgen gebildeten
Fontäne geschmückt, von denen einer mit Genien, Fruchtgehängen
und Löwenköpfen geziert ist. — Aus den Fenstern hat man eine
großartige Aussicht auf die mit Fruchtbäumen wohlangebaute Ebene
mit ihren Dörfern, auf das Meer und die Küsten und Gebirge von
Kleinasien" (Roß). [31])

Die Abtei war außerordentlich mit Gütern ausgestattet, so
wie ihr Abt auch das Recht hatte, goldene Sporen und ein ver=
goldetes Schwert zu tragen, wenn er ausritt.

Der Hofstaat des Königs war außerordentlich glänzend und
es verging fast kein Tag, wo nicht Festlichkeiten bei Hofe stattfanden.
Ein unerhörter Luxus wurde in Cypern zur Schau getragen und
die Verweichlichung der Sitten hatte einen bis dahin nie gekannten
Grad erreicht. Wie der westfälische Pfarrer Ludolf erzählt, galt
ein Einkommen von 3000 Goldgulden weniger, als wenn Einer sonst
3 Mark Einkünfte hatte (die Gemahlin des Infanten Ferdinand
hatte eine jährliche Rente von 30,000 Goldgulden vom König er=
halten, die freilich unregelmäßig genug ausbezahlt wurde).

4*

Außerordentlich war die Jagdwuth der Großen. So hatte der Graf von Joppe, Hugo von Ibelin, mehr als 500 Jagdhunde und „für je zwei Hunde einen Diener, die sie pflegen, baden und salben mußten, was dort durchaus nöthig sei." Auch der Falkner hatte mancher Adelige zehn bis zwölf und diese und die Jäger seien im Allgemeinen schwerer zu unterhalten, als Knappen und Reisige. Man unternahm große Jagdzüge in die Gebirge, kampirte dort monatelang unter Zelten und ließ den Mundvorrath auf Kameelen und Säumern nachführen. Vorzüglich jagte man eine Art Gemsen, die jetzt fast ganz ausgestorben sind.

Der Reichthum der Kaufleute, namentlich der zu Famagosta, dem Hauptstapelplatz der Waaren zwischen Syrien und dem Occident, wird als in's Unglaubliche gehend geschildert, so wie auch alle handeltreibenden Nationen des Oftens wie des Westens daselbst vertreten waren. Der Schmuck der dortigen Kaufmannsfrauen war nach der Meinung französischer Ritter häufig werthvoller, als der der Königin von Frankreich. Ein cyprischer Juwelier verkaufte an den Sultan von Egypten einen goldenen, mit drei Edelsteinen und einer Perle besetzten Apfel um 60,000 Goldgulden, und als er ihn um 100,000 zurückkaufen wollte, wurde er ihm dafür nicht abgelassen. Von dem großen Reichthum der zu Famagosta in unzählbarer Menge wohnenden öffentlichen Frauen wolle er gar nicht reden, bemerkt Ludolf, genug, daß manche mehr als 100,000 Goldgulden im Vermögen hätten.

Zur Strafe für eine solche Ueppigkeit, sagt ein Italiener des 14. Jahrhunderts,[32]) eroberten die Genuesen bald darauf Famagosta und züchtigten es. Sein Fall kam hauptsächlich seinen Rivalen, Beirut und Alexandrien, zu Gute.

Anmerkungen.

1) Joppe wurde mitten im Frieden (1268) von Bibars weggenommen. Sein als Sammler der Affisen berühmter Herr, Johann von Ibelin, war bereits im December 1266 gestorben.

2) Sapheb liegt auf einer Felsenterrasse in der Nähe des Sees Tiberias und beherrscht die Straße von Akkon nach Damaskus. Der Orden hatte es 1243 neu befestigen lassen, wobei tausend sarazenische Gefangene daran arbeiten mußten. Die unmittelbar unter der für unbezwinglich gehaltenen Festung liegende Landschaft umfaßte 160 Dörfer mit

mehr als 10,000 Bauern. Die Belagerung dauerte 40 Tage und als darauf die Ritter gegen freien Abzug kapitulirten, ließ Bibars die Wehrlosen ergreifen — 2000 Mann, darunter 150 Templer — und sie, da sie es verschmähten durch Annahme des Islam ihr Leben zu retten, auf eine grausame Weise abschlachten. Nur dem Befehlshaber, einem syrischen Templer, schenkte er das Leben, der auch deshalb des Verrathes geziehen wurde (1266). Von Damaskus wurde Saphed auf's Neue bevölkert und zwei Moscheen darin angelegt.

3) Belfort liegt nördlich von Saphed und östlich von Tyrus.

4) Montfort liegt vier Meilen nordöstlich von Akkon an der Straße nach Damaskus. Es hatte einem französischen Ritter Henri le Buffle zugehört, von dessen Enkelinnen der Deutschorden auf Betreiben Kaisers Friedrich II., als er sich in Syrien befand, es käuflich erwarb. Bibars nahm das Schloß, von den Arabern Korain genannt, im Frühjahr 1271 und zerstörte es vollständig. Mas Latrie I. S. 434.

5) Erst 1269 schenkte Johann von Ibelin dem Orden die 4000 Goldbisanten jährlicher Rente, um die er die Herrschaft Arsur ihm verkauft und die ihm der Orden bis dahin, trotzdem daß er Arsur bereits am 30. April 1265 verloren hatte, noch bezahlt hatte. Pauli Cod. dipl. T. I. S. 189 und Mas Latrie I. S. 409. nach Sanudo, der von 28,000 (Silber-) Bisanten spricht.

6) Krak (Alkrad, in den Urkunden gewöhnlich castellum Crati genannt), bei Emessa an der Grenze von Tripolis gelegen, war durch eine Schenkung des Grafen Raimund von Tripolis bereits 1145 in den Besitz des Hospitalordens gelangt. Pauli Cod. dipl. T. I. S. 23. — König Andreas II. von Ungarn, der auf seinem Kreuzzuge (1217—1218) dasselbe besucht hatte und von dem dortigen Kastellan, Raimund de Pignan, außerordentlich großartig aufgenommen war, schenkte ihm 100 Mark Silber jährlicher Rente auf ungarische Salzwerke. Der König nennt es in der Urkunde (Pauli I. S. 111) den Schlüssel des christlichen Gebietes. Bei seiner Erstürmung blieben seine sämmtlichen Vertheidiger. Es gab noch ein zweites Schloß Krak, das in der Nähe des von Balduin II. an der Grenze des steinigen Arabiens südlich von dem todten Meere aufgeführten Schlosses Monreal, nur drei Tagreisen vom rothen Meer entfernt lag. Von diesem Schloß Krak im Lande Edom pflegte sein Besitzer, Reinald von Chatillon, zugleich Herr des Thales Hebron, trotz des Waffenstillstandes bis in die Nähe Medinas zu streifen und die Karawanen zu plündern, weshalb ihn denn auch Saladin, als er bei Hittin in seine Hände gefallen war, eigenhändig niederhieb.

7) Er wird Edmund der Fremde genannt und heiratete Isabella um 1272. Mas Latrie I. S. 449.

8) Der Tempelorden besaß die Stadt Tortosa mit dreiunddreißig Dörfern, die eine unabhängige Herrschaft in der Grafschaft Tripolis bilde-

ten. Bei seinen fortwährenden Streitigkeiten mit dem Besitzer derselben, dem Fürsten Boemund VII., ging der Orden so weit, daß er die Vasallen desselben gegen ihn aufhetzte, und dauerten die gegenseitigen Befehdungen mehrere Jahre. Mas Latrie I. S. 469. Bei diesen Fehden verlor der Orden sechs Galeeren durch Schiffbruch, mit denen er gegen Boemund operirte.

9) Ihm folgte sein jüngerer Bruder Humfried, Herr von Toron und Beirut, welches letztere er mit seiner Gemahlin Eschiva erheiratet hatte. Diese hatte es von ihrer Schwester Isabella geerbt, die obwohl viermal verheiratet doch ohne Erben gestorben war. Humfried starb 1284 und hinterließ seine Besitzungen seinem Sohne Rupin.

10) Auch sein Vater Heinrich von Antiochien war in der Nähe von Tyrus (12. Februar 1276) gestorben, indem er bei dem Schiffbruch eines dem Deutschorden gehörigen Fahrzeuges, das ihn nach Tripolis übersetzen sollte, ertrank.

11) Margat war nebst der benachbarten Stadt Valenia (Valania) und dem Kastell Brahim durch eine Schenkung seines Besitzers, Bertrand Masoerius, welche Fürst Boemund III. von Antiochien unterm 1. Februar 1186 bestätigte, in den Besitz des Hospitalordens gelangt und zwar gegen eine Rente von 2200 sarazenischen oder Goldbisanten, zahlbar in vier Terminen durch den Kastellan von Krak. Pauli Cod. dipl. I. S. 77. Nach seinen immensen Ruinen zu urtheilen, konnte es eine Besatzung von 10,000 Mann aufnehmen. Mas Latrie I. S. 476. Margat und Saphed galten für die beiden stärksten Festungen des christlichen Orients.

12) Ein mit dem Grafen von Marsiko nach Akkon gekommener Ritter, der von diesem zum Seneschall von Jerusalem gemacht worden war (1277).

13) Unsere Darstellung der Belagerung und Einnahme Akkons, die von den bisherigen in wesentlichen Punkten abweicht, stützt sich lediglich auf Mas Latrie I. S. 487—497.

14) „Nous meymes fumes en cel jour feru à mort d'une lance entre les garites" (Schutzthürmchen der Mauer) sagt er selbst in einem Briefe (ohne Datum), den er bald darauf von Cypern aus an den Großprior von St. Gilles in der Provence, Guillaume de Villaret, richtete. Histoire litt. de france T. XX. S. 94.

15) Wenigstens war dieses 1283 der Fall, wie aus dem in diesem Jahre zwischen dem Sultan Kelavun und dem Seneschall Poilechien, Namens der Akkonenser und unter Assistenz der drei Großmeister, auf weitere zehn Jahre abgeschlossenen Waffenstillstand hervorgeht. Doch war es nach diesem Vertrag den Christen gestattet, im Innern von Akkon, Sidon und Athlit Befestigungen auszubessern und neue anzulegen. Mas Latrie I. S. 470. — Athlit war 1218 von dem Tempelorden auf den Trümmern eines zum Schutze der Pilger erbauten und „Districtum" genannten Schlosses neu aufgeführt worden.

16) Mas Latrie II. S. 101.

17) Mas Latrie II. S. 110.

18) Vor seinem Eintritt in den Orden gehörte ihm die Herrschaft Gorghigos an der armenischen Küste, die 1361 in cyprische Hände kam. Er schrieb später zu Poitiers das Werk: De Tartaris sive Historia Orientalis.

19) Dem Marschall stand die Aufsicht über Rüstung und Waffen zu, sowie auch das Ordensbanner unter seiner Obhut sich befand. Der Groß-präceptor oder Großkommendator (Präceptoren nannte man die Vor-steher einer Kommende) stand an der Spitze der Schatzverwaltung und der Magazine; neben ihm der Drapierer als Verwalter der Kleider-kammer (draperie). Der Turkopolier ist der Anführer der leichten Rei-terei, die in Ordensdiensten stand.

20) Reinhard I. Beilagen S. 69, jedoch ohne Inventar. Ein solches gibt Mas Latrie II. S. 109.

21) Paoli, Cod. dipl. II. S. 23. Ueberhaupt enthält die Sammlung von Pauli (oder Paoli, wie er sich später nennt) aus dem Malteser-Archiv eine Menge Urkunden, die sehr interessante Aufschlüsse über die Schick-sale der Tempelgüter in Spanien, Frankreich, Italien, England u. s. f., wie nicht minder über das spätere Leben ihrer ehemaligen Besitzer, ihre Entschädigung und ihre Eintheilung in Klöster und Orden gewähren, Aufschlüsse, bei denen es nur zu bedauern steht, daß sie Havemann seinem geschätzten Werke nicht einverleibt hat.

22) Mas Latrie II. S. 113.

23) Bei einem Einkommen, das auf höchstens 120,000 Goldgulden angeschla-gen werden kann, schuldete der Hospitalorden damals (in der Zeit von 1318 — 1320) der florentinischen Handelskompagnie Bardi und Peruzzi 565,900 Goldgulden und der päpstlichen Kammer 90,000 Dukaten, die ihm zur Eroberung von Rhodos vorgestreckt worden waren. Die Republik Genua war gleichfalls ein Gläubiger von ihm. Bosio, Istoria della Sacra religione di S. Giovanni Gerosolimitano. Roma 1594. T. II. S. 28.

24) Ausführliches enthält darüber Mas Latrie II. S. 125.

25) Schreiben Johann's XXII. an die Signorie zu Genua (Raynaldus ad a. 1317. §. 36.): Nunc (nonnulli vestrorum civium) mulieres, nunc pueros rapiunt christianos, quos Sarazenis ipsis ad abutendum exponunt et insuper ad clarius suae perversitatis indicium in vexillis suis signa ferunt nefandissimi Machometi.

26) Mas Latrie II. S. 118.

27) Ebendaselbst S. 150.

28) Ebendaselbst S. 226.

29) Ebendaselbst III. S. 632.

30) Ebendaselbst S. 544.

31) Auch Unger und Kotschy S. 515 mit Abbildung.

32) Benvenuto von Imola, Commentator Dante's. Vergl. Mas Latrie II. S. 214.

Viertes Kapitel.

Die Regierung Peters I., Peters II. und Jakobs I. (1359—1398.)

Die nach dem Willen des Vaters geschehene Thronfolge Peters I. wurde in Cypern schon der hervorragenden Eigenschaften des neuen Regenten wegen in keiner Weise angefochten. Dagegen brachte der davon betroffene älteste Enkel des vorigen Königs, Hugo, Fürst von Galiläa, auf Antrieb seiner Mutter Maria von Bourbon, auch Titularkaiserin von Byzanz,[1]) seine Klage vor den päpstlichen Hof, der es dann an Ermahnungen bei Peter, seinen Neffen zufriedenzustellen, nicht fehlen ließ. Der Fürst begab sich selbst nach Avignon, wo ihm Innocenz VI. die Würde eines Senators von Rom verlieh.

Peters thatendurstiger Geist leitete ihn bald auf auswärtige Unternehmungen.

Schon in seinem ersten Regierungsjahre (1360) entriß er den Türken die an der armenischen Küste an der Mündung des Selef gelegene Festung Gorhigos oder Korghos[2]) (das alte Korykos), und im folgenden bemächtigte er sich Satalia's[3]) in der Provinz Tekke (das alte Attalea in Pamphylien) nächst Lajazzo, des reichsten Handelsplatzes, an der kleinasiatischen Südküste.

Dadurch ermuthigt dachte er jetzt daran, einen allgemeinen Türkenzug zu Stande zu bringen. Da die Erfahrung hinreichend bewiesen hatte, daß diplomatische Verhandlungen zu keinem Resultate führten, so entschloß er sich persönlich die Fürsten des Abendlandes dafür zu gewinnen. Sein Titel als König von Jerusalem, den alle cyprischen Könige seit dem Verluste des heiligen Landes unbestritten führten, sein einnehmendes Wesen, sein bereits erworbener Kriegsruhm und seine ritterliche Denkweise mußten ihn hierbei mächtig unterstützen.

So schiffte er sich denn, nachdem er seinen Bruder Johann, Fürsten von Antiochien, zum Regenten bestellt, am 24. October 1362 nach Europa und zwar zunächst nach Venedig ein, wo er am 5. December ankam und sich ungefähr einen Monat aufhielt. Von dort begab er sich am 2. Januar 1363 über Mailand nach Genua, kam gegen Ende März nach Avignon und blieb daselbst bis zum 31. Mai.

Im October traf er über Flandern in England ein, wo ihm zu Ehren große Turniere abgehalten wurden.

Im Februar 1364 treffen wir ihn wieder in Frankreich, wo er am 15. Mai der Krönung Karls V. in Reims beiwohnte. Dann reiste er durch Bayern, Sachsen, Böhmen und Polen nach Oester= reich, dessen Herzog ihn gleichfalls mit Turnieren feierte, und über die steierischen Alpen nach Venedig, wo er am 11. November an= kam und sich ein halbes Jahr aufhielt.

Er lebte daselbst als Gast Friedrichs Cornaro, des Eigen= thümers von Piskopi in Cypern, der von ihm seinen neugestifteten Schwertorden erhielt und ihm 60,000 Dukaten auf cyprische Gefälle vorstreckte. [4])

Von Venedig aus sollte der neue Kreuzzug unternommen wer= den. Eine große Anzahl Ritter, die sich zu diesem Zwecke dort zu= sammengefunden hatten, war aber bereits wieder mißmuthig ob der Verzögerung des Unternehmens durch den König in die Hei= mat zurückgekehrt. Auch Papst Urban V. suchte den König auf Betreiben des Großmeisters vom Hospital, Roger de Pins, zu einer baldigen Rückkehr zu vermögen, da die Türken Satalia stark zusetzten.

Am 27. Juni 1365 verließ der König Venedig. Die ganze Streitmacht, die sich dort zu dem Kreuzzuge gesammelt hatte, bestand aus einem bunt zusammengewürfelten, beutegierigen Haufen, meist Engländer, Franzosen und Deutsche, wobei nur 500 Berittene. Wie ein hochgestellter Theilnehmer des Zuges, der cyprische Kanzler Phi= lipp de Maizières [5]) erzählt, war ein großer Theil der Kreuzfahrer nur aus Habsucht mitgezogen und Viele hatten seit zehn bis zwanzig Jahren die Sakramente nicht empfangen, wozu sie erst in Rhodos durch die Bußpredigten des Legaten bewogen wurden. Zwei Galeeren machten die Flotte aus. Mit dem päpstlichen Legaten, Petrus de Thomas, [6]) Erzbischof von Kreta, der ihn auch früher in Nikosia gekrönt hatte, erreichte er bald Rhodos, wo ihn der neugewählte Großmeister Raimund Berenguer [7]) ehrenvoll empfing. Nach einiger Zeit erschien daselbst eine 60 Segel starke cyprische Flotte mit einem Landheer. Das Hospital ließ gleichfalls seine Galeeren segelfertig machen und wählte 100 Ritter aus, die unter dem Ad= miral Ferlino d'Airasca, Prior der Lombardei, den Zug beglei= ten sollten.

Das Ziel der Expedition war Alexandrien, was aber nur die Anführer wußten.

Am Tage der Abfahrt verabschiedete sich der König von dem Großmeister und bestieg seine Galeere. Die ganze Flotte war im Hafen aufgestellt. Auf ihr befanden sich an 10,000 Mann, worunter 1000 Ritter, mit 1400 Pferden.

Der Legat, umgeben von sämmtlichen Geistlichen des Heeres, begab sich nun auf einen erhöhten Ort des Admiralschiffes und sprach von dort die Generalbenediction, während alle Flaggen herabgelassen waren und der König mit glänzendem Gefolge neben ihm kniete. Nach Beendigung des Segens wurde unter dem Schmettern der Trompeten das königliche Banner mit dem rothen Löwen der Lusignans sammt den anderen Flaggen aufgehißt, wobei das ganze Heer in den lauten Ruf ausbrach: Langes Leben und Sieg über die Ungläubigen dem König Peter von Jerusalem und Cypern!

Schon nach vier Tagen ankerte die Flotte im Angesichte von Alexandrien. Bei der Landung des Heeres am folgenden Tage kam es zu einem Gefechte mit den Egyptern, die bald in die Stadt flohen. Die Christen folgten ihnen nach, sprengten die Thore mit Feuer und waren bald Herren der Stadt (Freitag den 10. October 1365).[8]) Drei Tage lang hausten sie darin, nur mit Plündern und Rauben beschäftigt. Bald entzweiten sich die Anführer, und vorzüglich waren es die Engländer, die auf die Rückfahrt drangen. Vergebens waren die flehentlichen Bitten des Königs und des Legaten. Jeder wollte nur seine Beute in Sicherheit bringen und so gab man die Stadt auf, nachdem man sie vorher angezündet hatte. Als der Sultan Schaban-ben-Hassan[9]) von Kairo mit einem Heere heranrückte, fand er nur noch einen rauchenden Trümmerhaufen. Das christliche Heer befand sich bereits auf dem Rückwege nach Cypern.

Der König, unermüdlich wie er war, ging bald nach seiner Ankunft in Cypern wieder unter Segel und zwar gegen Tripolis. Ein heftiger Sturm nöthigte ihn aber umzukehren, worauf er mit 32 Galeeren, worunter vier dem Hospitalorden gehörig und befehligt von dem Admiral Ferlino d'Airasca, nach Satalia ging, das durch einen Aufstand der lang ohne Sold gebliebenen Besatzung den es umlagernden Türken fast in die Hände gefallen wäre. Der König ließ den Hauptrebelsführer Pietro Cavalli aufhängen, legte eine andere Besatzung in die Stadt und segelte dann nach Rhodos. Während seines Aufenthaltes daselbst entzweite er sich mit den Ordensrittern Florimond delle Sparre und Rochefort und forderte sie als Peter von Lusignan zum Zweikampf, der aber nicht zu Stande kam, da sie Beide, wie es heißt, von dem Gefolge des Königs mit dem Leben bedroht, von der Insel flohen. Auch würde der Großmeister dieses nicht gestattet haben.

Der Divan von Kairo, auf das Höchste gereizt durch die, wenn gleich nur momentanen Erfolge der Christen, machte gewaltige Anstrengungen zu einem Zuge gegen Cypern oder Rhodos. Als Peter dieses erfuhr, schickte er Gesandte nach Avignon, um Hülfe aus dem Abendland zu erhalten. Papst Urban V., der bei allen Staaten wiewohl vergeblich um Beistand nachsuchte, wußte darauf nichts Besseres zu thun, als dem König und dem Orden den Rath zu ertheilen, mit dem Sultan unter möglichst guten Bedingungen Frieden zu schließen (23. October 1366).[10])

Es war dieser Rath um so eher angebracht, als Venedig ein Verbot erlassen hatte, Mannschaft (auch Kreuzfahrer), Waffen und Pferde nach Rhodos und Cypern zu schaffen,[11]) sowie es insgeheim im Juni 1365 dem Kapitän des Golfes befohlen hatte, den König durch drei Galeeren begleiten und überwachen zu lassen, und gleich darauf den Proveditoren von Kreta die Weisung gab, den Emir des türkischen Gebietes, welches der König anzugreifen beabsichtige, davon in Kenntniß zu setzen, falls derselbe mit der Republik nicht im Kriege stehe.[12])

Diese war natürlich auf das Höchste interessirt, daß die bisherigen Störungen ihres Levantehandels endlich aus dem Wege geschafft würden. Sie vermittelte daher zwischen Cypern und Egypten und brachte es auch dahin, daß man sich gegenseitig Gesandte schickte. Ein Friedensvertrag wurde vereinbart, als er aber publizirt werden sollte, fand sich, daß der Divan auf seine Ratifikation nicht einging (März 1367).

Jetzt eröffnete Peter die Feindseligkeiten und machte in Verbindung mit dem Hospital einen neuen Versuch, Tripolis zu gewinnen. Man eroberte auch mit leichter Mühe die von ihren Einwohnern verlassene Stadt, plünderte sie, eine Heeresabtheilung Cyprioten aber, die sich zu weit von der Stadt entfernte, wurde von den Sarazenen niedergemacht, worauf man Tripolis den Flammen überlieferte. Die kunstreich gearbeiteten Stadtthore nahm man als Siegeszeichen mit. Ebenso verfuhr man mit Tortosa und Laodicäa. Das bereits wieder in sarazenische Hände gefallene Lajazzo (oder Ajasch) vermochte der König indeß nicht wieder zu gewinnen, worauf er nach einer Zusammenkunft mit Leo VI. von Armenien in sein Land zurückkehrte.

An eine erfolgreiche Fortführung des Krieges war unter solchen Umständen nicht zu denken. Um nun eine solche möglich zu machen, begab er sich gegen Ende des Jahres 1367 über Rhodos und Neapel nach Rom, woselbst auch im Sommer desselben Jahres Urban V. mit der Absicht eingetroffen war, die ewige Stadt wieder zu dem Sitz der Kurie zu machen.

Mit seiner Reise in den Occident verband Peter auch die Nebenabsicht, seinen Zweikampf mit den beiden Hospitalitern aus= zufechten, was damals allgemein bekannt gewesen sein muß, da der Papst ihm durch den Erzbischof von Nikosia darüber Vorstellungen machen ließ.

Wie der nicht sehr zuverlässige Venetianer Loredano erzählt, hätte Florimond Sparre in Rom den König um Verzeihung gebeten, während Rochefort sich bei seiner Ankunft heimlich entfernt hätte, worauf man ihn durch öffentlichen Anschlag für einen ehrlosen Men= schen erklärt habe. [13])

Von Rom aus überließ Peter es den Republiken Venedig und Genua, für ihn mit dem Sultan einen Friedensvertrag abzuschließen.

Im Juni 1368 verließ er die ewige Stadt, ging nach Florenz, von da nach Venedig und schiffte sich dort am 23. September nach Cypern ein.

Die inneren Verhältnisse des Königreiches hatten indeß eine eigenthümliche Störung erlitten.

Schon nach seiner ersten Zurückkunft hatte sich Peter veran= laßt gefunden, seine Gemahlin Eleonore von Aragon, die eines strafbaren Einverständnisses mit dem Marschall Johann von Morphu, Grafen von Rochas, [14]) geziehen wurde, zu entfernen. Der von gegnerischer Seite davon in Kenntniß gesetzte Papst (der ganze cyprische Adel stand auf Seiten der Königin) ergriff die Ge= legenheit, unterm 2. December 1367 einen bittern Brief zu schreiben, worin er ihn aufforderte, sein ehebrecherisches Verhältniß (in dem er zu Johanna von Montolif stehen sollte) zu lösen und die verstoßene Eleonore, die sich übrigens immer noch in Cypern befand, wieder aufzunehmen. [15])

Diese Zerrüttung seiner häuslichen Verhältnisse hatte eine schlimme Wirkung auf Peters Charakter gehabt. Ein Zug von Tyrannei trat in ihm hervor, der sich vorzugsweise gegen seinen Adel richtete. Dieser haßte ihn schon längst, sowohl seiner großartigen Unternehmungen willen, die mit den Kräften seines Landes nicht in Einklang standen, als auch wegen seiner Vorliebe für Fremde, namentlich Franzosen, deren er viele in seinen Diensten hatte. Peter, dem diese Gesinnung seines Adels nicht unbekannt bleiben konnte, ließ jetzt zu seiner eigenen Sicherheit, sowie zu einem Gefängniß für seine Gegner (auch vielleicht Gemahlin) auf einer, der Marga= rethenberg genannten Anhöhe im Westen von Nikosia, die die Stadt dominirte, ein festes, thurmartiges Haus aufrichten, das er la Mar= garita nannte. Ob er wirklich am Bau desselben Gefangene, nament= lich adelige Frauen arbeiten ließ, möge dahin gestellt bleiben. ¹⁶) Als er nun unter Mißachtung der Assisen Edelleute von hohem Range, namentlich Heinrich von Giblet, Vicegrafen von Nikosia, in's Gefängniß werfen ließ, weil die hohe Kammer, deren Ent= scheidung er in seinem Streit mit Eleonore angerufen hatte, sich auf Seite der Königin stellte, beschloß der Adel in einer Versammlung, der auch die Brüder des Königs, Johann, Fürst von Antiochien, der bisherige Regent, und Jakob, Seneschall von Cypern, beiwohn= ten, nachdrückliche Schritte zur Wahrung der Rechte seines Standes zu thun. Ein Theil der Versammlung, der in der Nacht beisammen blieb, verständigte sich aber zu gewaltthätigem Auftreten.

In der Frühe des folgenden Tages (17. Januar 1369) er= brachen die Verschworenen das Gefängniß, setzten die gefangenen Edelleute in Freiheit und mit gezückter Wehr stürzte der ganze Hau= fen in den Palast. Man hatte Sorge getragen, daß die beiden Brüder Peters entfernt gehalten wurden, als man in dessen Schlaf= gemach eindrang. Ehe sich der König vollständig ankleiden konnte, fielen Johann von Gabarelles, Heinrich von Giblet und Philipp von Ibelin, Herr von Arsur, über ihn her und ermor= deten ihn. Sämmtliche Anwesende berührten nun mit ihren Dolchen den Leichnam, den man auf das Scheußlichste verstümmelt hatte, und sollen dabei ausgerufen haben: „Begib dich jetzt nur wieder auf deine großen Züge nach Frankreich, Preußen und Syrien, verkupple nur unsre Frauen mit deinen geliebten Franzosen! Haben wir dich doch einen ganz andern Tanz, als den französischen, gelehrt!"

Es scheint, daß die Brüder des Königs, wie sie bei dem Morde selbst nicht zugegen waren, auch nicht ahnten, daß man so weit gehen werde. Trotzdem betrachtete man sie in Europa als die eigentlichen Anstifter dieser Frevelthat. Unmittelbar nach derselben hißten die Verschworenen, ehe das Volk Etwas von dem Vorfall erfahren, das große Banner auf dem Palast auf und proklamirten den jungen Sohn des Ermordeten, gleichfalls Peter genannt, zum König.

Mit Entsetzen vernahm das Volk, das ihn immer sehr geliebt hatte, die Nachricht von dem Ende seines Souveräns. Im Abendlande war die Entrüstung nicht minder stark. Peter, der fast an allen Höfen bekannt war, galt dort als Ideal aller Ritterlichkeit und seine Thaten erhob Mancher so sehr, daß man ihn nicht allein den Großen nannte, sondern ihn auch mit Gottfried von Bouillon zu vergleichen wagte.

Seinen ritterlichen Anschauungen entsprechend hatte er auch einen besondern Orden, den Schwertorden, gestiftet. Er bestand aus einem silbernen Schwert auf blauem Grunde mit der Umschrift: „Pour loyauté maintenir" und hing an einer goldenen Kette, die um den Hals ging. Wer ihn erhielt, mußte geloben auf den Aufruf des Großmeisters, der jedesmal der cyprische Regent war, zur Befreiung des heiligen Grabes auszuziehen. Meist überreichte man ihn den vornehmen Pilgern, wenn sie auf ihrer Fahrt sich in Cypern aufhielten.

Es ist wahr, daß unter Peter I. die Herrschaft der Lusignans, was Ruhm und äußere Macht angeht, den Kulminationspunkt erreichte, daß Cypern damals sich in den günstigsten Verhältnissen befand, es ist aber kaum zu bezweifeln, daß er bei einer längeren Regierung sein Land erschöpft haben würde, und. an dem bald darauf mit Macht eintretenden Verfall trägt auch seine so glänzende Herrschaft nicht wenig Schuld. Hätte er statt auf weitaussehende Plane zu denken und in ihrem Interesse Jahre in Europa zu vergeuden, sich, wozu er die Kraft besaß, zur Aufgabe gestellt, den Einfluß der italienischen Republiken in seinem Lande auf ein vernünftiges Maß zu beschränken, seine widerwilligen Vasallen im Zaum zu halten, das einheimische Element zu fördern und die Vertheidigungskräfte Cyperns, das nebst Rhodos die Vorhut gegen den immermehr um sich greifenden Islam bildete, zu erhöhen, so würde er seinem Hause und Vaterland eine ungleich ehrenvollere Zukunft bereitet haben. So aber liebte er Kriegsruhm und äußern Glanz zu seinem und seines Hauses Verderb.

Da der junge König Peter II. erst vierzehn Jahre alt war, so übernahm sein Oheim Johannes, Fürst von Antiochien, die Regentschaft, welche eigentlich dem Vetter des jungen Königs, Hugo, Fürsten von Galiläa, der bisher in Rom gelebt hatte, zukam. Derselbe verzichtete aber im Januar 1370 auf dieselbe.

Unmittelbar nach dem Thronwechsel trat die hohe Kammer zusammen, um die Freiheiten und Rechte des Adels, die Peter I.

verletzt hatte, genau zu präcisiren. Man wählte zu diesem Zwecke eine Kommission von sechszehn Mitgliedern der Kammer, welche unter Zugrundelegung der Assisen, wie sie der Graf von Joppe Johann von Ibelin (gestorben 1266), gesammelt hatte, und unter Berücksichtigung der mittlerweile noch ergangenen Entscheidungen ein neues Gesetzbuch der Assisen ausarbeitete. Man setzte zugleich fest, daß dieses im Schatz der Sophienkirche zu Nikosia aufbewahrt werden und sowohl die Siegel des Königs, als die der hohen Kammer tragen solle.

Im August des Jahres 1370 wurde Friede mit dem Sultan von Egypten geschlossen, wodurch die Wallfahrt nach Jerusalem und dem Sinai gegen die üblichen Taxen wieder gestattet wurde, doch fand sich Papst Gregor XI. einige Zeit darauf bewogen, den Großmeister des Hospitals, Raimund Berenguer, zu seinem Nuntius auf Cypern zu ernennen und ihm den Schutz der Insel dringend an's Herz zu legen.

Da Peter II. nach den Hausgesetzen mit dem fünfzehnten Jahre volljährig wurde, so begehrte er im November 1371 die Regierung, die ihm denn auch am 24. December vor versammelter hohen Kammer übertragen wurde. Am 12 Januar 1372 fand seine Krönung zu Nikosia als cyprischer König statt und am 12. October begab er sich nach Famagosta, um dort wie seit Hugo IV. üblich die Krone von Jerusalem sich aufsetzen zu lassen.

Während der Feierlichkeit am 17. October entstanden Streitigkeiten zwischen den Venetianern, unter Marino Malipiero, die sich zur Rechten des Königs aufgestellt hatten, und den Genuesen, die behaupteten, daß dieser Platz seit Alters ihnen gebühre. Für das nachfolgende Banket befahl der König die Genuesen zur Rechten und die Venetianer zur Linken sitzen zu lassen. Als Peter nach aufgehobener Tafel den Palast verließ und in ein benachbartes Haus trat, um sich dort mit Spiel zu vergnügen, zogen die Genuesen ihre unter den Kleidern bisher verborgenen Waffen hervor, worauf sich ein Kampf entwickelte, der noch dadurch vergrößert wurde, daß bewaffnete Genuesen von Außen eindrangen. Nun eilten auch cyprische Ritter herbei, nachdem sie den König in Sicherheit gebracht. Eine kleine Anzahl Genuesen wurde niedergemacht und aus den Fenstern des Palastes gestürzt. Auch das Volk betheiligte sich an dem Kampf, stürmte das Konsulatsgebäude der ihm so sehr verhaßten Genuesen, plünderte die Kassen, zerriß die Scripturen und ermordete Alles, dessen es darin habhaft werden konnte. Der Marschall Johann von Morphu, Graf von Rochas, stellte enblich mit einer Abtheilung bewaffneter Cyprioten die Ruhe wieder her und hielt das Volk von weiteren Thätlichkeiten ab. Peter ließ jetzt den genuesischen Ballei, Paganino Doria, und seine Landsleute, die man im Palast gerettet hatte, hart an, daß sie die Veranlassung zu einem solchen Blutbade gegeben und den allgemeinen Jubel gestört hätten. Der Ballei entschuldigte sich, so gut er konnte.

Die Republik Genua säumte nicht, trotz aller Vermittlungs= anträge, die man ihr machte, diese Gelegenheit zu ergreifen, um das Königreich in ihre Botmäßigkeit zu bringen und so auch der Neben= buhlerin Venedig einen schweren Streich zu versetzen.

Eine Flotte von 40 Galeeren und vielen anderen Fahrzeugen, befehligt von Pietro di Campofregoso, dem Bruder des Do= gen, mit 14,000 Mann Landungstruppen, erschien am 3. October 1373 zu Famagosta, verbrannte die daselbst befindlichen cyprischen Fahrzeuge und nahm am 10. October durch den Verrath der Königin= mutter Eleonore die Festung, wobei die Oheime des Königs, Johann und Jakob, nebst 60 Edeln in die Hände der Genuesen geriethen. Die drei Mörder Peters I., Johann von Gavarelles, Philipp von Ibelin und Heinrich von Giblet ließ Campofregoso sogleich enthaup= ten, weil sie die Hauptveranlassung zur Niedermetzlung der Genue= sen am Krönungstage gegeben haben sollten. [17])

Dem Fürsten von Antiochien, Johannes, gelang es bald nach seiner Gefangennehmung in die nördlichen Festungen zu entfliehen, seine beiden Söhne aber, sowie sein Bruder Jakob wurden im Juli 1374 als Geiseln nach Genua geschickt und in einen dortigen Hafen= thurm gefangen gesetzt.

Seit dem Fall Famagosta's waren die Genuesen vollständig Herren von Cypern, das Campofregoso nach allen Richtungen brand= schatzte, wobei er auch sich selbst nicht vergaß. [18]) In Nikosta raubte er sogar die heiligen Gefäße aus den Kirchen. Dem jungen König Peter II. wurde ein sogenannter Friede aufgezwungen (21. Oct. 1374), wonach Cypern, ohne Famagosta zurück zu erhalten, 40,000 Floren jährlichen Tribut auf unbestimmte Zeit zu erlegen hatte. Die Regierung war gänzlich in Händen der Königin Eleonore und ihres Günstlings, des Grafen von Rochas. Diese wußte zu einer angeblichen Versöhnung den Fürsten von Antiochien nach Nikosta zu verlocken, wo derselbe im Palast, in Gegenwart Peters II., durch gedungene Mörder niedergestoßen wurde (1375).

Der auswärtige Handel hörte beinahe auf und Venedig unter=
sagte ausdrücklich seinen Unterthanen jede Verbindung mit Cypern.

Nachdem Campofregoso fünf Galeeren zu Famagosta zurück=
gelassen hatte, kehrte er anfangs 1375 nach Genua zurück, wo man
ihm außerordentliche Ehren bezeigte und von dem Senat ihm noch
ein Geldgeschenk von 10,000 Floren zugewiesen wurde.

Da sich Peter II. zu schwach fühlte, um mit eigenen Kräften
erfolgreich gegen die Genuesen vorgehen zu können, warb er um die
Bundesgenossenschaft Mailands und Venedigs. Er verlobte sich
daher mit Valentine Visconti, Tochter des Herrn von Mai=
land Barnabo Visconti, und sandte zu ihrer Abholung sechs
von ihm gemiethete katalonische Galeeren nach Venedig. Die Sig=
norie fügte diesen noch sechs weitere unter Peter Grabenigo
zu, in deren Geleit die zu Venedig mit großen Ehren behandelte
Braut am 6. Juli 1378 von dort nach Cypern überfuhr. Nach
Beendigung der glänzenden Hochzeitsfeierlichkeiten stellte Grabenigo
dem König seine Schiffe zur Eroberung Famagosta's, aber nur für
die Dauer eines Monats zur Verfügung. Man griff jetzt die Stadt
zu Wasser und zu Land mit großer Heftigkeit, aber ohne Erfolg
an. Da die venetianischen Galeeren nach Ablauf eines Monats in
der That heimkehrten, war Peter wieder auf seine eigenen, unzu=
reichenden Hülfsmittel angewiesen, mit denen er die Belagerung fort=
setzte. Sie dauerte über anderthalb Jahre, ohne eine andere Wir=
kung zu haben, als daß Cypern sich erschöpfte und die Geiseln zu
Genua mit aller erdenklichen Härte behandelt wurden.

Die nie ruhenden Intriguen Elenorens, die den Genuesen das
ganze Land in die Hände spielen wollte, sowie ihr übler Lebens=
wandel, brachten endlich ihren Sohn dahin, daß er sie im October
1380 zu Cerines nach Aragon einschiffen ließ. Daselbst starb sie
erst am 26. December 1417.

Von dem Turiner Frieden (2. August 1381), der dem hartnäcki=
gen Krieg zwischen Genua und Venedig ein Ende machte, hatte
Cypern keinen Vortheil, da die Venetianer ihn aus Eigennutz für
sich, nicht aber auch für ihre Alliirten, Visconti und Peter II., ab=
schloßen. Famagosta blieb in der Gewalt Genua's und Venedig
erkannte dieses Verhältniß an.

Am 13. October 1382 starb Peter II. (auch Petrino genannt),
erst 26 Jahre alt, mit Zurücklassung einer jungen Tochter.

Unter seiner Regierung war auch Satalia wieder an die Tür=
ken verloren worden (1373).

Das von seinem Vater errichtete feste Haus, la Margarita genannt, hatte er im Jahre 1376 abbrechen lassen; dafür errichtete er auf demselben Platze eine große Citadelle und einen Palast.

Der Adel ergriff sofort die Zügel der Regierung und setzte den Turkopolier Jean de Brie zum Statthalter ein, dem ein Rath von zwölf Edeln beigegeben wurde. Zugleich kam man überein, den gefangenen Prinzen Jakob, Seneschall von Cypern und Connetable von Jerusalem, zum König auszurufen.

Kaum wurde dieses zu Genua bekannt, als man den Prinzen und seine heldenmüthige Gemahlin Heloise von Braunschweig, die seine Gefangenschaft getheilt und in derselben ihm einen Sohn, Janus, [19]) geboren hatte, wie auch die Söhne des ermordeten Fürsten von Antiochien und die übrigen Geiseln in Freiheit setzte. Man trug aber Sorge, mit Jakob erst einen besondern Vertrag abzuschließen (19. Februar 1383). Nach diesem blieb Famagosta mit zwei Meilen im Umkreis in der Gewalt der Republik, doch sollten auf seinen Thürmen die Banner des Königs aufgehißt bleiben. Cerines sollte gleichfalls den Genuesen als Pfand eingeräumt werden. Alle von Syrien und Egypten kommenden Schiffe sollten nur zu Famagosta, alle von der kleinasiatischen Küste kommenden nur zu Cerines landen dürfen, wodurch der ganze Handel der Insel in genuesische Hände kam. An Kriegskosten sollte Cypern 800,000 Dukaten erlegen und der junge Prinz Janus in Genua einstweilen als Geisel zurückbleiben.

Von dem Dogen Montaldo mit königlichen Ehren überhäuft schiffte sich Jakob Ende Juni mit seinem Gefolge auf einer Flotte von 10 Galeeren ein, die unter dem Befehl des Nikolaus Maruffo stand. Dieser wollte die königliche Familie zu Salines (Larnaka) landen, eine Adelsfraction aber, an ihrer Spitze die Brüder Peter und Glimot (Hieronymus) von Montolif, Mitglieder des Rathes der Zwölf, die zugleich die Krone der Tochter Peters II. gewahrt wissen wollten, verhinderten die Ausschiffung, indem sie Maruffo vorstellten, daß Jakob nach Abschluß eines solchen, den Interessen Cyperns so verderblichen Vertrages nicht als König anerkannt werden könne, namentlich, da er unter dem Schutze einer feindlichen Macht sein Land betreten wolle.

Maruffo kehrte wieder um und traf in Genua am 29. December mit seinen Galeeren ein. [20]) Nirgends wird jedoch erwähnt, daß er den König wieder mit zurückgebracht habe, wie dieses die cyprische Chronik Strambaldi's meldet. [21]) Es scheint, daß Jakob I. sich an einem in der Nähe Cyperns gelegenen Punkte so lange aufhielt, bis die Partei der Montolif vollständig unterbrückt war (die beiden Brüder wurden in Bande gelegt) und die allgemeine Stimme nach ihm verlangte. Man benachrichtigte ihn nun von seiner Anerkennung, worauf er am 24. April 1325 zu Cerines landete und unter großem Jubel des Volkes in Nikosia einzog. Bald darauf erfolgte auch seine Krönung. Dem bisherigen Statthalter, Jean de Brie, legte er den Titel eines Fürsten von Galiläa bei und von seinen beiden Leidensgefährten, den Söhnen des Fürsten von Antiochien, verheiratete er den einen Jakob, Grafen von Tripolis, mit Margaretha, Schwester Peters II., und dem anderen, Johann, der ein illegitimer Sohn seines Bruders und der Alise von Giblet, der Frau des armenischen Ritters Philipp von Kosta, war, ertheilte er den Ritterschlag, wobei er ihm den Titel eines Herrn von Beirut beilegte. Auch verheiratete er ihn mit einer Tochter des Marschalls Johann von Morphu. Die Brüder Montolif wurden hingerichtet.

Nachdem das Königreich Armenien gänzlich in sarazenische Hände gefallen (1375) und sein unglücklicher Herrscher Leo VI., der eine Zeitlang in egyptischer Gefangenschaft geschmachtet hatte, zu Paris gestorben war (November 1393), nahm Jakob als Verwandter des Hauses den Titel eines Königs von Armenien an, in Folge dessen man auch die armenischen Großwürden, wie schon die von Jerusalem, als leere Titel unter dem cyprischen Adel vertheilte.

In der nun eintretenden ruhigen Zeit richtete sich des Königs vornehmstes Augenmerk auf Ordnung der so zerrütteten Verhältnisse Cyperns, um so seinen drückenden finanziellen Verpflichtungen nachkommen zu können. Er legte zu diesem Zwecke eine neue Steuer, den zehnten Pfennig von allen Waaren (decatum), vorläufig auf zehn Jahre auf (1385). Die Zahlungen, die Cypern zu leisten hatte, gingen indeß nicht direct an den genuesischen Staatsschatz, sondern an eine Gesellschaft, genannt die cyprische Mahone.

Schon seit dem zwölften Jahrhundert nämlich pflegte man in Genua die Kosten eines kriegerischen Unternehmens in der Weise aufzubringen, daß sich Gesellschaften bildeten, die Geld, Schiffe und Proviant lieferten. Jeder Einzelne erhielt dann nach dem Verhältniß seiner Theilnahme den etwaigen Gewinnantheil in Geld, Waaren oder Ländereien. Auch die für diesen Zweck geworbenen Truppen hatten Antheil an der Beute. An einer solchen Gesellschaft, die man Mahone nannte (die Etymologie dieses Wortes ist unklar), betheiligten sich Kapitalisten, Kaufleute, religiöse und weltliche Korporationen, ja sogar auch Arbeiter. So sehr dadurch das Interesse an einem Krieg bei dem ganzen Volke ein erhöhtes war, so verderblich mußte dieses System auf die Kriegführung selbst wirken, da der Feldherr vorzüglich darauf bedacht sein mußte, möglichst große Beute zu machen, um bei dem in der Actiengesellschaft vertretenen, souverä= nen Volke nicht in Ungnade zu fallen. [22])

Eine solche Mahone war auch im Jahre 1373 gebildet worden, als Genua den Krieg gegen Cypern beschloß. Ihr Stammkapital betrug 400,000 Dukaten (nach heutigem Werth etwa 2½ Millionen Franks). Durch Campofregoso's Raub= und Plünderungszüge machte sie ein so ausgezeichnetes Geschäft, daß sie sich nicht wieder auflöste, sondern als eine permanente Compagnie weiter operirte und nament= lich den ganzen Handel Cyperns in ihre Hände bekam.

Jakob mußte nun vertragsmäßig zugeben (17. September 1386), daß die Beamten der Mahone (massarii) sich über die Einnahmen des Königreiches informirten, um zu sehen, was dasselbe in den ein= zelnen Jahren abzubezahlen vermöge. Die Höhe der ganzen schul= digen Summe wird auf 952,000 Floren (oder Dukaten) angegeben, wobei die Ueberführung Jakobs durch Nikolaus Maruffo mit 100,000 Floren angesetzt war. Die Mahone erhob das Dekatum selbst und rechnete davon noch ihre Erhebungskosten, sowie monatlich 5000 Bisanten für den Unterhalt einer königlichen Galeere ab. Es scheint, daß diese damals die ganze Seemacht Cyperns repräsentirte.

Nach der Abschätzung des zum „Schiedsrichter" gewählten genuesischen Dogen Adorno wurde bestimmt (4. Juli 1387), daß Cypern jährlich 50,000 Floren abbezahlen solle.

Da die Venetianer das Dekatum mitbezahlen mußten, so ver= langten sie von Jakob, weil es gegen ihre Freiheiten verstoße, eine jährliche Entschädigung von 4000 Bisanten, die sie sogar selbst an den Stadtthoren Nikosias erheben wollten. Man gestand ihnen zwar im Princip eine solche zu, sie wurde ihnen aber sehr selten bezahlt. Ein Gleiches fand bei den Genuesen statt, die eine jährliche Ent= schädigung von 14,000 Bisanten beanspruchten.

Ein neues Arrangement bezüglich der Hauptsumme kam zu Stande, als die Mahone sich entschloß, ihr lebendiges Pfand, den in der Gefangenschaft geborenen ältesten Sohn Jakobs, Janus, der den Titel eines Fürsten von Antiochien erhalten hatte, dem Va= ter auszuliefern. Der cyprische Admiral Peter von Caffran ging zu diesem Zwecke nach Genua, wo man am 30. Mai 1391 übereinkam, daß für die Auslieferung des Prinzen der Mahone

125,000 Floren innerhalb der erften 40 Tage nach Ankunft deſſel=
ben zu Famagoſta gezahlt werden ſollten. Dieſes Geld ſolle von
der Totalſumme von 952,000 Floren in Abzug gebracht werden.
Der Admiral ſolle ſofort in Genua eine Kaution von 10,000 Floren
ſtellen und ſich noch überdies ſammt ſeiner ganzen Familie als Bürge
für die 125,000 Floren verpflichten. Starb der Prinz auf der
Ueberfahrt, die er auf eigenes „Riſiko“ zu machen habe, ſo mußte
dennoch die Summe von 125,000 Floren bezahlt werden; lieferte
ihn aber die Mahone, nachdem ſie das Geld erhalten, zu Fama=
goſta nicht aus, ſo hatte ſie dieſelbe Summe innerhalb 40 Tagen dem
Könige zu erlegen, der ſich dann noch als frei von der ganzen Schuld=
ſumme betrachten durfte.

Ferner ſollten vom 1. März 1392 an jährlich 30,000 Floren
von derſelben abbezahlt werden und deshalb der Mahone die Erhebung
der Thorzölle von Nikoſia durch ihre eigenen Leute geſtattet ſein. [23])

Dieſen Vertrag beſtätigte auch der König nach Anhörung der
hohen Kammer am 9. October deſſelben Jahres.

Der Prinz Janus kam glücklich in Cypern bei ſeinen Eltern
an, wofür der wackere Admiral ein Dorf geſchenkt erhielt.

Den 30. September 1398 ſtarb Jakob mit Hinterlaſſung einer
zahlreichen Nachkommenſchaft. Seine Gemahlin Heloiſe von Braun=
ſchweig überlebte ihn noch lange und ſtarb erſt im Jahre 1421.

Jakob I. war ein Fürſt von trefflichen Eigenſchaften, nament=
lich wird ſein wohlwollender Charakter gerühmt, aber die Verhält=
niſſe, unter denen er die Regierung antrat, machten es unmöglich,
den alten Wohlſtand und die Unabhängigkeit Cyperns wieder herzu=
ſtellen. Die einzige Leidenſchaft, die der König beſaß, war die Jagd.

Er vollendete das vor ſeinem Neffen auf dem Margarethenberg
bei Nikoſia begonnene Schloß, [24]) befeſtigte von Neuem Buffavent
und Kantara, die allein nicht in genueſiſche Gewalt gerathen waren,
und erbaute gegen die Genueſen das kleine Kaſtell Siguri in
der Meſſorea und in dem Diſtrict Maſoto (Südküſte) das von
Chierokitia.

Anmerkungen.

1) Sie hatte 1347 den Titularkaiſer von Byzanz, Robert von Tarent, Für=
ſten von Achaja, geheiratet.

2) „Coricus a duabus partibus mari alluitur, tertia a continenti pro-
fundissima fossa munitur, duplici ac valido muro undique circum-
datur. Portum habet a parte favonii, quem intraturis non procul

a muris oppidi transeundum est. Ex adverso a parte austri tre-
centos passus ab oppido distans, insula Eleusia adjacet, quam totam occupat antiquum aedificium albo ac quadrato lapide magnifice
constructum. Haec quondam regia Archesilai fuit." Coriolani Cippici, de bello Asiatico libri tres. Venetiis 1594 Fol. 34.

3) „Attalia urbs est littoralis omnium maritimarum Asiae provinciae
maxima, habens portum multis turribus ab utroque latere munitum
et cathena clausum, propterea Aegyptiis ac Syriis mercatoribus
celebrata. Quamobrem toti provinciae commune emporium est."
C. Cippici, de bello As. Fol. 17.

4) Der Palaſt, in dem der König zweimal (1365 und 1368) und ſpäter
(1378) Valentine Biskonti, die Braut Peters II., wohnte, liegt am
großen Kanal in der Pfarrei San Luca. Er gehört jeßt der Familie
Campagnana = Paccana und zeigt noch das zum Andenken an
Peters I. Verweilen über dem Eingang in Stein ausgehauene Wappen von Cypern mit den Inſignien des Schwertordens.

5) Raynald. ad a. 1365. Er war geboren 1327 auf dem Schloſſe Maizières in der Diöceſe Amiens, nahm zuerſt ſizilische und kaſtiliſche
Dienſte und wurde dann Domherr zu Amiens. Sechs Jahre hierauf
wallfahrtete er nach Paläſtina und hielt ſich ein Jahr unter den Sarazenen auf, um ihre Stärke kennen zu lernen. Von da begab er ſich nach
Cypern an den Hof Hugo's IV. und wurde in den erſten Regierungsjahren Peters I. von dieſem zum Kanzler erhoben. Peter II. gab ihm
einen Auftrag an den päpſtlichen Hof, von wo er nach Frankreich ging
und Kanzler Karls V. wurde, der ihm die Erziehung des Dauphin
(nachmals Karl VI.) übertrug. Er zog ſich ſpäter (1380) in das Cöle-
ſtinerkloſter zu Paris zurück, ohne jedoch das Ordenskleid zu nehmen,
und ſtarb daſelbſt im Jahre 1405. Er ſchrieb eine Vita Petri Thomasii,
des päpſtlichen Legaten auf dem Zuge nach Alexandria (Bollandiſten
Th. II. Januar 29.). In ſeinem um 1389 franzöſiſch geſchriebenen Werke:
Songe du vicil Pélérin (worunter er ſich ſelbſt verſteht) behandelt er
in fortlaufender Allegorie Begebenheiten aus den Zeiten Peters I., Peters II. und den erſten Regierungsjahren Jakobs I. Dieſes, ſowie ſein
anderes Werk: „Le pélérinage du pauvre Pélerin" ſind vorzüglich
zur Inſtruction des Dauphin geſchrieben.

6) Er war zu Salignac de Thomas geboren und gehörte dem Karmeliter-
orden an. Zuerſt Biſchof von Koron, dann Erzbiſchof von Kreta, wurde
er zuleßt zum Titularpatriarchen von Conſtantinopel erhoben und ſtarb
am 6. Januar 1366 zu Famagoſta.

7) Roger de Pins war am 24. Mai 1365 zu Rhodos geſtorben.

8) Die Idee zu dieſem Zuge nach Alexandrien ſcheint dem König vorzüglich von ſeinem Kämmerer, Parceval de Cologne, einem Ritter
aus Poitou, der in Alexandrien ſehr lang Gefangener geweſen war,
eingegeben worden zu ſein. Als der erſte Angriff erfolglos blieb,

ermunterte er den König mit den Rittern des Hospitals, die seine Umgebung bildeten, den Hauptsturm zu wagen, der auch gelang, nachdem man Feuer an die Thore gelegt hatte. Mas Latrie II. S. 274 u. 279.

9) Schaban-ben-Hassan war noch sehr jung, da er bei seiner Thronbesteigung (um 1362 oder 1363) ungefähr zehn Jahre zählte.

10) Raynald. ad a. 1366 §. 10.

11) Urban V. beschwerte sich bei dem Dogen Cornaro bitter darüber. Mas Latrie II. S. 288. Nach Ausstellungsort und Datirungsweise zu schließen möchte das Breve in das Jahr 1366 zu setzen sein.

12) Mas Latrie II. S. 751 und 752. Die Republik hatte stets ihre guten Freunde am Hofe zu Kairo. Einer derselben war der Emir Jolboga, der ein Liebhaber von Falken war, weshalb der Senat am 25. August 1366 seinen Gesandten, die den Frieden mit dem Sultan abschließen sollten, den Auftrag gab, Falken für den Emir bis zum Preise von 600 Goldstücken zu besorgen. Mas Latrie II. S. 285.

13) Loredano Histoire des Rois de Chypre. Paris 1732. T. I. S. 422 ff. Der sonst so ausführliche Ordensschriftsteller Giacomo Bosio weiß nichts von der ganzen Angelegenheit.

14) Jean du Morf (Morphu an der Westküste Cyperns), wie er sich gewöhnlich nennt, hatte sich als Marschall bei der Expedition gegen Alexandrien sehr ausgezeichnet, worauf ihn Peter zum Grafen von Roha oder Rochas (Edessa, in den Assisen als comtes de Rohais aufgeführt) machte. Der ursprüngliche Name seines Geschlechtes ist du Plessis oder du Plessier (Mas Latrie P. III. S. 620).

15) Raynald. ad a. 1567.

16) Stefano Lusignano, Chorograffia et breve Historia universale dell' isola de Cipro (Bologna 1573) erzählt Fol. 57, der König habe ohne Grund die Frau eines Barons von Giblet (dieses müßte der Vicegraf von Nikosia gewesen sein) verurtheilt, an diesem Gefängnisse mitzubauen. Sie habe dieses auch gethan, indem sie ihre Kleider unbekümmert um die Anwesenden hoch aufgeschürzt habe. Nur, wenn der König erschienen sei, habe sie dieselben bis auf die Füße herabgelassen. Als man sie eines Tages um den Grund dieses seltsamen Benehmens fragte, habe sie die Antwort ertheilt: che mentre che passava il gallo, haveva vergogna: ma mentre che le galline passavano, non haveva vergogna: talche trattava tutti da donne e femine fügt der Autor erklärend hinzu. Diese schneidende Antwort habe den Abel an seine unwürdige Rolle erinnert und ihn zu dem nachfolgenden Schritt gegen den König bewogen.

17) G. Stellae Annales Genuenses bei Muratori, Rerum italicarum scriptores Tom. XVI. col. 1105, woselbst Philipp von Jbelin als dominus del Zuf aufgeführt wird.

18) Von der gemachten Beute erbauten sich die Campofregoso großartige Paläste. Es sollen zwar sechs mit Schätzen beladene genuesische Galeeren in die Tiefe des Meeres versunken sein, immerhin war aber noch

genug übrig geblieben, um die Theilhaber der Actiengesellschaften (siehe später) zur Fortsetzung ihres Geschäftes zu bewegen. Auch das Privatvermögen wurde nicht geschont, wie denn die Genuesen das ganze Vermögen der reichsten Kaufleute zu Famagosta, zweier Brüder Lachanopuli, die Restorianer waren, einzogen. Es wurde auf einige Millionen berechnet. Mas Latrie I. S. 390.

19) Sein Name soll daher rühren, weil er zu Genua (Janua) geboren war.

20) Annales Genuenses col. 1125.

21) Mas. Latrie II. S. 392. Diomedes Strambaldi schrieb seine Chronik im 15. Jahrhundert zu Nikosia.

22) Siehe die ausführliche Note über das System der Mahone bei Mas Latrie II. S. 366.

23) Trotz der harten Bedingungen des Friedens vom 19. Februar 1383, der den Handel Cyperns in Famagosta zwar concentrirte, die Venetianer und Andere aber oft längere Zeit von diesem Platze ausschloß, war das Geschäft daselbst immer noch ein bedeutendes. So wurde im Jahre 1395 die Domäne von Famagosta um 37,700 Silberbisanten verpachtet, was nach Mas Latrie's (III. S. 784) Berechnung ein Kapital von 754,000 Bisanten oder 1,131,000 Franks repräsentirt. Nach heutigem Werthe wäre dies ungefähr die Summe von 7 Millionen Franks, also mehr als das Doppelte, was der heutige Gesammthandel Cyperns ausmacht. Cerines, der einzige Platz, wo vertragsmäßig die von der gegenüberliegenden, asiatischen Küste kommenden Schiffe landen durften, scheint übrigens gar nicht oder nur ganz vorübergehend in genuesischen Händen gewesen zu sein. Auch war der dortige Handel ohne alle Bedeutung.

24) Der fränkische Ritter Stephan von Gumpenberg, der mit anderen deutschen Rittern 1449 auf seiner Pilgerfahrt auch Cypern besuchte (Reyßbuch des heil. Landes. Frankfurt 1584), sagt von ihm S. 244: „Der König hat ein schönes Kastell oben in der Stadt liegen, das ist fest mit Mauern und Thürmen." Nikosia nennt er eine schöne Stadt mit einer schönen Mauer, aber nicht wohl erbaut, da sie viele weite Flecken und Plätze habe. Dagegen besäßen die Prinzen und der Adel viele und hübsche Höfe darin.

Als die Venetianer im Jahre 1567 bei dem drohenden Türkeneinfall die Stadt mit neuen Wällen versahen und ihre Ausdehnung deshalb verringerten, trugen sie nicht allein dieses Schloß ab, sondern auch eine Menge Kirchen und Klöster — wie es heißt achtzig an der Zahl — darunter das Dominikanerkloster mit dem Erbbegräbniß des Regentenhauses. Indeß waren die Wälle noch nicht einmal vollendet, als die Türken zur Belagerung schritten und die Stadt eroberten (2. September 1570).

Fünftes Kapitel.

Die Regierung Janus' und Johanns II. (1398—1458). Erste Vermählung Charlotta's. Ihr Halbbruder Jakob wird Erzbischof. Charlotta verlobt mit Herzog Ludwig von Savoyen.

Der noch sehr jugendliche Nachfolger Jakobs, Janus, glaubte das Uebel, unter dem Cypern schwer litt, die genuesische Suprematie, am besten mit den Waffen in der Hand wegschaffen zu können. Er griff deshalb, nachdem eine zu Famagosta angezettelte Verschwörung von dem genuesischen Befehlshaber Antonio Guarco durch Enthauptung der Verschworenen unterdrückt worden war, die Stadt zu Wasser und zu Lande an. Bei dem Mangel an einer eigenen Flotte hatte er katalonische Fahrzeuge in Dienst genommen, das Landheer betrug ungefähr 6000 Mann. Nicht sobald war dieses in Genua bekannt geworden (Juli 1402), als man drei Galeeren unter dem Hospitaliter Antonio Grimaldi den Belagerten zu Hülfe sandte, denen bald darauf noch zwei andere folgten. Diese vernichteten einen Theil der katalonischen Fahrzeuge und zwangen den König die Belagerung aufzuheben. Grimaldi erlag aber dem zu Famagosta herrschenden Fieber.

Janus ließ sich indeß durch seine augenblicklichen Mißerfolge nicht abschrecken, sondern rüstete sich auf's Neue und sandte den Ritter Sclavus de Asperch [1]) nach Venedig, um dort Geld und Truppen aufzubringen. Der Senat jedoch beschied ihn abschläglich (16. März 1403).

In Genua, das seit 1396 sich unter die Oberherrschaft des Königs von Frankreich gestellt hatte, war man sehr wohl davon unterrichtet. Eine neue Expedition wurde daher gegen Cypern ausgerüstet und schon am 6. April 1403 stach eine Flotte von acht Galeeren unter dem Oberbefehl des königlichen Statthalters, des schlachtenkundigen Marschalls, Jean le Maingre, genannt Boucicaut, in See, nachdem derselbe den französischen Kanzler L'Ermite de la Faye, der schon im Jahre 1395 eine Mission an den Hof von Nikosia gehabt, [2]) vorausgesandt hatte. Der Marschall landete zuerst im Hafen von Rhodos, zog dort von den genuesischen Colonien im Archipel noch einige Schiffe heran und erwartete dann seinen Abgesandten, der eine abschlägliche Antwort brachte. Da erbot sich der Großmeister vom Hospital, **Philibert be Nailhac**, dem Alles daran gelegen war, weitere Feindseligkeiten der Christen in der Levante zu verhüten, einen Frieden mit Cypern zu Stande zu bringen, was der Marschall gern annahm. Der Großmeister und der Kanzler begaben sich daher nach Nikosia und vermittelten dort am 7. Juli 1403 den Frieden zwischen Genua und Janus. Darnach verpflichtete sich dieser, zur Entschädigung der für diese Expedition neugebildeten Mahone, zu einer Zahlung von 150,000 Dukaten und zwar sollte er Edelsteine und kostbare Gefäße im Werthe zu 70,000 und eine von der hohen Kammer sanctionirte, feierliche Schuldverschreibung über 80,000 Dukaten bei dem Großmeister deponiren. 15,000 Dukaten sollte Janus jährlich abbezahlen, wofür ihm Pfänder von gleichem Werthe zurückgegeben werden sollten. An die alte Mahone sollte Cypern jährlich 120,000 Bisanten (gleich 30,000 Floren) zur Deckung seiner frühern Schuld abtragen.

Der Marschall, kein Freund der Ruhe, war nach des Großmeisters Abreise sofort zu einer Expedition nach dem gegenüberliegenden Festlande aufgebrochen. Eine besondere Veranlassung lag dafür nicht vor, aber Boucicaut mochte wohl noch der Behandlung eingedenk sein, die er als türkischer Gefangener zu Nikopolis und später hatte erdulden müssen. Um nun seine Zeit nicht unnütz zu verbringen, wie sein von ihm inspirirter Historiograph sagt, zugleich auch, weil es auf seinem Wege lag, segelte er nach **Skandeloro** (oder Alaia),[3] einer bedeutenden Hafenstadt der karamanischen Küste, die unter einem eigenen Emir stand. Seine Landmacht bestand nur aus 4000 Mann. Mit ihr nahm er nach hartem Kampf die untere Stadt, in deren Hafen man einige Schiffe antraf. Der eroberte Stadttheil, in dem der Bazar und die Magazine sich befanden, wurde ausgeplündert und den Flammen übergeben. Nach einigen Gefechten mit dem herbeigeeilten Emir schiffte sich der Marschall wieder ein (er hatte vierzehn Tage sich bei Skandeloro aufgehalten) und da ihm jetzt die Nachricht von dem mit Janus abgeschlossenen Frieden zukam, gedachte er in seiner Kriegslust auf Alexandrien loszugehen, aber die genuesischen Kapitäne wollten nichts davon wissen und behaupteten, der Wind sei zu ungünstig. Boucicaut segelte daher nach Cypern, landete in der Bucht von **Pendaia**[4] an der Nordwestküste, wo der Großmeister und der cyprische Abgesandte ihn erwarteten, bestätigte dort den Frieden und traf auch einige Tage mit Janus zusammen. Trotz der Gegenvorstellungen der Genuesen, die ihm sagten, daß er für seinen Ruhm genug gethan habe, bestand

Boucicaut darauf, die Sarazenen noch weiter zu brandschatzen und zog deshalb gen Tripolis. Dort aber erwartete man ihn bereits, denn durch die Venetianer, die seit seinem Erscheinen an der Küste von Morea ein Beobachtungsgeschwader ihm förmlich zur Seite gesetzt hatten, war bereits die ganze syrische Küste alarmirt. Der Marschall erzwang die Landung, lieferte auch dem sechsmal stärkeren Feind ein blutiges Gefecht, die Stadt konnte er aber nicht nehmen. In Beirut, dem Hauptstapelplatz der Venetianer, wohin er sich jetzt wandte, erwartete man ihn gleichfalls. Die Stadt wurde genommen, die vorgefundenen Einwohner niedergehauen, aber sämmtliche Waaren hatte man bereits in Sicherheit gebracht. Ein im Hafen befindliches Schiff, das im Auftrage des venetianischen Konsuls von Nikosia die Kunde von des Marschalls Ankunft verbreitet haben sollte, wurde in Brand gesteckt. Vor Sidon traf man wieder auf sehr überlegene Streitkräfte und mußte nach einem sehr hartnäckigen Gefecht den Strand aufgeben. Jetzt entschloß sich Boucicaut zur Heimkehr. Er begab sich vorerst nach Famagosta, um sich etwas Ruhe zu gönnen, denn der größte Theil seiner Leute war kampfunfähig geworden. Daselbst wüthete aber das Fieber, Boucicaut ging daher nach Rhodos und verweilte dort zwölf Tage. Auch der Großmeister Philibert de Naillac hatte mit einer Anzahl auserlesener Ritter der Expedition beigewohnt.

Als der Marschall auf der Heimkehr am 7. October bei der Insel Sapienza Wasser einnehmen wollte, näherte sich eine aus Modon ausgelaufene venetianische Flotte von 11 Galeeren unter Carlo Zeno (die genuesische war eben so stark) in unverkennbar feindlicher Absicht. Boucicaut nahm das Gefecht auf, verlor aber dabei drei Galeeren, da der größte Theil seiner Leute noch fieberkrank war oder an Verwundungen litt. Weitere Folgen hatte übrigens dieser Zwischenfall nicht, als daß Boucicaut, entrüstet über die verschiedenen Beschuldigungen, die ihm die Venetianer bezüglich seiner Expedition machten, Carlo Zeno und den Dogen Michael Steno im Anfang des nächsten Jahres zum Zweikampf forderte, den diese natürlich nicht annahmen. Am 20. October war der Marschall mit seiner Flotte wieder in Genua erschienen.

Verschiedene bei diesem Zusammentreffen gemachte französische und genuesische Gefangene von Rang wurden im März des folgenden Jahres durch den Genueser Cataneo Cicala wieder ausgelöst.

Die im Frieden vom 7. Juli stipulirten Pfänder im Werthe von 70,000 Dukaten wurden von Janus in der That dem Groß=

meister übergeben und zwar beliefen sich die Kostbarkeiten, wor=
unter eine goldene Krone und goldene mit Edelsteinen besetzte Ge=
fäße, auf 45,000 Dukaten, während er für die anderen 25,000 dem
Hospital Ländereien verpfändete. Meister und Convent bekannten
am 15. October 1403 diese Pfänder bis zu einem definitiven Aus=
gleich in Empfang genommen zu haben.⁵)

Die bisherigen übeln Erfahrungen hatten Janus nicht abge=
schreckt. Im Jahre 1407 begann er von Neuem auf Famagosta
loszugehen und dasselbe mit Artillerie, die er von Venedig bezog,
zu beschießen, wobei er einen großen Theil der Mauer niederlegte,
aber zuletzt mußte er doch die Belagerung wieder aufgeben. Später
hatte er noch das Unglück, daß eine seiner Galeeren, die mit einer
zahlreichen Mannschaft ausgerüstet im Golf von Satalia kreuzte,
unweit von Skandeloro von einer genuesischen unter Galeazzo
Doria aufgebracht wurde (29. November 1408). Indeß erlitten
die Genuesen, als sie Limasol überfielen, eine empfindliche Niederlage.

Kaum war ein Jahr verstrichen, als er seinen Angriff wieder=
holte und Famagosta arg zusetzte, ebenfalls ohne weiteren Erfolg.
Bei der gänzlichen Erschöpfung seiner Kräfte hielt Janus es jetzt
für das Beste, Friede zu schließen. Am 9. December 1410 kam
auch dieser zu Famagosta zwischen dem Befehlshaber des Platzes
Bartholomäus Porco und den Cyprioten, Ritter Thomas
Prévost und Doctor Thomas de Zenières, zu Stande. Er
stipulirte Anerkennung der alten Verträge, die Verpflichtung, jähr=
lich 22,500 Floren oder 90,000 Bisanten von der alten Schuld ab=
zutragen, die Forterhebung der früher erwähnten Thorzölle und
Zahlung einer Kriegsentschädigung von 25,000 Dukaten.

An die neue cyprische Mahone verpflichtete sich der König zur
Zahlung einer Summe von 150,000 Dukaten, falls kein anderer
Vertrag darüber zu Stande kommen sollte. Der Friede von 1403
war also mit Ausnahme des einzigen Punktes, daß Janus die fest=
gesetzten Pfänder bei dem Großmeister deponirt hatte, in keiner
weiteren Beziehung erfüllt worden.

Mit der Hauptschuldnerin des Königs, der alten cyprischen
Mahone, die auch zu der Chios beherrschenden in näherer Beziehung
stand, war kurz vorher eine eigenthümliche Veränderung vorgegangen.

Die verschiedenen Gesellschaften nämlich, die bisher die Ein=
nahmen der Republik Genua in Generalpacht gehabt hatten, gingen
im Jahre 1407 ein und dafür wurde eine neue gebildet, die alle
vereinigte und unter unmittbarer Einwirkung des Staates stand.

Sie wurde nach dem Schutzpatron Genua's die Bank (officium) des heiligen Georg genannt. Eine Actie derselben, die locus (auch loca in der Mehrheit) hieß, lautete auf 100 genuesische Livres; die Actionäre nannte man comperae oder comperistae, da compera im Allgemeinen den Ankauf einer Staatseinnahme bedeutet. Den Gesammtantheil, den ein Einzelner oder vor der Bildung der Bank eine Gesellschaft an Actien besaß, bezeichnete man mit dem Namen columna (oder colonna). Die Republik, von der die Bildung der Bank ausging, garantirte den Actionären 7 Procent Zinsen und überließ zugleich die Oberleitung einem Verwaltungsrath von acht „Protectoren.“ [7])

Dieser Bank von St. Georg übertrug durch Vertrag vom 15. October 1408 die alte cyprische Mahone ihre sämmtlichen Rechte, die sie in Bezug auf Cypern durch die Verträge von 1374, 1383, 1387 und 1391 erworben hatte, indem für die Totalität ihrer Actien, 5884 an der Zahl, die Summe von 147,100 genuesischen Livres, repräsentirt durch 1471 Bankactien, ihr zugewiesen wurde. Eine Actie der alten Mahone berechnete sich hierbei auf den vierten Werththeil einer Bankactie.

Auf das Verhältniß Cyperns hatte indeß diese Veränderung keinen weiteren Einfluß, als daß es der unmittelbare Schuldner der Republik wurde. An Bezahlung seiner Schulden war vor wie nach nicht zu denken.

Die gänzliche Erschöpfung des Schatzes brachte es bald auch mit seinem treuesten Alliirten, dem Orden vom Hospital, in Conflict.

Wie erwähnt besaß das Hospital im südlichen, fruchtbarsten Theile der Insel eine ausgedehnte Besitzung, genannt die Großkommende von Cypern, mit dem Schloß Colossi [8]) als Hauptsitz. Dort waren die großen Zucker=, Indigo= und Baumwollenpflanzungen und die Weinberge, die den besten cyprischen Wein erzeugten. Einen unangenehmen Nachbar hatte es in der reichen venetianischen Familie der Cornaro, deren sehr alter cyprischer Besitz sich um Piskopi konzentrirte und mit der das Hospital der Bewässerung wegen oft lange Jahre Streit hatte.

Die Großkommende sollte jedesmal dem ältesten und verdientesten Ritter des Convents von Rhodos ohne Rücksicht auf die Zunge übertragen werden. Das Generalkapitel vom 1. März 1380, abgehalten zu Rhodos durch Bertrand de Flotte, Großkommendator (Haupt der Zunge Provence) und Stellvertreter des Großmeisters Juan Fernandez de Heredia, beschloß jedoch, um keine Eifersucht unter den einzelnen Zungen Raum zu geben und zugleich einen erhöhten Ertrag zu erzielen, die Großkommende entsprechend den damaligen sieben Ordenszungen in sieben Theile zu theilen. Ihr Großkommendator sollte den sechs andern Kommendatoren gegenüber die Stellung und Gewalt eines Priors und alternirend mit dem Convent die Besetzung einer vakant gewordenen Kommende haben.

Diese Verordnung kam indeß vorläufig nicht zum Vollzug.

Ferner besaß der Orden im District von Paphos die Kommenden Phinika und Anoghyra (diese am Südabhang des Troodos nahe beim Lykosflusse gelegen), die immer zusammen an einen Ritter vergeben wurden und in der Nähe von Cerines die kleine Kommende von Tempros (auch del Tempio genannt). Die beiden erstgenannten waren Magistralkommenden (camerae magistrales), das heißt, der Großmeister verlieh sie motu proprio, wie er denn gesetzmäßig in jedem Priorat eine solche besaß.

Zur Zeit Peters I. hatte der mehrgenannte Admiral Ferlino d'Airasca die Großkommende inne gehabt. Nach seinem Tode übertrug sie der Convent dem Ritter Bertrand Erasmi, mit der Auflage jährlich 12,000 Floren Responsionen zu zahlen; Papst Gregor XI. zwang jedoch durch zwei heftige Schreiben den Convent, diese Collation zu kassiren und sie dem Prior der Lombardei, Daniel del Caretto, zu übertragen, dem er dieses schon früher zugesichert hatte, wie denn die Kurie dem Orden gegenüber sich leider oft solche Maßregeln und fast durchgängig zu Gunsten solcher Ritter, die nicht in den Convent kamen, erlaubte.

Zur Zeit, als Janus die Regierung antrat, war einer der hervorragendsten Ritter des Convents der Prior von Toulouse, Raymond de Lescure.[9]) Er war 1402 von Morea zurückgekehrt, das der Orden 1398 von dem Despoten Theodor, Bruder des Kaisers Manuel von Byzanz, um 460,000 Floren gekauft hatte, aber auf die Dauer bei dem Hasse der Griechen gegen die Lateiner nicht behaupten konnte. Korinth, die letzte Besitzung auf Morea, gab der Orden im Jahre 1404 dem Despoten gegen Rückerstattung des Kaufschillings zurück.

Nachdem Lescure dem Zug des Marschalls Boucicaut gegen die syrischen Küstenstädte beigewohnt hatte, ging er mit dem egyptischen Gesandten, der am 27. October 1403 den Frieden mit dem Orden zu Rhodos beschworen, am 4. November nach Alexandrien. Von dieser Mission kam er unbehelligt zurück.

In diese Zeit fällt seine Ernennung zum Großkommendator von Cypern, und Janus, dessen besonderes Vertrauen er genoß, sandte ihn gleichfalls zum Sultan, der durch das neuerdings wieder aufgeblühte Piratenwesen auf den König erbittert war. Dieser hielt ihn als Geisel zurück und ließ ihn nach Kairo bringen. Erst nach Erlegung eines Lösegeldes von 25,000 Dukaten kam er frei. [10]) Janus forderte nun den Sultan zum Zweikampf, was dieser aber ablehnte. Aus Aerger darüber rüstete der König neue Piratenschiffe aus und schädigte die Küsten nach Kräften.

Im Auftrage des Königs ging Lescure im Sommer 1407 nach Europa und zwar zunächst nach Genua, um mit dem Marschall Rücksprache wegen der zu Rhodos deponirten Pfänder zu nehmen. Vertragsmäßig konnte nämlich dieser Erleichterungen an den Friedens= bedingungen eintreten lassen. Bei dieser Gelegenheit war es, daß der Marschall den Prior für seinen Lieblingswunsch, die Eroberung Alexandriens, zu gewinnen suchte, damit dieser den König zur Theil= nahme unter Zusicherung des Oberbefehls, aber auch gegen Ueber= nahme der Hauptkosten zu gewinnen suche. Lescure, der ohnehin vorläufig nicht in die Levante zurückkehrte, billigte zwar anscheinend das Project, schob aber den Hospitaliter Jean de Vienne, Kom= mendator von Belleville, vor, den Boucicaut sofort angeblich im Auftrage der Republik als geheimen Unterhändler nach Nikosia schickte. Janus, dessen Verhältniß zum Sultan sich eben etwas gebessert, hatte so viel Einsicht, das Project trotz aller Lockungen rundweg abzulehnen.

Raymond de Lescure begab sich nun nach Frankreich, um dort eine Prinzessin von Geblüt zur Gemahlin des cyprischen Königs auszuwählen. Politische Rücksichten waren dabei vorzüglich maß= gebend. Seine Wahl fiel auf Charlotta von Bourbon, Schwe= ster Jakobs II. von Bourbon, Grafen de la Marche, die durch Prokuration am 2. August 1409 zu Schloß Melun getraut wurde. Doch konnte die Prinzessin erst im Sommer 1411 und zwar auf venetianischen Galeeren die Ueberfahrt machen. Am 25. August fand die feierliche Trauung mit dem König statt. Wie der Chronist Strambaldi erzählt, habe mit ihrer Ankunft die schreckliche Verwüstung aufgehört, die seit Jahren die Geißel Cyperns, die Heuschrecken= schwärme, angerichtet. [11])

Raymond de Lescure hatte als einer der drei Stellvertreter des Großmeisters dem im Mai 1410 zu Aix abgehaltenen General=

Kapitel beigewohnt und war ihm daselbst die Verwaltung des Ordens=
schatzes übertragen worden.

Nachdem er die Prinzessin Charlotte in ihre neue Heimat
übergeführt, kehrte er nach Rhodos zurück und stellte unmittelbar
nach seiner Ankunft sich an die Spitze einer Expedition nach dem
gegenüberliegenden Festland, die die Wegnahme der kleinen Hafen=
stadt Makri zum Ziele hatte. Die Expedition mißlang und Ray=
mond de Lescure starb hierbei den Heldentod (September 1411).

Die dadurch erledigte Großkommende verlieh der Convent dem
Kommendator von Lango, Hesso von Schlegelholz, [12] seit
Mai 1411 Stellvertreter des zu dem Concil von Pisa im März
1409 abgereisten Großmeisters Nailhac.

Janus, vielleicht um die Verdienste Lescure's zu ehren, viel=
leicht auch aus andern Rücksichten, befreite nun sämmtliche cyprische
Ordensbesitzungen von dem königlichen Zehnten (1. und 3. October
1411), wofür ihm Schlegelholz und der Convent ein warmes
Dankschreiben übersandte (15. December 1411).

Außer den sehr starken Naturalabgaben betrug dieser Zehnte
allein bei der Großkommende an Geld 2526, bei der von Phinika 261
und der von Tempros 31 Bisanten. [13]

Zugleich verlangte Janus, daß die Großkommende dem Ritter
Estolon de la Saone, einem, wie es heißt, im Gefolge der
Königin herübergekommenen Hospitaliter, übertragen würde, wor=
auf der Convent nicht eingehen konnte. Er ließ sich indeß durch
den Großkommendator (Haupt der Zunge Provence) Pierre de
Tillis und den Admiral Ludovico Vagnone entschuldigen, die
zugleich den Auftrag hatten, einige Verträge zu annulliren, die der
Prokurator des Ordensschatzes, Pietro Carello Talaborbo,
zum Nachtheil der Großkommende, vielleicht mit dem König selbst,
abgeschlossen hatte. Die Gesandten wurden am Hofe gut aufge=
nommen, übergaben dem Könige ein schönes spanisches Pferd, das
Lescure zugehört hatte, aber bald darauf setzte dieser es bei Jo=
hann XXIII. durch, daß durch ein päpstliches Breve die Groß=
kommende an seinen erst wenige Jahre alten natürlichen Sohn,
Ludwig von Lusignan, übertragen wurde. Schon bald nach
seiner Erwählung hatte dieser Papst angefangen, die Kommenden
des Ordens an seine Creaturen, meist conventscheue Ritter, die im
Abendlande behaglich lebten, zu verschleudern, worüber ihm Schlegel=
holz und der Convent ein sehr eindringliches Schreiben zugehen ließen
(6. November 1410). [14]

Nach Hesso's von Schlegelholz Tode (20. Mai 1412) hatte der Convent die Großkommende nicht weiter besetzt, vielmehr betrieb er bei dem Papste den Widerruf der Uebertragung an Ludwig von Lusignan und erlangte diesen in der That auch, wie es scheint, durch Zahlung einer größeren Summe.[15] Jetzt erneuerte man auch die Bestimmung des Generalkapitels von 1380 bezüglich der Theilung der Großkommende in sieben Theile, Janus aber kümmerte sich nicht darum und hielt sie nach wie vor occupirt.

Nach geraumer Zeit nahm der Convent die Sache wieder auf und übertrug die Großkommende dem Drapierer (Haupt der damals noch nicht getheilten Zunge Spanien) Antonio Fluvian, seit 1418 Stellvertreter des noch im Abendland weilenden Großmeisters. Zugleich sandte er den Admiral Giacomo d'Alemagna, Kommendator von San Stefano di Monopoli in Apulien, mit dem bringenden Ersuchen zu Janus, daß er die Großkommende dem Drapierer übergeben solle. Janus zeigte sich auch zu einem Vergleich bereit, als die Neuwahl Fluvians zum Großmeister wieder die Vakanz der Kommende bewirkte.

Sofort brachte der neue Großmeister die ganze, so verdrießliche Sache zum Abschluß, indem er an Ludwig von Lusignan die Kommenden Phinika und Anoghyra verlieh, die der Marschall (Haupt der Zunge Auvergne) Luce de Valines vorher besessen hatte, und ihn dadurch in den Orden aufnahm (24. Januar 1421). Da Luce de Valines nach dem Tode Hesso's von Schlegelholz Stellvertreter des Großmeisters geworden war und diese Würde bis zu seinem im Jahre 1418 erfolgenden Tode inne hatte, so scheint es, daß Janus sich auch dieser Kommende bemächtigt hatte.

Einige Tage darauf (am 29. Januar) ließen Meister und Convent dem König Janus und dem Kommendator Ludwig von Lusignan alle Summen, Responsionen, Mortuarien u. s. w. nach, die seit Lescure's Tod von Seiten der Großkommende an den Ordensschatz hätten gezahlt werden müssen, ferner schenkten dieselben dem König Janus die Summe von 12,000 venetianischen Dukaten, die er an Lescure geschuldet hatte und die nach dessen Tode dem Ordensschatz als Erben eines jeden Ritters zustanden. Wahrscheinlich gehörte diese Summe zu dem Lösegeld, das der König dem Sultan für die Befreiung seines Gesandten erlegen mußte und das dieser dem König bis zu diesem Betrage einstweilen vorgestreckt hatte.

Durch diesen Vergleich erlitt der Orden vom Hospital eine Einbuße von wenigstens 130,000 Floren, da die Responsionen von der Großkommende allein, wie erwähnt, jährlich sich auf 12,000 Floren beliefen.

Dieselbe wurde am 2. October 1421 an den Turkopolier (Haupt der englischen Zunge) Thomas de Skipwith, Kommendator von Beverley, übertragen, der aber schon im folgenden Jahre starb. [16])

Von den mancherlei auf Cypern lastenden Schulden hatte Janus auch noch nichts auf die 150,000 Dukaten bezahlt, die im Frieden von Nikosia (7. Juli 1403) stipulirt und durch Verträge von 1410 und 1416 anerkannt worden waren. Durch seinen Gesandten, Jean de Bombelles, ließ er nun am 3. Januar 1425 zu Genua erklären, daß er von jetzt ab jährlich 2500 Dukaten daran abbezahlen wolle. An demselben Tage wurde diese Schuldsumme in Actien der Bank von St. Georg convertirt, die als Guthaben der bisherigen Theilnehmer der neuen cyprischen Mahone (von 1403) in die Bankregister eingetragen wurden. Die Bank war daher jetzt der alleinige Schuldherr des Königs.

Hätte dieser auch den guten Willen gehabt, seine Schulden abzutragen, so hätte doch der furchtbare Schlag, der jetzt das Königreich traf, ihn gänzlich dazu außer Stand gesetzt.

Seit dem Jahre 1404 nämlich war das nie ganz unterdrückte Unwesen des Piratenthums in der Levante wieder in verstärktem Maße hervorgetreten und richtete sich vorzüglich gegen die Sarazenen. Es waren hauptsächlich katalonische Schiffe, die dieses Gewerbe betrieben, doch verschmähten auch zu Zeiten die genuesischen Befehlshaber von Famagosta nicht, sich durch dieses Mittel zu bereichern. Cypern war der Platz, wo die Piraten die geraubten Waaren und Gefangenen verwertheten, weßhalb der Zorn des Sultans sich hauptsächlich gegen König Janus richtete. Wir haben oben gesehen, wie er dessen Abgesandten Lescure behandelte und was darauf erfolgt war.

Im September 1414 sandte Janus den Ritter Thomas Prévost nach Kairo, worauf man sich dahin einigte, daß der König versprach, weder selbst Kapernschiffe auszurüsten, noch auch zu gestatten, daß die Corsaren ihre Beute auf Cypern verwertheten. Zugleich wurden die sarazenischen Gefangenen mit Ausnahme derer, die sich hatten taufen lassen, losgekauft.

Der frühere Zustand trat aber bald wieder ein. So finden wir, daß im Jahre 1419 Venedig seinem Konsul zu Nikosia den Befehl gab, sämmtliche auf Cypern befindliche sarazenische Gefangene loszukaufen und sie dem Sultan, dem man sich dadurch gefällig zeigen wollte, zuzusenden. Man verwendete diese Gefangenen hauptsächlich in den südlichen Districten, wo Zucker und Baumwolle gewonnen wurde. Die Familie Cornaro, Besitzerin von Piskopi, [17]) die königlichen Domänen und wahrscheinlich auch das Hospital besaßen deren viele.

Vergebens beschwerte sich der Sultan Melek-al-Aschraf bei Janus, daß dem Piratenwesen noch immer nicht Einhalt gethan werde. Als dieser nun eine mit Geschenken für den türkischen Sultan beladene egyptische Galeere abgefangen hatte, rüstete Al-Aschraf im September 1424 sechs Galeeren aus, die ein kleines Heer am Cap Gatta (südöstlichster Punkt der Halbinsel Akrotiri) landeten. Der Gouverneur von Limasol, Philippe de Picquigny, ging ihnen mit einer Abtheilung entgegen, wandte sich aber bald wieder. Die Egypter verbrannten hierauf Limasol, ohne jedoch das starke Kastell anzugreifen, segelten dann an die Küste von Paphos, wobei sie vier Schiffe aufbrachten und verließen sie erst wieder, nachdem sie großen Schaden daselbst angerichtet hatten.

Janus versuchte zwar mit vier Galeeren Wiedervergeltung zu üben und gelang es ihm auch, eine von Lajazzo kommende Galeere abzufangen, eine Landung an der wohlbewachten syrischen Küste aber blieb gänzlich erfolglos.

Eine neue egyptische Flotte sammelte sich im Juni 1425 zu Tripolis, bestehend aus 5 großen Schiffen, 19 Galeeren, 6 Transportschiffen für die Pferde und 13 Galiotten. Sie landete an der Spitze der karpäsischen Halbinsel und von da bewegte sich das Landheer nach Famagosta zu, in deren Nähe es anfangs August erschien. Obschon Genua wegen seines Sclavenhandels im schwarzen Meere mit dem Sultan im Kriege lag, so hielt es sein Befehlshaber doch für vortheilhafter, seine friedliche Gesinnung zu betheuern und zum Beweis derselben die Banner des Sultans auf den Thürmen Famagosta's aufzuhissen, womit die Emire sich zufriedenstellten.

Sengend und brennend zog das egyptische Heer in der Nähe der Küste weiter bis Limasol, während die Flotte seinen Bewegungen folgte. Das cyprische, nur 500 Berittene und 2000 Fußsoldaten stark, befehligt von dem tapfern Bruder des Königs, dem Fürsten Heinrich von Galiläa, fand sich außer Stande, einen Angriff zu wagen und konnte nicht einmal verhindern, daß das Kastell von Limasol gestürmt wurde (10. August). Nach einigen Plünderungszügen in die benachbarten Gegenden schifften sich die Egypter unbelästigt und mit großer Beute beladen nach Alexandrien ein.

Es war vorauszusehen, daß der Sultan durch diesen Erfolg zu einer größeren Unternehmung veranlaßt werden würde. Auf den Hülferuf des Königs erschien denn auch eine große Anzahl europäischer Ritter, vorzüglich aus Deutschland und Frankreich. Doch war es ihm nicht möglich, mehr als 5600 Mann zusammenzubringen, von denen 1600 beritten waren. Das Fußvolk war zum größten Theil ungeübt im Kampf.

Am 1. Juli 1426 landete die 150 Segel starke egyptische Flotte an dem nordwestlichen Theile der Halbinsel Akrotiri, in der Nähe von Piskopi. Das Landheer, befehligt von dem Emir Tangri-virbi-el-Mahmudi, ging sofort auf Limasol los und nahm das wieder von Neuem befestigte Kastell. Darauf sandte er einen Herold an Janus mit der Aufforderung ab, die Oberherrschaft des Sultans anzuerkennen und einen jährlichen Tribut zu entrichten.

Auf die Nachricht von der Landung des Feindes hatte Janus mit seinem Heere Nikosia verlassen und war am 5. Juli zu Chierochitia, einem kleinen, mit einem Kastell versehenen Flecken, angekommen, der in der nördlich von dem Höhenzug von St. Croce begränzten Ebene, einem koupirten, walbreichen Terrain liegt und zum größten Theil der Großkommende des Hospitals zugehörte. Dort erwartete er die Ankunft des Feindes. Auf sein sehr erschöpftes Heer, das zudem Mangel an Lebensmitteln litt, wirkte die Nachricht von der Erstürmung Limasols überaus entmuthigend.

Am 7. Juli — es war ein Sonntag — kam das egyptische Heer herangezogen und ging sofort zum Angriff über. Das in einer geschlossenen Kolonne aufgestellte cyprische hielt den ersten Stoß aus, beim zweiten Anlauf aber lösten sich die Glieder. Nur die Ritterschaft leistete tapfern Widerstand. Der König, dessen Pferd scheu geworden und der ein anderes hatte besteigen müssen, fand sich plötzlich, er hatte seine Lanze abgelegt und kämpfte mit dem Schwerte, im Rücken von zwei Mameluken angegriffen. Der eine verwundete ihn mit der Lanze in's Gesicht, der andere war schon im Begriff, ihn niederzustoßen, als er ihnen auf arabisch zurief: Laßt ab, ich bin der König! Darauf nahmen sie ihn gefangen. In seiner unmittelbaren Nähe befand sich nur der katalonische Ritter Calceran Suares, der gleichfalls gefangen wurde. Eine Anzahl Ritter fielen tapfer kämpfend, [18]) so der Fürst von Galiläa. Auf seinen Befehl war der Herold des Emir's zusammengehauen worden, dessen Leiche die Sarazenen vor Chierochitia fanden.

Als die Kunde von dieser Niederlage in die Hauptstadt gelangte, floh Hugo, Bruder des Königs, Erzbischof von Nikosia und unmittelbar vorher zum Cardinal ernannt, mit der königlichen Familie und einem Theil der Einwohnerschaft nach Cerines.

Die sehr unbedeutende cyprische Flotte, zu der auch die Galeeren des Hospitals gestoßen waren, nachdem der Orden die Ueberzeugung gewonnen, daß die Expedition nicht Rhodos gelte, kommandirte der Herr von Beirut, Johann von Lusignan, Oheim des Königs. Diesem mußte der gefangene Janus den Befehl zugehen lassen, sich jeder weiteren Operation zu enthalten, darauf wurde er zu Salines auf die egyptische Flotte gebracht.

Nach der Schlacht marschirte Tangriwirdi auf die Hauptstadt los, machte jedoch keinen Angriff auf dieselbe, da sie ihm durch ihre Größe imponirte und er im Glauben stand, die Einwohner würden sie vertheidigen.

Ein Theil von diesen hatte sich in den Consulatshof der Venetianer geflüchtet, da die Republik mit dem Sultan in Frieden stand, der größere Theil jedoch mit der Geistlichkeit und den Beamten an der Spitze zog grüne Zweige und angezündete Kerzen in den Händen tragend in's egyptische Lager und bat um Gnade. Die Egypter besetzten jetzt die Stadt (12. Juli) und schädigten sie schwer, doch wurde sie wenigstens nicht den Flammen preisgegeben. Nach vier Tagen zogen sie wieder ab mit reicher Beute beladen und viele Gefangene mit sich führend.

Jetzt rottete sich das Gesindel zusammen und schreckte die Hauptstadt durch Mord und Plünderung. Ein Condottiere Sforza, der spanische Soldtruppen unter sich gehabt hatte, stand an seiner Spitze. Auch die griechische Landbevölkerung erhob sich überall, bemächtigte sich aller Vorräthe auf dem platten Lande, vertrieb die lateinische Geistlichkeit und wählte einen Bauer Alexios zum König. Endlich ermannte sich der Cardinal Hugo, setzte Charion von Giblet zum Statthalter von Nikosia ein und ließ mit einigen in der Eile zusammengerafften Truppen die Ruhe wieder herstellen. Sforza wurde erschlagen. Giblet unterwarf auch in dem südlichen Theile der Insel die Bauern wieder und nahm ihren sogenannten König gefangen. In dem westlichen Theile der Insel übernahm dieses Amt der Hospitaliter Angelo Muscetula,[19]) königlicher Ballei von Paphos. Einen Theil der gefangenen Bauern knüpfte man auf, einem anderen schnitt man die Nasen ab. Alexios wurde erst am 12. Mai des folgenden Jahres zu Nikosia gehängt.

Mit 6000 seiner gefangenen Unterthanen wurde der unglück=
liche König Janus auf einem Maulthier sitzend und mit Fesseln
belastet im Triumph zu Kairo eingebracht und dann in einem
Thurme des dortigen Schlosses eingekerkert. Hier soll er durch einige,
von den arabischen Schriftstellern noch erhaltene Verse das Herz
Al=Aschraf's gerührt haben, so daß dieser ihn von da ab sehr gut
behandelte. Es scheint aber, daß an dieser Behandlung vorzüglich
die Geneigtheit Janus' Schuld war, mit der er auf die harten Be=
dingungen des Sultans einging. Dieser verlangte nämlich ein Löse=
geld von 200,000 Dukaten, [20]) einen jährlichen Tribut von 5000 Du=
katen und Anerkennung der Oberhoheit Egyptens. Es galt nun
dieses Lösegeld in dem schon gänzlich erschöpften Lande aufzubringen,
weshalb Calceran Suares von Kairo herüberkam, mit der Voll=
macht, alles Eigenthum der Krone zu verpfänden oder zu veräußern.
Der größte Theil der Summe wurde mit Hülfe venetianischer Kauf=
leute, eines Genuesen Pallavicini und eines cypriotischen Edel=
mannes aus der Familie Podochatoro zusammengebracht, auch
das Hospital gab 15,000 Dukaten, die der Großmeister Fluvian
dem Ordensschatz vorstreckte, nachdem die Republik Venedig dem
Orden die Kontrahirung einer Anleihe zu diesem Zwecke abge=
schlagen hatte.

Am 6. April 1427 wurde Janus endlich in Freiheit gesetzt
und traf auf den ihm entgegengeschickten Schiffen mit vielen Ge=
fangenen am 15. Mai zu Cerines ein, wo ihn sein Sohn Johann
und der Cardinal erwarteten. Am 18. zog er in Nikosia ein und
begab sich, begleitet von allem Volke, zuerst in die Sophienkirche.
Der übrige Theil der Gefangenen wurde bald nachher durch die
Beisteuern der christlichen Fürsten losgekauft, wobei sich die Kurie
theils unmittelbar durch Uebersendung großer Geldsummen, theils
mittelbar durch Besteuerung geistlicher Güter in Spanien, England
und Frankreich und durch Ertheilung von Indulgenzen auszeichnete.

Wie sehr übrigens das Land gelitten hatte, ergibt sich dar=
aus, daß auf dem Generalkapitel von 1428 zu Rhodos der damalige
Inhaber der Großkommende von Cypern, Hermann von Ow,
dieselbe mit Genehmigung des Kapitels an Angelo Muscetula
und Pietro Carnes um vier Dukaten zahlbar an den Ordens=
schatz auf sieben Jahre verpachtete, wobei dieselben allerdings gehalten
waren, die eigentlichen Einkünfte auf Meliorationen zu verwenden. [21])

Zur Aufbringung größerer Geldsummen, sowie zur Erlangung
der vom Papst bewilligten Indulgenzen hatte sich im August 1427

der Cardinal Hugo nach Europa begeben. Zunächst machte er in Genua den Protectoren der Bank von St. Georg die unangenehme Eröffnung, daß Cypern außer Stande sei, vor sechs Jahren etwas an seinen Schulden abzutragen, da vor Allem erst das Lösegeld des Königs zu decken sei. Auch müsse das Land sich etwas von seinen schrecklichen Verwüstungen erholen. Sechs Jahre lang zu warten sei unmöglich, jammerten die Protectoren der Bank, denn sie müßten doch den verschiedenen Kirchen, Klöstern, Wittwen, Waisen und den unzähligen kleinen Leuten, die ihr ganzes Vermögen in den Papieren der Bank stecken hätten, die Zinsen bezahlen, ohne welche diese über= haupt nicht existiren könnten.²²) Dieses war der Segen einer auf Kriegsbeute gegründeten Actiengesellschaft.

Der Cardinal versprach nun am 11. Februar 1428 von der alten Summe, die wieder dieselbe ist, wie ursprünglich ·(1386), näm= lich 952,000, wozu als Indemnität für die späte Bezahlung noch 15,000 Floren kommen sollten, jährlich vom 1. März 1429 an 6000 Floren abzubezahlen, wofür, wie schon früher, die Zölle auf Cypern bürgen sollten. In dieser Schuldsumme war natürlich die noch neuerdings 1425 anerkannte von 150,000 Dukaten als Guthaben der neuen cyprischen Mahone nicht einbegriffen. Der Cardinal versprach an demselben Tage diese vom nächsten Jahr an bis 1434 zuerst in kleineren Beträgen von jährlich 2100 Dukaten und dann als letzte Summe 34,500 Dukaten in den Jahren 1435, 1436 und 1437 je zu einem Drittel zu bezahlen. Dann sollte in Anbetracht der bis= her schon geschehenen Abzahlungen die ganze Schuld als erledigt angesehen werden. Auch hier sollten die Zölle als Unterpfand dienen. Würden die Zahltermine nicht eingehalten, so sollte der König von Neuem zur Erlegung der ursprünglichen Hauptsumme verbunden sein.

Der Cardinal nahm jetzt seinen festen Wohnsitz zu Rom und übertrug seine Vollmachten untergeordneten Persönlichkeiten.

Am 28. Juni 1432 starb Janus, nachdem ihn eine Glieder= krankheit bereits ein ganzes Jahr an's Lager gefesselt hatte.²³) Seine Gemahlin Charlotta war ihm bereits am 14. Januar 1421 vorausgegangen; elf Tage nachher war auch seine Mutter Heloise gestorben.

So sehr man seinen persönlichen Eigenschaften, seinem Muthe, seiner hohen Bildung und seiner Herzensgüte Gerechtigkeit wider= fahren lassen muß, so wenig wird man ihn von dem Vorwurf frei= sprechen können, daß er durch seinen Leichtsinn in politischen Dingen den Sturz seiner Herrschaft und den Untergang des Wohlstandes seines Landes beschleunigt habe.

Seine Schwester Maria war an König Ladislaus von Neapel im Februar 1402 verheiratet worden und war ihr eine Mitgift von 150,000 Floren, die theils in Gold, theils in Waaren oder Kostbarkeiten überliefert werden sollte, ausgeworfen. Da Ladislaus jedoch nur 46,000 Floren erhalten hatte, so schickte er im Mai den Ritter Macibono nach Nikosia. Es scheint zweifellos, daß dieser, zumal auch Maria schon am 4. September desselben Jahres starb, mit leeren Händen wieder zurückkam.

Außer dem obenerwähnten Ludwig von Lusignan, welcher in den Hospitalorden eintrat, hatte Janus noch einen natürlichen Sohn, welcher den Namen Phöbus von Lusignan führte.

Sein einziger Sohn Johannes (II.), geboren am 16. Mai 1414, der bisher den Titel eines Fürsten von Antiochien führte, folgte ihm in der Regierung und wurde am 24. August zu Nikosia gekrönt.

Bei dem schwächlichen Zustande des Reiches erachtete man es für politisch, dem Sultan von Egypten, sowie auch dem Groß-Karaman Ibrahim Beg, der zu Konieh (Ikonium) residirte, die Thronbesteigung durch eine besondere Gesandtschaft anzuzeigen und sich ihres Wohlwollens zu versichern.

Noch waren keine zwei Jahre vergangen, als der Sultan Abu-Said-Dschakmak, aufgebracht über die fortdauernden Züge katalonischer Piraten, einige Galeeren nach Cypern schickte, die die bei Colossi gelegene Besitzung einer katalonischen Familie Ferrer verwüsteten. Die Großkommende scheint man unbehelligt gelassen zu haben.

Auf die Einflüsterung genuesischer Kaufleute, daß die Piraten in Cypern in jeglicher Weise unterstützt würden, beabsichtigte der Sultan eine neue Expedition gegen die Insel zu unternehmen, verschob es aber, als Johann II. sich beeilte, durch seinen Gesandten Domitius de la Palu jede Verbindung mit den Piraten in Abrede zu stellen.

Da indeß der Sultan seine Rüstungen nicht einstellte, suchte der König sich im Ausland Hülfe zu verschaffen und wandte sich in seiner Verlegenheit sogar nach Genua, dessen Doge Janus Campofregoso ihm sowohl selbst die Galeeren der Republik zusicherte, wie er sich auch bei dem französischen König Karl VII. für ihn verwandte.

Bei der großen Geldnoth Johann's kam ihm der Großmei=
ster Fluvian zu Hülfe, indem er für Rechnung des Ordens durch
den Kommendator Roger Cliente ihm Schlösser und Dörfer bis
zu einer Summe von 69,095 Floren, welche er dem Ordensschatz
aus seinen Mitteln vorstreckte, abkaufen ließ (Mai 1437).

Erst im Jahre 1440 ließ der Sultan seine Flotte aus 18
Galeeren bestehend auslaufen, sandte sie aber nicht gegen Cypern,
sondern Rhodos, wo sie am 24. September am Sandkap (Nord=
spitze der Insel) landete. Die Entschlossenheit, mit der die Ordens=
flotte, bestehend aus 4 Galeeren und 6 kleineren Schiffen, ihr gegen=
übertrat, bewog sie noch in derselben Nacht die Anker zu lichten.
Die Ordensflotte folgte ihr und lieferte ihr an der asiatischen Küste
ein Gefecht, das für beide Theile mit großem Verluste verbunden
war. Auf dem Rückweg verwüsteten die Egypter aus Rache die
Großkommende.

Auf Bitten Johann's, dem an einem guten Einverständniß
mit dem Sultan Alles gelegen war, schickte der Großmeister Jean
de Lastic im Jahre 1442 den Ritter Jean de Marsanac,
Stellvertreter des cyprischen Großkommendators Jacques de
Milly, nach Alexandrien, um dort ein Uebereinkommen zu treffen,
das sich lediglich auf Cypern beziehen sollte und wonach die Egyp=
ter unbelästigt von den Rittern mit den cyprischen Hafenplätzen
Handel sollten treiben können, was für den Orden auch insofern
von Wichtigkeit war, als dann die Großkommende keinen weiteren
Verwüstungen ausgesetzt war. Marsanac brachte auch die Stipula=
tionen eines solchen Vertrages nach Rhodos, worauf der Ritter Gio=
vanni Dolfin, ein Venetianer, mit der Ratifikation nach Alexan=
drien ging (1443).

Wie der Vertrag an sich schon kein Beweis besonderer Freund=
schaft war und der Sultan am Ende dadurch nur den Orden, in
dem er seinen gefährlichsten Feind erkannte, einschläfern wollte, so
zögerte er auch nicht, mit einem 18,000 Mann starken Heere im
August 1444 vor Rhodos zu erscheinen, wo man indeß vollständig
gerüstet war. Nach einer vierzigtägigen Belagerung mußten die
Egypter wieder unverrichteter Sache abziehen.

Dieses war der letzte derartige Versuch, der von Egypten gegen
den Orden ausging; ein gewaltigerer Feind, die immer näher rücken=
den Osmanen, trat von jetzt ab an die Stelle Egyptens.

Als Johann II. in sein dreiundzwanzigstes Lebensjahr getre=
ten war, nahm er die Vermittlung seines im Abendland weilenden

Oheims, des Cardinals Hugo, in Anspruch, um sich mit einer abend=
ländischen Prinzessin zu vermählen. Dieser wählte Amadea (oder
Medea), Tochter des Markgrafen Johann Jakob von Montfer=
rat, deren Trauung durch Prokuration auf dem savoyischen Schlosse
Ripaille am 23. September 1437 stattfand. Amadea, deren Mit=
gift nur 25,000 Dukaten betrug, konnte sich erst am 27. Mai 1440
in Venedig einschiffen. Am 3. Juli wurde die feierliche Vermählung
zu Nikosia vollzogen, aber schon am 13. September starb sie.

Kurz darauf am 3. Februar 1441 vermählte sich Johann von
Neuem und zwar mit der griechischen Prinzessin, Helena Paläo=
loga, Tochter des Despoten von Morea, Theodors II., eines
Sohnes des Kaisers Manuel, und einer Tochter des Grafen
Malatesta. Sie brachte ihm nichts mit, als den großen Namen
ihres Hauses und den Stolz auf ihre kaiserliche Abstammung. Da
sie eine begabte, energische Frau war, so gewann sie bald die Herr=
schaft über den indolenten, nur das Materielle liebenden König und
riß zuletzt die ganze Regierung an sich. Alle Staatsämter besetzte
sie nach Gutdünken. Als Griechin haßte sie die Lateiner leidenschaft=
lich und wandte alle Mittel ihrer hohen Stellung an, um den lateini=
schen Ritus zu unterdrücken. Trotz des Elends des Landes baute sie
griechische Klöster und stattete sie reichlich mit Staatseinkünften aus.
Nach dem Fall von Byzanz sammelten sich denn auch viele weltliche
und geistliche Flüchtlinge um sie.

Der eingetretene friedliche Zustand hätte sicher seine Wirkung
auf die Finanzlage Cyperns nicht verfehlt, wenn nicht eine Reihe
von Jahren pestartige Krankheiten geherrscht und die Verwüstungen
der Heuschrecken die Ernten zerstört hätten.

Auf's Neue wurden die Verhältnisse des Königreichs zu der
Bank von St. Georg am 8. April 1441 und zwar wieder durch
den Cardinal Hugo zu Genua geordnet.

Da der König seit dem Jahre 1435 die Zahlungstermine nicht
mehr eingehalten hatte, so war er eigentlich zur Zahlung der ganzen
Summe von 150,000 Dukaten und zu einer Buße von 50,000
Dukaten verbunden. Das sollte indeß nicht weiter mehr berücksich=
tigt werden, die Bank wird vielmehr dem König eine Quittung
über seine sämmtlichen Schulden geben, sobald er sich verpflich=
tet, für immer jährlich am 1. März die Summe von 6750 vene=
tianischen Dukaten zu erlegen, wofür die Zölle in Pfand bleiben
sollen. Geht diese Summe nicht regelmäßig und in gutem Gelde
ein, so hat er 22,000 Bisanten an die alte und 25,000 Bisanten

an die neue Mahone Strafe zu zahlen. Der König bezahlt ferner das jährliche Gehalt des Befehlshabers von Famagosta weiter und und ebenso 3000 Bisanten den Bankbeamten auf der Insel.

Diesen Vertrag bestätigte Johann und die hohe Kammer im Anfange des Jahres 1442.

Der Bank von St. Georg cedirte auch die Republik Genua, da sie innerlich sehr geschwächt war und von ihren Colonien eine nach der andern verlor, durch Vertrag vom 8. Juli 1447 die Stadt Famagosta und ihre zwei Meilen betragende Umgebung mit allen Hoheitsrechten auf die Dauer von 29 Jahren. Uebrigens war der Handel der Stadt bereits so weit zurückgegangen, da die nichtgenuesischen, von Syrien kommenden Schiffe den Hafen zu vermeiden suchten, und die Bevölkerung begann so sehr abzunehmen, daß man sich genöthigt sah, einige der drückendsten Eingangszölle aufzuheben, was aber auch keinen Erfolg hatte

Bezüglich des Lösegeldes von 15,000 Dukaten, das der Orden für Janus beigesteuert und das bisher nur zum Theil zurückbezahlt worden war, vereinigte man sich mit dem Ordensgesandten Giacomo Acciaiuoli, stellvertretendem Admiral, am 26. August 1446 dahin, daß der Orden die auf 40 Quintal (das Quintal gleich 225 Kilogrammes) angeschlagene Zuckerernte von Emba und Lemba im District von Paphos für das nächste Jahr erhielt, ferner vom Jahr 1448 an auf fünf weitere das Dorf Tarsi in derselben Gegend mit allem Zubehör, dessen Einkünfte man auf 1000 Dukaten schätzte. [24]) (Seit 1441 hatte es der Ordensritter Jean Ram in Pacht gehabt.)

Ein neuer Feind erwuchs in dieser Zeit dem unglücklichen Reich in Ibraim=Beg, dem Großkaraman, der die Cypern gegenüberliegende Küstenstadt Stalimur (heute Anamur) von Neuem befestigte. Auch er verlangte einen Tribut von 5000 Dukaten, weil sein Nachbar, der Emir von Skandeloro, angeblich einen solchen beziehe. Es scheint ihm aber mehr um das feste Gorhigos, die letzte cyprische Besitzung auf der asiatischen Küste, das zugleich in seinem Gebiete lag, zu thun gewesen zu sein.

Johannes schickte sogleich den Ritter Philipp Mistahel nach Rhodos, dem der Großmeister auch eine Galeere zusagte. Gleichzeitig erschien daselbst auch ein Abgesandter des Groß=Karaman mit Geschenken, um dem Convent anzuzeigen, daß derselbe Stalimur befestigt habe und ein guter Freund des Ordens bleiben wolle, daneben aber auch auf dessen Neutralität hoffe, wenn er jetzt dem König von Cypern, der keinen Tribut bezahlen wolle, den Krieg erkläre.

Der Großmeister ließ diese Gesandtschaft sofort (26. August 1448) durch den Kommendator von Troyes, Maurice Vasselin, erwidern, der den Auftrag erhielt, dem Groß-Karaman einige Geschenke zu überreichen und ihn von seinem Vorhaben gegen Cypern abzubringen, „das unter dem Schutz des Ordens stehe und das derselbe nach Kräften unterstützen werde." Der König sei zwar in sehr bedrängter Lage, aber Tribut bezahle er dem Emir nicht.

Von etwaigen Kriegsrüstungen sollte Vasselin dem König sofort Nachricht geben und nach Beendigung seiner Mission selbst erst nach Cypern gehen, auf dem Heimweg aber den Emir von Skandeloro im Namen des Ordens begrüßen.

Ibrahim-Beg ließ sich durch diese Botschaft nicht abhalten, Gorhigos einzuschließen, das er noch während der Verhandlung mit Vasselin im October durch Bestechung zur Uebergabe brachte. Als sein Befehlshaber, Jacques de Bologne, nach Cypern kam, um sich zu rechtfertigen — denn die Besatzung hatte auch starke Noth gelitten — ließ der König ihn und mehrere Hauptleute hinrichten. Vasselin kam Mitte October nach Rhodos zurück und brachte ein Schreiben Johann's mit, worin dieser um Rath fragte. Der Großmeister Jean de Lastic rieth ihm, den von Ibrahim-Beg angebotenen Frieden anzunehmen, da er nicht im Stande sei, allein Krieg gegen ihn zu führen. Zugleich möge er sich auch an seinen Oberlehensherrn, den Sultan von Egypten, Al-Daher-Dschakmak mit der Bitte um Hülfe wenden. Der Großmeister schrieb selbst an denselben (20. November 1448), er solle nicht zugeben, daß sein Vasall so geschädigt werde, vielmehr darauf bringen, daß er Gorhigos wieder erhalte. „Wenn übrigens Eure Hoheit sich nicht entschließen kann, dem König von Cypern zu helfen, so wird sein Reich vielleicht in Zukunft in die Hände eines christlichen Fürsten fallen, der kein so guter Nachbar, wie er, sein wird." [25])

Dieses Schreiben hatte indeß keine Wirkung.

Außer seiner einzigen Tochter Charlotta (wahrscheinlich 1442 geboren) [26]) hatte Johann noch einen natürlichen Sohn Jakob, dessen Mutter eine gewisse Margaretha, eine zu Patras geborene Griechin war. Zur Zeit, als der Karbinal Hugo, der noch immer das Erzbisthum Nikosia inne gehabt hatte, im Abendlande starb (1445), war dieser etwa fünf Jahre alt und da die Königin Helena befürchtete, daß bei dem Mangel an einem directen Thronerben Jakob sich der Regierung bemächtigen werde, setzte sie es durch, daß der vom Papst Eugen IV. zum Erzbischof von Nikosia ernannte

Galesius von Montolif nicht in den Besitz seines Stuhles gelangte, sondern diese Würde auf königlichen Befehl an Jakob übertragen wurde. Sie mag diese Gelegenheit, ihrem Hasse gegen die Lateiner freien Lauf zu lassen, um so mehr ergriffen haben, als in Folge des Concils von Florenz die griechischen Bischöfe, sowie die der Maroniten und Nestorianer die Union von Neuem anerkannt und theilweise beschworen hatten. Vorzüglich war es der lateinische Erzbischof von Rhodos, Andreas, der im Auftrage des Papstes mit besonderem Erfolg in dieser Beziehung auf Cypern gewirkt hatte (1445). Galesius war nach Rom geeilt und da dort zufällig cyprische Gesandte waren, welche um Hülfe nachsuchten (vielleicht war es die Gesandtschaft, die aus Phöbus von Lusignan und dem Ritter Hugo Pobochatoro bestand), so einigte man sich dahin, daß Galesius zum Titularerzbischof von Cäsarea gemacht wurde, das Erzbisthum Nikosia, dessen Erträgnisse der König unter Androhung geistlicher Censuren herauszugeben hätte, sollte jedoch durch einen andern Prälaten administrirt werden. Damals oder doch bald darauf wurde dasselbe an den Erzbischof von Rhodos, Andreas, vom Papst übertragen, dem der König indeß die vereinbarte jährliche Rente, einen Theil der Einkünfte scheint man dem König vertragsmäßig überlassen zu haben, vorenthielt, weshalb das Hospital in den Jahren 1448 und 1449 lebhafte Vorstellungen bei ihm erhob.[27] Da auch Florenz im Jahre 1453 sich beim Papst dafür verwandte, daß das Erzbisthum an Jakob übergeben werde,[28] so scheint es gewiß, daß der König oder vielmehr die Königin keinen andern Prälaten in seinen Besitz gelangen ließen, während anderseits die Kurie niemals Jakob als Erzbischof anerkannte.

Schon im Jahre 1445 hatte eine kleine päpstliche Flotte unter dem Patriarchen von Alexandrien, Markus, in den levantinischen Gewässern zum Schutze von Rhodos und Cypern gekreuzt; im Jahre 1449 brachte es die Kurie dahin, daß Alfonso V., König von Aragon und beider Sicilien, seinen Generalkapitän Bernaldo de Bilamarin mit einer ansehnlichen Flotte zu demselben Zwecke in die Levante schickte. Dieser kam im December nach Rhodos und bemächtigte sich dann auf der Weiterfahrt der kleinen, dem Orden gehörigen Felseninsel Castellrosso oder Castelloritzo (dicht an der Küste der Landschaft Tekke), deren Schloß die Egypter 1444 zerstört hatten. Der Großmeister machte unter heftigem Protest sein Eigenthumsrecht geltend, Bilamarin kümmerte sich aber nicht darum, sondern ließ die Insel neu befestigen. Dann ging er nach

Cypern und machte, da Aragon mit Genua im Kriege lag, einige vergebliche Anstrengungen, Famagosta zu nehmen. [29]) Einen besonderen Erfolg hatte die Expedition nicht, wofür Vilamarin das Benehmen des Großmeisters als Grund beim Papst angab, der ihn deshalb heftig tadelte und auch auf Ansuchen Alfonsos das Ordensgut Castelloritzo an Aragon schenkte (6. October 1450).

Das Hospital ließ damals gleichfalls zwei Galeeren unter Guillaume de Lastic, Neffen und Seneschall des Großmeisters, kreuzen, der den Emir von Skandeloro, Luphtu=Bey dahin brachte, daß er einen Friedens= und Freundschaftsvertrag mit Johann II. abschloß, wobei der Großmeister für alle streitigen Fälle als Schiedsrichter aufgestellt wurde (7. September 1450). Auf Grund dieser neuen Freundschaft eilten sogar Johann II. und das Hospital, dessen Galeeren jetzt der Turkopolier William Daunay kommandirte, im folgenden Jahre dem Emir gegen den Groß=Karaman zu Hülfe, wie es scheint, ohne sonderlichen Erfolg.

Der schwächliche Zustand Cyperns verfehlte nicht selbst auf christliche Fürsten eine gewisse Anziehungskraft auszuüben, denn sonst wüßte man es sich nicht zu erklären, wie des Königs eigener Schwager, der Herzog Ludwig von Savoyen, seit Februar 1434 Gemahl der ob ihrer Schönheit sehr gefeierten Anna von Lusignan, mit Genua einen geheimen Vertrag schließen konnte, wonach die Republik für ihn im Laufe der nächsten zehn Jahre Geld und Schiffe zur Eroberung Cyperns bereit halten solle (Sept. 1450). Der Vertrag hatte keine weiteren Folgen und blieb ein Geheimniß der Betheiligten. [30])

Die folgende Zeit bis zum Tode des Königs (1458) wird nach außen hin durch kein Ereigniß von besonderer Wichtigkeit gekennzeichnet. Es wiederholen sich lediglich die bisherigen Erscheinungen. Man schwebte in steter Angst vor irgend einem feindlichen Angriff — seit dem Fall von Byzanz fühlte man sich auch vor den Osmanen nicht mehr sicher, bettelte an allen christlichen Höfen um Hülfe und ließ die in jedem Jahr von der Kurie erneuten Indulgenzen bei den Gläubigen Europa's einsammeln, wobei man zur Vervielfältigung dieser Indulgenzbriefe sich der neuen Erfindung der Buchdruckerkunst bediente (1454 wurden die ersten zu Mainz gedruckt).

Der Fall von Byzanz war Veranlassung, daß die Kurie eine Flotte von 16 meist aragonesischen Galeeren zusammenbrachte und sie unter dem Legaten Peter, Erzbischof von Tarragona, in der Levante kreuzen ließ. Da der Legat seine Leute nicht bezahlen konnte, legte er sich vor Rhodos, bis der Großmeister Jacques de

Milly ihm eine Geldsumme vorstreckte (August 1456). Seiner Raubzüge halber, die er auch gegen christliche Staaten unternahm, mußte die Kurie seine Vollmacht kassiren.

Mit Egypten kam Cypern nach und nach auf einen guten Fuß zu stehen, ja der König scheint sogar persönlich der Investitur Al=Asch=rafs=Abul=Nasr beigewohnt zu haben. Wenigstens erließ ihm der=selbe den rückständigen Tribut von 16,500 Dukaten und versprach ihn dem Schutze des Eroberers von Byzanz zu empfehlen (Nov. 1456).

Die inneren Verhältnisse des Königreiches mußten es allen Thei=len erwünscht erscheinen lassen, die Erbin des Thrones, Charlotta, baldigst vermählt zu sehen. Auf die Empfehlung des Herzogs Phi=lipp von Burgund wurde ein Verwandter von ihm, der sich an seinem Hofe befand und mit Glücksgütern gerade nicht gesegnet war, Herzog Johann von Coimbra, Enkel Johann's I. von Por=tugal (gestorben 1433), für sie ausgewählt. Er kam nach Cypern und wurde mit Charlotta, die damals etwa 14 Jahre alt gewesen sein muß, vermählt (1456), worauf er den Titel eines Fürsten von Antiochien erhielt. Auch räumte ihm die hohe Kammer einen An=theil an der Regierung ein. Die Königin, die sich dadurch in ihrem Walten beeinträchtigt sah und die mit Schrecken gewahrte, daß der Fürst ein feuriger Anhänger des lateinischen Ritus sei und Alles auf den frühern Stand zu bringen suche, sann jetzt auf seinen Un=tergang. Er starb auch bald, wie es heißt an Gift (1457). Seine Ehe war kinderlos gewesen.

Jetzt bot der Hof von Turin dem König eine Heirat seiner Tochter mit Ludwig von Savoyen, Grafen von Genf, an, ein Anerbieten, das dem König und der jungen Wittwe genehm war, während die Königin ihre ganze Beredsamkeit entfaltete, um ihre Tochter von einer solchen Heirat mit ihrem leiblichen Vetter — Anna von Lusignan war seine Mutter — zurückzuhalten. Indeß fand bald nach ihrem Tode, sie starb am 11. April 1458, die Ver=lobung statt. Am 26. Juli desselben Jahres starb auch Johann II., ein Mann, dessen äußere Erscheinung zwar etwas Königliches an sich hatte, der aber sonst der schwächste und unbedeutendste von allen seinen Vorfahren war. Gänzlich verweichlicht besaß er selbst keinen freien Entschluß mehr und war nur das Spielzeug derer, die ihn unter ihre Botmäßigkeit zu bringen wußten. Diese Schlaffheit und Charakterlosigkeit des Königs, die das Parteiwesen mächtig förderte und zur üppigsten Blüte brachte, war die nächste Veranlassung zum Untergang des Reiches.

Anmerkungen.

1) Als Mitglied der hohen Kammer wird er auch in dem Friedensinstrument vom 7. Juli 1403 genannt, eine besondere Würde besaß er aber nicht. Er scheint von deutscher Abstammung zu sein.

2) Die Sendung L'Ermite's de la Faye bezog sich auf die Angelegenheit der Titularkaiserin Maria von Bourbon, die in erster Ehe mit Guido von Lusignan, Fürsten von Galiläa verheiratet und deren Witthum von 5000 Floren seit 1368 nur zum kleinsten Theil ausbezahlt worden war. Nach dem Tode ihres einzigen Sohnes Hugo, Fürsten von Galiläa, hatte sie ihren Neffen Louis II. Herzog von Bourbon zum Erben eingesetzt (1387), der zur Geltendmachung seiner Rechte, wie auch um ein angebliches Testament Hugo's ausfindig zu machen, worin er seine Thronansprüche auf ihn übertragen haben sollte und das Jakob I. habe unterschlagen lassen, zuerst (1387) Jean Benoit, dann (1395) seinen Haushofmeister L'Ermite de la Faye und zuletzt 1398 Bertrand Lesgare an den Hof von Nikosia gesandt hatte. Der Sieur von Beirut war von Seiten Jakobs I. im Jahre 1397 in dieser Angelegenheit nach Frankreich gegangen und bei Hofe sehr wohl aufgenommen worden, aber die Versprechungen, die er gemacht, konnten in Cypern nicht gehalten werden. Daher die Sendung Lesgare's. Von den 30,000 Dukaten, worüber man übereingekommen war, erhielt der Herzog kaum die Hälfte.

3) Skandeloro (Candeloro, Candelorum) ist Alaia (das alte Coracesium) an der pamphylischen Küste und nicht Iskanderun (Alexandrette nördlich von Antiochia). Marino Sanudo (Gesta dei per Francos T. II. p. 89) beschreibt die Lage Candeloros genau.

4) „Si alla tant qu'il arriva à un port de galées qui s'appelle Pandée, où le dict grand maistre de Rhodes et le conseil du roy de Cypre l'attendoient. Et fut là juré et confirmée la dicte paix."

Le livre des faicts du Mareschal de Boucicaut in der Sammlung von Michaud und Poujoulat T. II. S. 273.

5) Paoli, Cod. dipl. II. S. 107.

6) Annales Genuenses col. 1217.

7) Mas Latrie II. S. 366 ff.

8) „Das noch gut erhaltene Schloß besteht eigentlich nur aus einem großen, viereckigen, aus Sandsteinquadern erbauten Festungsthurm mit einer Mauerkrone und balkonartigem Vorsprung zur Vertheidigung des Thores. Er ist vier Stockwerke hoch und dient jetzt als Getreidemagazin. An seiner Ostseite ist ein in Marmor ausgeführtes Wappen der Lusignans eingemauert. Daneben steht die alte Komthurei der Ritter des H. Johannes und die hier vorübergehende treffliche Wasserleitung, ohne Zweifel auch ein Werk der Ritter, befeuchtet noch jetzt, wie ehedem, die ganze Umgegend bis zum Cap Gatta." Unger und Kotschy S. 526.

· Weſtlich davon zwiſchen Alt= und Neupaphos, wo der Orden gleichfalls ausgedehnte Beſitzungen hatte, fand Hammer (Topographiſche Anſichten aus der Levante. Wien 1811. S. 144) „drei ganz erhaltene gothi= ſche Bogen einer hohen Waſſerleitung, von welcher auf derſelben gegen das Meer hin fortgeſetzten Linie noch mehrere Spuren zu ſehen ſind.“

9) Dieſes ſcheint der richtige Name zu ſein, wie denn auch Paoli R. de Lescura ſchreibt, Boſio jedoch ſtets R. de Lestura. Die cypriſchen Chroniſten nennen ihn Fra (frater) Scurin, Fra Scuria und Fre Curin.

10) Von dieſer Gefangenhaltung Lescure's weiß Boſio nichts, der allerdings auch nicht mittheilt, wann und ob derſelbe nach Rhodos zurückkam. Vielleicht ging er von Alexandrien direct nach Cypern. Daß er nicht ſchon bei ſeiner erſten Miſſion gefangen zurückbehalten wurde, geht dar= aus hervor, daß nicht der Orden, ſondern Janus ſich beleidigt fühlte und daß ihn zu ranzioniren hatte. Aus Paoli, den Mas Latrie II. S. 494 noch dafür citirt, iſt ſchlechterdings nichts zu erſehen, Paoli gibt über ihn nicht mehr, als Boſio. Nur der Hiſtoriograph des Mar= ſchalls (Michaud, Le livre de facts S. 308), der ihn immer Rai= mond de Lesture nennt, hat dieſe Nachrichten.

11) Strambaldi ſagt, daß drei Jahre hindurch Alles von den Heuſchrecken ſo abgefreſſen worden ſei, daß die Bäume ſo ausgeſehen hätten, als ob es Winter wäre. Auch erzählt er eine Geſchichte von einem Prieſter, der, als er ſein Landgut von Heuſchrecken habe überfallen geſehen, die= ſelben excommunicirt habe. Darauf ſeien dieſelben ſämmtlich über ihn hergefallen und hätten ihm ſo zugeſetzt, daß er bald darauf geſtorben ſei. Ausführliche Unterſuchungen über die Heuſchrecken, ihre Brutſtätten, ihre Wanderungen und Verwüſtungen auf Cypern enthält das mehr= erwähnte Buch von Unger und Kotſchy.

12) Er ſtammt aus einer adeligen Familie des Breisgau's und erſcheint zuerſt im Jahre 1375 als Kommendator von Freiburg. Papſt Gregor XI. ſandte ihn damals von Avignon aus an König Ludwig den Großen von Ungarn und Polen als Ueberbringer eines Breve's, worin der König erſucht wurde, an dem Kreuzzug (passagium generale) Theil zu nehmen, der im Frühjahr 1377 unter Anführung des Großmeiſters gegen die Türken unternommen werden ſollte (Raynald. ad a. 1375). (Er kam im Jahre 1378 zu Stande und richtete ſich gegen Morea.) Von deutſchen Kommenden beſaß Heſſo (Heinrich) von Schlegelholz 1387 die von Thunſtetten und 1399 die von Klingnau und Leuggern im Aargau (nach einer gütigen Mittheilung des ſchweizeriſchen Hiſtorikers Herrn Dr. Theodor von Liebenau). Er war noch Kommendator von Freiburg, als ihn der Convent 1382 zu den vier Prokuratoren wählte, die den ſich in's Abendland zurückziehenden Großmeiſter Heredia begleiten oder vielmehr überwachen ſollten, weshalb ſie mit den ausgedehnteſten Voll= machten verſehen waren. Im Jahre 1389 wird er als Kommendator von Lango (Kos) aufgeführt, welche Stellung ſeine perſönliche Anweſen= heit erforderte, er muß daher ſchon zeitig wieder in den Convent

zurückgekehrt sein. (Der Großmeister Heredia starb 1396 zu Avignon.) Durch die Bulle vom 29. August 1391 wurde ihm diese Kommende, zu der noch die Inseln Kalamo und Lero gehörten, auf Lebenszeit verliehen und zwar so, daß er dort als förmlicher Souverän regierte. Sie war nach der egyptischen Großkommende die bedeutendste im Convent und wurde nur den erprobtesten Rittern ohne Unterschied der Zunge verliehen. Um seine Kräfte ganz dem Convente widmen zu können, verzichtete er nach dem zu Rhodos am 1. August 1407 erfolgten Tode des hochbetagten Großpriors von Deutschland, Friedrich Grafen von Zollern, auf diese ihm seiner Anciennetät nach zukommende Würde. In dem Dankschreiben vom 15. December 1411 an König Janus unterzeichnete er sich: Frere Hesse Slegelholz lieutenant de monseigneur le meistre de l' Ospital et les autres bailhifs. prieurs et preudommes (Antianen oder älteste Ritter einer Zunge) du convent de Rodes.

Hesso von Schlegelholz ist neuerdings als angeblicher Zerstörer des Mausoleums von Halikarnaß von Hammer (Osmanische Geschichte II. S. 194) und G. Kinkel (Illustrirte deutsche Monatshefte, October und December 1858) zum „Barbaren" und „Vandalen" gestempelt worden und zwar auf Grund einer Notiz, die der etwas oberflächliche Geschichtschreiber der letzten Belagerung von Rhodos, Jakob Fontanus, in seinem Werke: „De bello Rhodio" über ihn gibt. Sie lautet: „Arx Petrea, quam ex ruinis Halicarnassi piramidibusque Mausoli sepulchri, intes septem Orbis · miracula nominatissimi, struere coepit Henricus Scleghelholt eques Germanus u. s. f. Da nun einerseits der Florentiner Bondelmonte, der, um griechische Literatur zu studiren, sich acht Jahre von 1414 bis 1422 zu Rhodos aufhielt, dabei auch die anderen Inseln des griechischen Meeres besuchte und ein Werk: „Liber insularum Archipelagi" schrieb (herausgegeben 1824 von L. v. Sinner), das Jahr 1400 ausdrücklich als Datum der Erbauung des St. Peterschlosses angibt (S. 104), anderseits aber urkundlich feststeht, daß Schlegelholz in den Jahren 1399 und 1400 (vermuthlich auf einer Visitationsreise) im Abendlande verweilte, wie er denn unterm 17. Februar 1400 mit Hugo, Graf von Montfort, Kommendator zu Bubikon (K. Zürich), einen Vergleich abschloß, „um der schlechten Wirthschaft des Letzteren zu steuern" (Vanotti, Geschichte der Grafen von Montfort und Werdenberg. Bellevue bei Konstanz 1845. . S. 165), so erweist sich die fragliche Notiz des Fontanus als unrichtig. Auch der Byzantiner Dukas, der sich weitläufig mit dieser Erbauung beschäftigt und dabei die sonderbarsten Dinge zum Besten gibt, die Hammer leider nachgeschrieben hat, ist in großem Irrthum befangen, da er diese in's Jahr 1414 setzt. Von einer Zerstörung des Mausoleums weiß er übrigens nichts.

Die Expedition zur Erbauung eines Schlosses auf dem Festlande von Asien, die unter den damaligen politischen Verhältnissen (bevorstehender Kampf zwischen Bajesid I. und dem Welteroberer Timur) für den Orden ziemlich gefahrlos war, leitete der Großmeister Nailhac persönlich.

Ueber die geeignete Stelle war man gewiß längst im Reinen, denn es war die in ein felsiges Plateau auslaufende Landzunge, welche in der, der Ordensinsel Kos schräg gegenüberliegenden Bucht von Halikarnaß einen größeren und kleineren Hafen bildet, und, da sie schon im Alterthum Festungswerke trug, wahrscheinlich noch Reste derselben aufzuweisen hatte. Das neuerbaute Schloß erhielt zu Ehren des Apostelfürsten den Namen „Petronion," woraus der heutige, für Halikarnaß geltende Name „Budrum" entstanden ist.

Die ausgedehnten und sehr erfolgreichen Ausgrabungen, die im Auftrage der englischen Regierung C. T. Newton, Biceconsul von Mytilene, in den Jahren 1855 bis 1858 nach den Trümmern des Mausoleums veranstaltet hat (Newton, Travels and Discoveries in the Levant. London 1865. 2 Vol.), haben den unumstößlichen Beweis geliefert, daß dasselbe in Folge einer gewaltigen Katastrophe (jedenfalls eines Erdbebens) gestürzt wurde und zwar zu einer Zeit, als es in seinen wesentlichsten Theilen noch erhalten war, wie denn die den Gipfel krönende Statue des Mausoleums nebst dem Viergespann, wenn auch vielfach zerschmettert, wieder aufgefunden wurde. Die im Laufe der Jahrhunderte von den Höhen herabgeschwemmte Erde muß bereits in bedeutender Mächtigkeit die Ruinen bedeckt haben (an manchen Stellen liegt sie jetzt zwanzig Fuß hoch), als die Ritter das Schloß zu bauen begannen. Sie benutzten dazu die Quadern und Blöcke, die theils zur Aufmauerung der Terrassen gedient, theils der ebenfalls schon früher zerstörten Umfassungsmauer des Mausoleums angehört hatten; was ihnen aber von Kunstwerth schien, das verwandten sie zur inneren und äußeren Ausschmückung ihres Schlosses. So brachten sie von den zwölf Marmorfriesen des Mausoleums, die sie auffanden und die in sehr feiner Arbeit Amazonenkämpfe darstellen, einige in einer gewissen Höhe an der Außenseite, die Mehrzahl aber in den inneren Höfen des Schlosses an. Ebenso verfuhren sie mit verschiedenen Löwenbüsten, die sie auch als Wappenhalter benutzten. Die Friese mit den Amazonenkämpfen hatte bereits 1846 Lord Stratford de Redcliffe, damals Gesandter bei der Pforte, für das britische Museum zu erwerben gewußt, die Löwen erhielt erst 1857 Newton für eine ansehnliche Geldsumme.

Ich hoffe an einer anderen Stelle ausführlich nachweisen zu können, wie die von dem französischen Gelehrten Sainte-Croix 1806 wieder an das Licht gezogene Erzählung von der Zerstörung der Grabkammer des Mausoleums durch die Rhodiser-Ritter im Jahre 1522, die Claude Guichard in seinem 1581 zu Lyon erschienenen Werke über die Bestattungsarten der Griechen und Römer mittheilt, ebenso phantastisch und abenteuerlich, als haltlos ist, wenn man auch neuerdings nicht verfehlt hat, ihr eine besondere Wichtigkeit beizulegen.

13) Neben großen Quantitäten Weizen, Gerste, Oliven, Mandeln, Hirse, Bohnen u. s. f. mußte die Großkommende an Zuckerstaub 10 Quintal

und 18 Rotls (das Quintal zu 100 Rotls = 225 Kilogrammes) ab-
geben, an Zuckersyrup (Melasse) 6 Quintal 96 Rotls, an Baumwolle
1 Quintal 39 Rotls, an Indigo 27 Rotls, an Karuben (Frucht des
Johannisbrodbaumes) 117 Körbe. Die Kommende von Phinika an
Zuckerstaub 2 Quintal 25 Rotls, an Zuckersyrup 1 Quintal 28 Rotls,
an Baumwolle 25 Rotls, an Karuben 22 Körbe, ferner Weizen, Lein u. s. f.

In Bezug auf den Zucker sei hier bemerkt, daß man in Cypern denselben in eine konische Form brachte. Die weniger reine und weniger
weiße Spitze eines solchen Zuckerhutes, die man zamburo nannte, pflegte
man bei dem Verkaufe je nach Uebereinkommen abzutrennen und besonders zu verpacken. Den übrigen besseren Theil, der auf dem Transport leicht zerbröckelte, nannte man „Zuckerstaub." Auf eine „Kiste"
rechnete man 16 solcher Zuckerkuchen. Der cyprische war der vorzüglichste, dann kam der von Rhodos und dann erst der syrische und
egyptische, wenngleich letzterer konsistenter war.

Nach einem Vertrag mit dem venetianischen Hause Martini vom
26. April 1464, das schon eine lange Reihe von Jahren die Zuckerernte der Großkommende erhielt, lieferte diese jährlich 800 Quintal
solcher entspitzten Zuckerkuchen, die dem Hause Martini in Kisten ver-
packt nach Limasol oder Piskopi geliefert wurden. Da die Kommende
das Quintal um 35 Dukaten verkaufte, das Haus Martini aber zu
Rhodos, wo auch das Quintal um 2 Rotls geringer war, als der
cyprische, kaufte und es mit 25¼ Dukaten bezahlte, wie es scheint, weil
es bei früheren Ernten starke Einbußen erlitten hatte, so entstand eine
bedeutende Differenz, die der Ordensschatz dem Großkommendator von
seinen Responsionen abzuschreiben hatte. Der Preis von 35 Dukaten
würde heute etwa 250 Francs ausmachen, die ganze Ernte würde daher jetzt ungefähr 200,000 Francs werth sein. Mas Latrie III. S. 98.

14) Der Brief (Paoli II. S. 115) hat keine Jahreszahl und könnte auch in
das Jahr 1411 fallen.

15) Il (ce Pontife) exigea encore six mille florins comptans avant que
de lâcher le Bref de révocation. Vertôt, Histoire des Chevaliers
Hospitaliers de St. Jean de Jérusalem II. S. 182. Paris 1726.

16) Withworth Porter, History of the Knights of Malta II. S. 293.

17) Da bei dieser Besitzung, die auch ein festes Schloß hatte, die von Beirut kommenden venetianischen Galeeren zu landen pflegten, konfiscirte
sie der König 1411 auf Betreiben der Genuesen, mit denen man eben
wieder (1410) einen neuen Frieden geschlossen hatte. Auf Andringen
des venetianischen Senats gab er sie aber bald wieder der Familie
Cornaro zurück.

18) Strambaldi sagt, daß bei dieser Gelegenheit acht deutsche Ritter und
ein deutscher Fürst gefallen seien, nennt aber keine Namen.

19) Da er 1434 als Ordensadmiral erscheint, gehörte er der italienischen
Zunge an.

20) Nach Mas Latrie's Berechnung würde dieses heutzutage eine Summe von 1,280,000 Francs repräsentiren.

21) Die Responsionen der Großkommende waren in den Jahren 1318—1330 auf 15,000, um 1366 auf 10,000 und von 1373—1424 auf 12,000 Floren festgesetzt. Nach den Verwüstungen durch die Sarazenen erholte sie sich wieder, so daß sie später (1449) die alte Summe von 12,000 Floren bezahlen konnte, wie aus der Relation des Ritters von Gumpenberg (Reyßbuch S. 245) hervorgeht: „Wir ritten zu einem Haus, das ist der Johannser Herren, da wächst der Zucker und das Haus heißt Coloß. Da besahen wir, wie man den Zucker macht. Man wies uns die Zuckerhüte, die schon bereit waren, die hätten fünfzig Lastwägen nicht können führen und standen noch bei zwanzig Morgen, die sie auf dieses Jahr nicht vermochten zu machen. Uns sagte der Komenthur, daß er alle Jahre von dem Zucker seinem Orden zwölftausend Gulden müßte geben. Er hat die schönsten Gärten und das schönste Feld, das Haus aber ist nicht gut, denn sie dürfen's vor dem König nicht bauen."

22) „Et ex adverso dictum officium protectorum reverenter dixerit quamplures justas rationes, propter quas non esset eis possibile facere dictam prorogationem, attento maxime, quod ipsum officium est obligatum solvere proventus et pagas locorum dictarum comperarum sancti Georgii infinitis personis et *specialiter ecclesiis, monasteriis, orfanis, viduis* et *infinitis miserabilibus personis que mediantibus dictis pagis et proventibus vivunt nec aliter vivere possunt.*" Mas Latrie II. S. 522 und ähnlich im Vertrag vom 8. April 1441 bei Mas Latrie III. S. 30.

23) Die Erzählung, die Pichler, Geschichte der kirchlichen Trennung zwischen dem Orient und Occident Bd. I. S. 381, mittheilt, wonach ein gemeiner Grieche, mit Namen Paulus Tagara, der sich für den Patriarchen von Konstantinopel ausgab, im Jahre 1389 nach Cypern gekommen sei und von dem neugewählten (?) König ehrenvoll aufgenommen diesen gekrönt habe (wofür ihm 30,000 Goldgulden ausgezahlt worden seien), kann doch allein nur auf den Angaben dieses Abenteurers beruhen, der später nach Rom und Frankreich ging. Daß der lateinische Episkopat und Adel habe einen Griechen die Krönung vollziehen lassen, das glauben zu sollen, ist eine sehr starke Zumuthung. Auch will der angebliche Patriarch einige Bischofsstühle in Cypern gegründet haben!

24) Der Vertrag ist, wie es in der lateinischen, zu Rhodos am 10. October 1446 ausgefertigten Bestätigungsurkunde heißt, in vulgärem cyprischen Französisch (vulgari gallico ciprico) abgefaßt. Französisch war auf Cypern, wie auf Rhodos, wo indeß auch das Italienische eine Hauptrolle spielte, die Sprache des Hofes und des Adels. Doch verstanden auch die höheren Klassen in Cypern eben so gut Griechisch.

Was den Ausstellungsort betrifft, „acta fuerunt hec in *collaco* castri Rhodi," so ist damit die gemeinsame Wohnung der Ritter gemeint. Collacum, gewöhnlicher collachium, ist die eigentliche Citadelle mit der Meisterburg, den Herbergen der Zungen und dem großen Hospital, daher gewöhnlich auch „il castello" genannt. Von der unteren griechischen Stadt ist sie durch eine Mauer abgeschieden. Das Wort scheint aus dem Spätgriechischen zu stammen: In colle autem septentrionali Castellum quoddam est et in medio collis castellum aliud, quod Graeca lingua Colax vocatur (Ducange). Bosio II. S. 499 erklärt es sich folgendermaßen: „Collachio vocabolo Greco, che *ristretto* significa." Man findet es in folgender Verbindung: „fait au chastel du Colac à Rhodes" und gewöhnlicher noch: „in ecclesia nostra s. Johannis Collaci," oder „nella chiesa di San Giovanni del Collachio," der üblichen Bezeichnung für die Conventualkirche St. Johann.

25) Mas Latrie III. S. 55.

26) Lusignan Fol. 78 nennt noch eine Tochter K l e o p a t r a aus zweiter Ehe, die aber jung gestorben sei.

27) Reinhard hat II. S. 32 aus dem Erzbischofe Andreas einen Erzbischof von Kolocza gemacht, was Pichler II. S. 427 und 544 ihm nachgeschrieben hat. Diesen Irrthum veranlaßte der offizielle Titel des lateinischen Erzbischofs von Rhodos, der archiepiscopus *Colossensis* oder *Colocensis* lautet und den man sich durch den berühmten rhodischen Koloß erklärt, da in der Nähe seines Standpunktes (am Galeerenhafen) es eine Kirche des heil. Johannes vom Koloß gegeben habe. „Magnates cum Turcis communicare per viam subterraneam in septo equitum (womit die Citadelle gemeint ist) exituram ad fanum D. Joannis colossensis, *sic a Colossi memoria dictum*," sagt der erwähnte Jakob Fontanus in seinem Werke „De bello Rhodio," der der letzten Belagerung (1522) beiwohnte. Es scheint mir aber gegebener, diesen offiziellen Beinamen von Collacum (s. Anmerkung 24) herzuleiten, so daß er eigentlich collacensis oder colacensis heißen müßte. Es gab zudem nur eine einzige St. Johanniskirche innerhalb des Collachiums, die auch davon genannt wurde, nämlich die Conventualkirche der Ritter. Auch lag diese nicht am Hafen, sondern an der demselben entgegengesetzten Mauer des Kastells. Daß Andreas ein und dieselbe Person mit dem bald darauf genannten, gleichnamigen Erzbischof von Nikosia ist, scheint schon aus dem Eingang des Breve's vom 3. August 1447 (Raynald. 1447, 27) hervorzugehen. Wir wissen ferner, daß auf dem im Februar 1446 zu Rom abgehaltenen Generalkapitel des Ordens ein neuer lateinischer Erzbischof von Rhodos gewählt wurde, weil der dortige Stuhl vakant geworden sei. Auch findet sich sonst, da der Erzbischof von Rhodos niemals Einkünfte von der Kirche zu Nikosia hatte, kein Grund, weshalb der Großmeister in seinem Schreiben an den König vom 20. November 1448 von Neuem um Befriedigung desselben bittet und in den Instructionen vom 22. Februar 1449 für den nach Cypern gehenden Ritter L o u i s de N i l l i a c sich bis zur Drohung

versteigt, im Fall der Verweigerung der „Responsionen," durch den Prior der Hospitalkirche in Nikosia, Franz Sanudo, eine öffentliche Anklage in der dortigen Kathedrale gegen den Erzbischof (den Usurpator Jakob) anstellen lassen zu wollen.

2·) Mas Latrie III. S. 72.

29) Die von Amadi unterm December 1441 gegebene Notiz (Mas Latrie III. S. 79) kann sich nur auf Vilamarin, der 14 Galeeren hatte und auf das Jahr 1449 beziehen. In dem Fragment einer Klosterchronik (Roß II. S. 186) heißt es gleichfalls ein Cardinal (auf Vilamarin's Flotte befand sich ein päpstlicher Legat) sei im December 1449 zu Rhodos mit einer Flotte erschienen, um den Rittern zu helfen. Zurita, Anales de la corona de Aragon II. Fol. 319b hat nur die trockene Notiz: Salió Bernaldo de Vilamarin del puerto de Napoles con todas las galeras, ohne weiter über die Expedition zu berichten.

30) Mas Latrie III. S. 67—72.

Sechstes Kapitel.

Verhältniß der Königin Helena zu Jakob. Derselbe flieht nach Rhodos. Nach seiner Rückkehr Kampf mit dem einheimischen Adel. Thronbesteigung Charlotta's (Juli 1458). Verhältniß zu ihrem Halbbruder. Derselbe flieht nach Egypten. Vermählung Charlotta's mit Ludwig von Savoyen. Der Sultan nimmt Partei für Jakob. Dieser kehrt auf einer egyptischen Flotte zurück. Charlotta und Ludwig in Cerines belagert (September 1460).

Aus der geheimen Furcht der Königin Helena für die Thronfolge ihrer einzigen Tochter Charlotta[1]) entwickelte sich der erste Anstoß zu dem das Königreich so arg bedrängenden Parteiwesen. Um bei dem Sohne des Königs mit der schönen Griechin Margaretha oder Marietta jeden Gedanken an eine etwaige Nachfolge im Keime zu ersticken, hatte sie ihm schon in früher Jugend (seine Geburt fällt in das Jahr 1440) das Erzbisthum von Nikosia unter dem Protest der Kurie übertragen und ihm die niedern Weihen geben lassen. Da die Kurie keine Miene machte, im Laufe der Zeit ihn zu bestätigen, so nannte ihn das Volk nur den „Gewählten" oder „Vorgeschlagenen," Apostoles oder Postulato (auch Apostulo), eine an sich unverfängliche und sogar offiziell gebrauchte Bezeichnung, die aber durch die späteren Ereignisse eine gehässige Färbung annahm und im Munde seiner Feinde gleichbedeutend mit Apostat wurde. An Charakter seinem Vater gänzlich unähnlich, besaß er einen hohen Grad von Muth und Energie, der nicht selten in Wildheit und Grausamkeit ausartete. Doch wußte er später, als er die Macht in Händen hatte, manche seiner Feinde durch Beweise von Hochherzigkeit und Edelmuth an sich zu fesseln. Er hatte einen scharfen Verstand und war der Verstellung nicht unzugänglich. Von Statur war er groß, kräftig von Gestalt und schöngebildet von Angesicht. Ganz besonders gut saß er zu Pferde. Dabei trug er als gewöhnliche Tracht ein schwarzes Priesterkleid.

Die erste Gelegenheit, seinem Haß gegen die Königin Helena Luft zu machen, war ein thätliches Einschreiten zu Gunsten ihrer eigenen Tochter, der Prinzessin Charlotta, seiner jüngeren Halbschwester.

Helena hatte nämlich ihren Einfluß auf König und Regierung mit ihrem aus Morea mitgekommenen Milchbruder Thomas, dem Sohn ihrer Amme, getheilt und ihn zum Kämmerer erhoben. Als nun durch die Vermählung Charlotta's mit dem Prinzen Johann von Coimbra, der den Titel eines Fürsten von Antiochien erhalten hatte, ihr Einfluß plötzlich gebrochen war, glaubte ihr Verbündeter den Fürsten nicht besser in Mißkredit bringen zu können, als wenn er ihm die Mitschuld an einem Morde aufbürdete, der an einem jungen Adeligen begangen war. Die Freunde des Ermordeten erhoben ein großes Geschrei und drangen in den Palast des abwesenden Fürsten, wo sich die Thäter — Hospitaliter sollten es sein — verborgen hätten. Dort entwickelte sich ein förmliches Gefecht mit den fürstlichen Dienstleuten, das den Tod zweier derselben zur Folge hatte. Als der Fürst zurückkam, floh der Anstifter des Skandals, der Kämmerer Thomas, nach Famagosta, wo man ihn gut aufnahm. Bald darauf starb der Fürst plötzlich (im Sommer 1457)[2]) und allgemein nahm man an, daß er mit Wissen der Königin vergiftet worden sei.

Der Kämmerer kehrte jetzt in seinen Palast zu Nikosia, den ihm der König geschenkt hatte, zurück und ließ kein Mittel unversucht, um die Prinzessin Charlotta seinen Groll fühlen zu lassen. In ihrer Noth wandte sich diese an ihren Halbbruder Jakob, der in seinem Zorn über das Auftreten des ohnehin von ihm schon tödtlich gehaßten Kämmerers ihn in seinem eigenen Palaste durch zwei Italiener niederstoßen ließ, wobei Jakob fast von den Dienern des Kämmerers erstochen worden wäre. Nach der That eilte er in den

Palast des Connetable Calceran Suares und als dieser ihn nicht aufnahm, verschanzte er sich mit seinen Freunden in seinem erzbischöflichen Palaste.

Die Königin drang auf energische Bestrafung, der König aber, der ihn sehr liebte, setzte es bei der hohen Kammer durch, daß er nur seiner Einkünfte verlustig erklärt wurde. Auch Volk und Klerus standen auf seiner Seite.

Aus Trotz verließ Jakob jetzt heimlich Nikosia, ging nach Salines und von da auf der Caravelle eines Schiffspatrons, mit Namen Johannes Tafures, nach Famagosta. Obschon gut aufgenommen, verließ er auch dieses wieder und begab sich, begleitet von Tafures, der eine große Anhänglichkeit zu ihm faßte, nach Rhodos, wo man ihn gleichfalls als Königssohn gut behandelte. Dort traf er zwei cypriotische Augustiner, den Pater Sulpitius und den Pater Wilhelm Gonem (aus dem cyprischen Hause dieses Namens), der des Königs Beichtvater gewesen war, aber vor dem Hasse der Königin hatte fliehen müssen. Mit diesen schloß er die engste Freundschaft und entwarf Pläne für die Zukunft.

Nach Verlauf eines halben Jahres, als er sah, daß man ihn nicht, wie er erwartet hatte, zurückberief, ging er auf einem gemietheten florentinischen Fahrzeug und der Caravelle Tafures nach Cerines und begab sich von da in der Nacht nach Nikosia. Hier erstieg er die Mauer des Quartiers der ihm befreundeten Armenier, drang in den Palast des Vicegrafen Jakob Gurri, und ließ ihn, den Tafures herbeigeschleppt hatte, auf der Stelle niederstoßen. Der Palast wurde vollständig ausgeplündert. Mit dessen Bruder Thomas wollte ein Haufe, angeführt von dem Pater Sulpitius, auf gleiche Weise verfahren, er war aber bereits entflohen. Als der Tag anbrach, zog die ganze Schaar in den erzbischöflichen Palast und verschanzte sich dort (Ende 1457 oder Anfang 1458).[5]

Jetzt versammelte der König die hohe Kammer, um einen Rechtsspruch gegen Jakob ergehen zu lassen. Da man wußte, daß der Erzbischof trotz alledem bei ihm sehr beliebt war, so ergriff man das Auskunftsmittel, eine Deputation von drei Rittern abzusenden, die ihn vor die hohe Kammer berufen sollten. Dieser erwiderte Jakob, daß er nur gekommen sei, um an seinen Feinden, die ihn der königlichen Gnade berauben wollten, Rache zu nehmen. Er werde sich nicht stellen, wenn man ihm nicht sein und der Seinigen Leben, sowie die gemachte Beute garantire und ihm seine erzbischöflichen Einkünfte wieder ungeschmälert zuspreche. Sonst ziehe er es vor, mit den Waffen in der Hand zu sterben.

Da Jakob's Schaar durch das Zuströmen der Bürger Nikosia's wuchs, so willigten König und Kammer schriftlich in seine Beding= ungen, welche Uebereinkunft der venetianische Ballei, Pietro Ari= mondo, ein Freund des Bastards, bekräftigte. Jakob begab sich nun mit einigen Leuten zu Hofe und versicherte den König seines Gehorsams, der der Königin zu Gefallen sich ob seines Betragens sehr entrüstet stellte. Seine Leute mit ihrer Beute (es mögen wohl solche gewesen sein, die auf Corsarenschiffen zu dienen pflegten) wur= den durch den neuernannten Vicegrafen Janus von Montolif, auch Marschall von Cypern, nach Cerines gebracht und dort eingeschifft.

Die sehr zahreiche Adelspartei, die in dem Bastard mit Recht ihren Todfeind erblickte, aber nichts offen gegen ihn zu unternehmen wagte, versuchte nun den König gegen ihn aufzubringen, indem sie ausstreute, der Pater Sulpitius habe den geheimen Auftrag, eine Vermählung des Balthasar Borgia, Neffen des Papstes Calix= tus III., der im vorhergehenden Jahr Cypern als Corsar gebrand= schatzt hatte und darauf von dem päpstlichen Legaten gefangen wor= den war,[4]) mit der Prinzessin Charlotta zu Stande zu bringen, auch halte sich Borgia selbst im erzbischöflichen Palaste auf, um nöthigen= falls die Prinzessin mit Gewalt fortzuschleppen. Die Unwahrheit dieses Gerüchtes darzuthun, überlieferte Jakob seinem Vater, der die Königin und Charlotta schon zu ihrer Sicherheit in das Kastell von Nikosia gesandt hatte, selbst den Pater, worauf dieser nebst einem anderen aus Rom gekommenen Geistlichen durch den Vicegrafen Montolif nach Cerines gebracht wurde, um dort gefoltert zu werden. Es war aber nichts aus ihnen herauszubringen.

Dieser Vorfall bewirkte einestheils, daß Jakob in der Gunst seines Vaters noch mehr stieg, anderntheils bewog er diesen, die Vermählung seiner Tochter zu beschleunigen, zu welchem Zwecke er den Vicegrafen und den Ritter Eudes (oder Hugo) de Bossat nach Savoyen schickte.

Nachdem die seit längerer Zeit kränkliche Königin gestorben war (11. April 1458), hielt nichts mehr den König ab, seinem Sohne die vollste Liebe zuzuwenden und ihn an sich heranzuziehen. Aus Politik heuchelte dieser eine allseitige Versöhnung mit seinen Feinden und zur Bekräftigung derselben bewog er seinen Vater, die= sen die wichtigsten Staatsämter zu übertragen. So erhielt auf seine Fürsprache Hector de Kivides,[5]) einer seiner heftigsten Gegner,

das durch Montolifs Sendung vakant gewordene Amt eines Vice=
grafen von Nikosia. Der Adel, obschon er Jakobs Einladungen
annahm und mit ihm bankettirte, ließ sich indeß durch dieses Beneh=
men nicht täuschen.

Als Johann II. am 26. Juli seine Augen schloß, zog der Con=
netable Calceran Suares ihm den Ring von der Hand und ließ
ihn durch den Ritter Balian Bustron der Prinzessin Charlotta
überreichen. Sofort begaben sich ihr Halbbruder und die übrigen
Ritter in den Palast, riefen Charlotta zur rechtmäßigen Königin
von Cypern, Armenien und Jerusalem aus und schworen für sie zu
leben und zu sterben. Dann wurde die königliche Leiche in das
Dominikanerkloster gebracht und in dem dortigen Erbbegräbniß
beigesetzt.

Nach der Feierlichkeit wollten sämmtliche Ritter vom Schloß
aus den Erzbischof zu Pferde nach seinem Palast begleiten, der
Connetable, zugleich Schloßkommandant, nöthigte ihn aber, ihm in
seine Gemächer zu folgen, wo er ihm eine glänzende Collation an=
bot und ihn zugleich ersuchte, die Nacht im Schlosse zu bleiben. Der
Erzbischof, umgeben von seinen Getreuen, seinem Onkel Markos
(Bruder seiner Mutter) und den Rittern Johann de Verny,
Perrin Tounches, Johann Attar und Georg Bustron
(Verfasser einer cyprischen Chronik) entschuldigte die Nichtannahme
der Einladung mit dem Schmerz über den Tod seines Vaters.

Am folgenden Tag ließ der Connetable Jakob wieder zu Gast
bitten, was dieser auch annahm. Einige aus dem Schloß kommende
Leute hatten aber gleichzeitig der Mutter Jakobs die Nachricht ge=
bracht, der Connetable wolle ihren Sohn vergiften. Sofort ließ
diese einige Speisen zubereiten und sandte sie auf's Schloß. Dar=
über wurde der Connetable sehr ungehalten, namentlich als er sah,
daß Jakob nur von den ihm übersandten Speisen aß. Er verbarg
seinen Aerger nicht, worauf sein Gast in sichtlicher Erregung das
Schloß verließ.

Das eigenthümliche Benehmen des Adels war indeß keines=
wegs nach dem Wunsche der Königin. Im Gegentheil liebte sie
ihren Halbbruder aufrichtig und wollte, daß ihm ein gewisser Ein=
fluß auf die Leitung der Staatsangelegenheiten eingeräumt würde.

Als er wieder zu Hofe erschien, um ihr seine Ehrfurcht zu
bezeigen, sagte sie freundlich zu ihm: „Wir müssen jetzt eine Galeere
absenden, um den abendländischen Fürsten anzuzeigen, daß unser
guter Herr gestorben ist und da ich keinen Freund besitze, der mir

wärmer zugethan ist, als du, so wünsche ich, daß du dich mit Aus=
rüstung dieser Galeere befassest."*) Jakob versprach ihrem Wunsche
nachzukommen, der vielleicht auf der geheimen Absicht beruhte, ihn
so lange zu entfernen, bis der Groll des Abels gegen ihn sich gelegt
haben möchte.

Nun ließ der Erzbischof an seinem Palaste einen Bann an=
heften, des Inhaltes, daß sich Jeder melden möge, der gegen Em=
pfang eines Monatssoldes auf die Galeere sich anwerben lassen wolle,
und bei seiner großen Beliebtheit würde es ihm nicht schwer gehal=
ten haben, in wenigen Tagen die erforderliche Zahl zusammenzu=
bringen, wenn nicht plötzlich der Vicegraf Hector Kivides und Tri=
stan de Giblet den Bann herabgerissen hätten. Diese arge Be=
leidigung gebührend zu ahnden glaubte sich Jakob jetzt noch enthal=
ten zu müssen, dagegen zog er sich gänzlich vom Hofe zurück. Die
Königin, die sich stets sehr liebevoll gegen ihn benahm, besuchte er
regelmäßig aber privatim, sobald er die Messe in der Sophienkirche
gehört hatte.

Dieses freundliche Einvernehmen gänzlich aufzuheben beschloß
der Abel in einer Versammlung, von Charlotta den Befehl zu er=
zwingen, daß Jakob nicht mehr mit Gefolge zu Hofe gehen dürfe.
Die Hauptsprecher der Versammlung waren der Connetable und sein
Neffe, der Admiral Bernard Rieussec, der Vicegraf, der Käm=
merer Hugo de Langlois, ferner Eudes de Langlois, Tri=
stan de Giblet, Thomas Pardo, Franz Montolif und
Thomas Gurri.

Als Jakob nun nach seiner Gewohnheit am andern Morgen
mit seinen Leuten in das Schloß einreiten wollte, trat Thomas
Pardo, ein Spanier, vor und erklärte, es sei der Wille der Köni=
gin und der hohen Kammer, daß er künftig nur allein das Schloß
betreten dürfe. Voll Zorn ritt Jakob wieder zurück und dachte
schon in den Kirchen Sturm läuten zu lassen, als er sich eines Bessern
besann und seinen Vicar Silvani zu der Königin schickte, um zu er=
fahren, ob dieses Benehmen des Abels ihre Billigung habe. „Da die
hohe Kammer, so lautete ihre Antwort, einmal einen solchen Ent=
schluß gefaßt, so muß er übel oder wohl auch als der meinige gelten."

Es waren jetzt bald die 40 Tage der Trauer vorüber, die
man nach cyprischem Gebrauch von dem Tode des Königs bis zur
Krönung des neuen Regenten verstreichen ließ. Die Königin hatte
von Jakob keine weitere Notiz genommen, auch ihn nicht zu Hofe
rufen lassen. Als Erzbischof glaubte aber Jakob ein Recht zu haben,

die Krönung zu vollziehen, und hatte dem entsprechend die nöthigen Vorbereitungen getroffen. Da erschien der Seneschall Paul Zappe vor ihm mit dem Befehl der Königin und der hohen Kammer, daß er am morgigen Tage, als bem Krönungsfeste, sich mit seinen Leuten zu Hause zu halten habe, zugleich wurde seinem Vicar befohlen, alles zur Krönung Nöthige bereit zu halten. Die Antwort des Erz= bischofs an den Seneschall war: „Mein theurer Herr, ich bin bereit in Allem zu gehorchen und sogar, wenn dieses noch besser gefällt, mich sechs Meilen von der Stadt entfernt zu halten."

Unter Jubel und Freudenbezeigungen der Einwohnerschaft Nikosia's ging die Krönung Charlotta's am folgenden Tage in der Sophienkirche vor sich. Als nun die Königin umgeben von ihrem ganzen Hofe und begleitet von einer zahlreichen Volksmenge in das Schloß einritt, scheute das Pferd und die Krone fiel ihr vom Haupte. Alle deuteten dieß als ein übles Zeichen.

Die Maske der Resignation noch länger zu tragen, ging über die Kräfte Jakobs. Zur Ausführung seiner Rachepläne sah er sich jetzt nach kühnen, entschlossenen Leuten um, die vor nichts zurück= bebten. Zwei der Verwegensten, die er um diese Zeit in seine Dienste nahm, waren die Sizilianer Rizzo di Marin und Nikolo Morabito. Er beabsichtigte nichts weniger als den Connetable, den Vicegrafen und die andern Ritter, die die engere Umgebung der Königin bildeten, im Palaste selbst ermorden zu lassen, wozu ihn sein Rathgeber, der Pater Gonem, angefeuert haben soll. Die Sache war schon so weit gediehen, daß die zur Ausführung des Planes bestimmte Schaar am Abend des 7. October den erzbischöf= lichen Palast verlassen hatte, als sie ihr Vorhaben durch einen Ver= räther, der durch einen befreundeten Arzt sie dem Hof sofort hatte mittheilen lassen, entdeckt sah, worauf sie sich wieder zurückzog.

Der nächste Schritt des Hofes war, durch zwei Barone, Pietro Pelestrini und Paolo Crocco, sowie den königlichen Kanzler Nikolo Salaga die Bestallung des Erzbischofes kassiren zu lassen. Dann sollten sie ihn todt oder lebendig zu greifen suchen.

In Voraussicht dessen hatte sich Jakob mit 300 seiner Leute im Palaste verschanzt und noch den griechischen Bischof Nikolaus von Nikosia mit seiner Geistlichkeit herbeigerufen, um an ihnen, wie es scheint, eine gewisse Bürgschaft zu haben.

Da beschloß man von Gewaltthätigkeiten abzustehen und den Erzbischof durch einen Brief der Königin nach Hofe zu entbieten, unter der Androhung, im Fall des Nichterscheinens als Hochverräther behandelt zu werden. Von einem seiner Leute, dessen man zufällig habhaft wurde und den man peinlich befragte, erfuhr man, daß er die Absicht habe, Sturm läuten zu lassen, um dann mit seinem ganzen Anhange nach Hofe zu ziehen. Man gesellte nun den beiden genannten Baronen, die ihn vor die hohe Kammer luden, den ihm befreundeten venetianischen Ballei Arimondo bei, worauf er auch mit bewaffnetem Geleite im Schloß erschien.

Während vor der hohen Kammer in Gegenwart der Königin mit Jakob verhandelt wurde, begab sich ein Haufe königlicher Leute geführt von einem Baron Julian in den erzbischöflichen Palast, verjagte die Diener und begann dort auf's Gräulichste zu hausen. Alles, dessen man habhaft werden konnte, nahm man mit, nur die Pferde ließ man unberücksichtigt.

Als der Erzbischof vom Hofe zurückkehrte, wo man ihm bei Todesstrafe untersagt hatte, sich künftig ohne besonderen Befehl aus seinem Palaste zu entfernen, hatte er nicht übel Lust, sofort Nikosia zu verlassen, aber die Anhänglichkeit seiner Diener und Leute, die von allen Seiten ihm wieder zuströmten, bewog ihn zu bleiben und ruhig auszuhalten.

Nach vier Tagen erließ die hohe Kammer den geheimen Befehl, ihn zu greifen, was derselbe sofort durch den Ritter Balian Frasengi erfuhr. Jetzt beschloß er zu fliehen und sandte zu diesem Zwecke Eilboten mit Pferden voraus, was dem Hof wieder durch einen erzbischöflichen Diener verrathen wurde. Man verabredete hier in der Dunkelheit sich bewaffnet zu versammeln.

In der zweiten Stunde der Nacht verließ Jakob mit seinen Getreuen den erzbischöflichen Palast und begab sich in's armenische Quartier, wo er über die Mauer in's Freie gelangte. Es waren bei ihm der Pater Gonem, sein Oheim Markos, Georg Bustron, Rizzo di Marin und Nikolo Morabito. Der Weg ging nach Salines, wo man sich auf der Caravelle eines Peter Galimbert nach Egypten einschiffte.

Jakob hat später in einem Bericht seiner Gesandten an die Republik Florenz aus dem Jahre 1461, [7]) worin er sein ganzes Verfahren zu rechtfertigen sucht, die Behauptung aufgestellt, er habe nur die Absicht gehabt, nach Venedig zu fliehen, um sich von da zu der römischen Kurie zu begeben und dann zu dem Herzog von Savoyen, dem künftigen Schwiegervater Charlotta's, dem er sein Leid klagen wolle. Dann habe er mit den ihm zur Verfügung gestellten Mitteln sein Reich wieder erobern wollen. (In dem ganzen

Berichte geberdet er sich übrigens als legitimer Sohn seines Vaters, dem man von Seiten des Adels böswillig sein Thronrecht vorenthalten habe, um eine Frau, die man eher beherrschen könne, an seine Stelle zu setzen; doch wußte alle Welt, wie es um seine Herkunft aussah.) Von dieser Absicht sei der Hof unterrichtet gewesen und habe drei Galeeren ausgeschickt, um ihn unterwegs abzufangen. Dieses habe ihn genöthigt den Weg nach Egypten einzuschlagen.

Es kann kein Zweifel darüber obwalten, daß Jakob in einer ganz bestimmten Absicht diese Richtung einschlug. Wenn aber Aeneas Sylvius erzählt, daß der damals in Nikosia sich aufhaltende sehr reiche Venetianer Marco Cornaro, sein späterer Schwiegervater, ihn auf diese Idee gebracht und seine Flucht mit Schiffen und Geld unterstützt habe, so ist dieses sehr unwahrscheinlich. Nicht allein ging diese dafür viel zu unvorbereitet von Statten, wir wissen im Gegentheil auch, daß Marco Cornaro ihm damals feindlich gegenüberstand und erst später, als Jakob siegreich zurückkehrte, ihn mit seinem Rath und seinem Vermögen unterstützte.[8] Ueberdieß war sein Gefolge keineswegs so zahlreich, wie man gewöhnlich annimmt.

Eine halbe Stunde, nachdem Jakob seinen Palast verlassen, waren die zu seiner Verhaftung entsandten Leute daselbst eingetroffen.

Nach mehreren Tagen erfuhr man, wohin er sich gewandt hatte, und bald darauf bestätigten Kaufleute, die von Kairo kamen, daß er dort den Divan zu einer Expedition gegen sein Vaterland zu gewinnen suche.

Es scheint nicht, daß man von Seiten des cyprischen Hofes sofort einen Abgesandten an den Sultan schickte, um ihm den wahren Sachverhalt auseinander zu setzen, wahrscheinlich wollte man dieses bis zu dem Zeitpunkte verschieben, wo der Gemahl Charlotta's, Ludwig von Savoyen, dessen Herüberkommen man durch dringende Briefe mehrfach zu beschleunigen suchte, eingetroffen sein würde.[9]

Die Vorbereitungen zu dessen Abreise waren schon im Januar 1459 zu Turin getroffen worden, aber erst im Hochsommer, nachdem seine Trauung durch Prokuration am 19. Juni zu Chambéry stattgefunden, machte er sich auf den Weg. An Mantua vorüberreisend, wo eben Pius II. (Aeneas Sylvius) die christlichen Fürsten versammelt hatte, um einen Türkenzug zu Stande zu bringen, beging er die Unschicklichkeit, das Fahrzeug, das ihn den Po hinabtrug, nicht anhalten zu lassen, um den Papst zu begrüßen und seinen

Segen zu erbitten. In bitteren Worten beklagte sich Pius später hierüber bei den savoyischen Gesandten, wie er dieses selbst in seinen Schriften ausspricht. [1])

Begleitet von den cyprischen Gesandten Montolif und Bossat traf Ludwig mit zahlreichem Gefolge savoyischer Ritter — ein Theil von ihnen war schon vorausgegangen — über Venedig im October auf Cypern ein. Am 7. dieses Monats wurde seine Vermählung mit Charlotta in der Sophienkirche zu Nikosia mit aller erdenklichen Pracht gefeiert und derselbe hierauf zum Könige von Cypern, Armenien und Jerusalem ausgerufen und gekrönt.

Unmittelbar nach der Krönung säumte man nicht, eine Gesandtschaft, an deren Spitze die savoyischen Ritter Philipp von Seyssel d'Air und Johann von Lornay standen, nach Kairo abzusenden, um dem Sultan die Huldigung des königlichen Ehepaares und zugleich den schuldigen Tribut überbringen zu lassen, was Al=Aschraf=Inal sehr wohl aufnahm. Unglücklicherweise starben aber die Gesandten bald an der Pest, die auch einige Begleiter Jakobs, so den Ritter Jean be Verny, hinraffte.

Auf die Nachricht davon ging sogleich der Ritter Peter Podochatoro mit savoyischen Rittern nach Kairo ab (Ende 1459 oder Anfang 1460). Auch er führte nicht unbeträchtliche Geschenke mit sich und wurde gleichfalls wohlwollend aufgenommen.

Wie es scheint, hatte er zugleich den Auftrag, einen Versuch zu machen, ob vielleicht mit Jakob ein gütliches Uebereinkommen zu treffen sei. Uebrigens standen dessen Angelegenheiten damals keineswegs so günstig, wie er in der erwähnten Rechtfertigung behauptet.

Er sagt nämlich, daß er anfänglich die Absicht gehabt habe, sich in Alexandrien nur einige Tage im Geheimen aufzuhalten, um dann von dort in das Abendland überzuschiffen. Unglücklicherweise habe man ihn erkannt und der Sultan, dem die ganze Sache verdächtig vorgekommen, habe den Befehl ertheilt, ihn nicht abreisen zu lassen, ihn vielmehr nach Kairo zu einer Zusammenkunft zu bescheiden. Bei seiner Ankunft daselbst habe man ihn mit königlichen Ehren empfangen, dann reich beschenkt und ihm täglich fünf Goldstücke zu seinem Lebensunterhalt ausgesetzt. Auf seine Darlegung des Sachverhaltes habe der Sultan, der eine mildherzige Natur sei, ihm sofort seine Hülfe zugesagt und ihm eine Flotte zur Eroberung Cyperns in Aussicht gestellt. Nicht sobald sei dieses am Hofe von Nikosia ruchbar geworden, als man den Ritter Podochatoro an ihn abgeschickt habe, der ihm eine jährliche Rente von 4—5000 Floren und einige cyprische Ortschaften zu dauerndem Besitz zugesichert hätte, wenn er sich mit seiner Schwester versöhnen wolle. Während er aus Liebe zum Frieden mit Freuden auf diesen Antrag eingegangen sei, habe Pobochatoro heimlich die Emire des Sultans zu bestechen gesucht, damit dieser seinen Schützling gänzlich fallen lasse. Eine solche Treulosigkeit und Hinterlist sei endlich an den Tag gekommen und zum Ueberfluß habe auch noch ein damals zu Kairo angelangter rhodischer Ordensgesandter dem Sultan die nähere Aufklärung über ein solches Betragen gegeben und ihn aufgefordert, Jakob in seinem Vorhaben zu unterstützen. Ihm (Jakob) habe nun der Sultan in seinem Zorn den Cyprioten Pobochatoro zur gerechten Bestrafung überwiesen, er aber habe in seiner angebornen Milde dem Verräther verziehen und freien Abzug verstattet.

Wie leicht zu denken steht der ganze Bericht im grellsten Widerspruch mit den Thatsachen.

Als Jakob nämlich sah, daß auch Pobochatoro vom Sultan mit günstigen Augen angesehen werde, verlor er alle Zuversicht und es bedurfte der ganzen Ueberredungsgabe seines Freundes Gonem, damit er nicht vollständig an seiner Sache verzweifelte. Der Pater hatte in Erfahrung gebracht, daß der Sultan bereits zwei Ehrenkleider für Ludwig und Charlotta bestimmt habe und daß die Abschiedsaudienz Pobochatoro's bevorstehe. Es galt jetzt keine Zeit zu verlieren. Gonem machte nun die Runde bei den Emiren und sparte keine Versprechungen, um sie auf seine Seite zu bringen. Sie machten sich denn auch anheischig, die Uebergabe der Ehrenkleider, wenn es sein müßte, selbst mit Gewalt zu hindern.

Unglücklicherweise für Pobochatoro traf jetzt auch ein Schreiben des Sultans Mohammed ein, worin dieser Al-Aschraf-Inal aufforderte, nicht zu dulden, daß Cypern in die Gewalt eines fränkischen Fürsten übergehe, [12]) sondern den Flüchtling Jakob als tributpflichtigen König einzusetzen. Der Brief enthielt den Vorschlag eines gemeinsamen Vorgehens gegen Cypern und Rhodos, wobei Mohammed nur letztere Insel, die ihm ein Dorn im Auge war und erst neuerdings ihm den wiederholt verlangten Tribut verweigert hatte, für sich behalten wolle.

Dieses entschied für Jakob, zu dessen Gunsten sich nun auch sämmtliche Emire erhoben, indem sie ihn auf ein Kameel setzten und unter Trommelschlag und Pfeifenklang durch die Straßen Kairo's als den neuen König von Cypern führten. Der Sultan nahm ihm den Eid auf die Evangelien ab, sich stets als seinen treuen Vasallen zu zeigen, und veranstaltete dann mit ihm eine Art Krönung. Daß Jakob bei dieser Gelegenheit das Christenthum abgeschworen habe, ist eine Erfindung seiner Feinde, die auch seinen reichlich mit Blasphemien gewürzten angeblichen Huldigungseid in die Welt verbreiteten. [13])

Pobochatoro und seine Begleiter wurden jetzt an Jakob übergeben, der den ersteren zwang, verschiedenen Leuten seiner Umgebung, meist Abenteurern, den Ritterschlag zu ertheilen. Gonem wurde zum Erzbischof von Nikosia gemacht und ihm darüber Brief und Siegel gegeben. Nikolo Morabito wurde Vicegraf von Nikosia, Rizzo di Marin Marschall von Cypern. Beide erhielten überdieß ansehnliche Güter auf der Insel (Februar oder März 1460) zugesichert.

Die Thatsache, daß jetzt der Sultan eine Flotte ausrüste, um seinen Schützling nach Cypern überzuführen, rief allgemeine Bestürzung an dem Hofe von Nikosia hervor. Eiligst sah man sich nach abendländischer Hülfe um.

Den Ritter Thibaut de la Brigue sandte man nach Genua, um zwei oder drei Schiffe zu erhalten, die die von Savoyen zugesagten 500 Mann überführen könnten. Der Republik und der Bank von St. Georg stellte man vor, daß, wenn Jakob die Oberhand gewänne, es um Famagosta und den genuesischen Einfluß geschehen sei (April 1460). Von Venedig wollte man zwar keine Hülfe, aber freien Durchgang für das in Savoyen gesammelte Kriegsmaterial. Ferner ersuchte man den Senat zu gestatten, daß der Ballei Arimondo als cyprischer Gesandter nach Kairo gehen dürfe. Beides wurde entschieden abgeschlagen (13. Mai). Das erstere, weil sich zu viele venetianische Kaufleute in der Levante aufhielten, die dann unterm Zorn des Sultans zu leiden hätten; bezüglich Arimondo's gab man den Befehl, daß er sich zur Heimreise bereit zu halten habe, da seine zweijährige Amtsdauer abgelaufen sei. Es war dieses zugleich die Antwort auf die in großer Kurzsichtigkeit gestellte Bitte der cyprischen Regierung, Arimondo's Amtsdauer zu verlängern. Uebrigens blieb derselbe noch lang genug, um der Königin zu beweisen, daß er ihr Feind und ein warmer Anhänger Jakobs sei, was sie schon längst wissen mußte.

Von dem nächsten Nachbar, dem Hospitalorden, war keine großartige Hülfe zu erwarten. Durch innere Spaltung war er einen Augenblick an den Rand des Abgrundes gerathen, seine Finanzen waren sehr zerrüttet und von Außen fand er sich sehr durch die Osmanen gefährdet, die kurz vorher seine sämmtlichen Besitzungen,

Rhodos ausgenommen, mit Feuer und Schwert verwüstet hatten. Er konnte deshalb nur ein Schiff, die rhodische Wachtgaleere, unter dem Befehl des stellvertretenden Admirals, Nikolo di Corogna, Kommendators von Treviso, nach Cypern senden. Dagegen versuchte er, ob es ihm nicht gelänge, durch einen besonderen Abgesandten an den Sultan das Ungewitter zu beschwören. Dazu wurde der Ritter Giovanni Dolfin, Kommendator von Nisyro,[14] der schon einmal im Jahre 1443 in Kairo gewesen war, ausersehen.

Er war beauftragt, dem Sultan vorzustellen, wie es für alle Theile am Besten sei, wenn ein Friede zwischen dem Postulaten und Ludwig von Savoyen zu Stande komme, damit endlich die Levante sich eines ruhigen Zustandes erfreuen könne, wie man ihn allseits im Interesse des freien Verkehrs schon längst gewünscht habe. Dem Unwesen der katalonischen Seeräuber würde längst gesteuert worden sein, wenn der Sultan sich bequemt hätte, eine Antwort auf die von dem Orden ihm vorgeschlagenen Bedingungen zu geben, wodurch er einen für ihn sehr vortheilhaften Frieden in seinem Kriege mit Aragon erhalten hätte. Als Beweis seiner besonderen Zuneigung habe der Großmeister eine große Anzahl gefangener Sarazenen auf seine Kosten losgekauft und werde dieses so auch noch mit anderen halten, sobald er sie ausfindig gemacht.

Wolle aber der Sultan durchaus den Postulaten als König einsetzen, so solle Dolfin wenigstens darum anhalten, daß sämmtliche cyprische Besitzungen des Ordens entsprechend den bestehenden Verträgen nicht als feindliches Gut behandelt würden.

Mit einem von Jakobs Anhängern, womöglich mit Gonem oder Salviati, möge er sich bald in Einvernehmen setzen, um von ihnen zu erfahren, was der Postulat beabsichtige.

Auf dem Rückweg solle er vor allen Dingen, wie auch seine Sendung ausfalle, Cypern besuchen und dort namentlich für die Großkommende nützliche Veranstaltungen treffen.

Dolfin ging nach Kairo, fand aber daselbst keine dem Frieden günstige Stimmung, doch erlangte er wenigstens, daß man die Ordensbesitzungen zu respectiren versprach, und benachrichtigte den Convent davon.

Nachdem ein Schreiben des Sultans an Ludwig vorausgegangen war, worin er ihm trocken befahl, Cypern, das ihm zinsbar sei, an seinen rechtmäßigen Herrscher Jakob zu überlassen, und ihm erlaubte, Charlotta, wenn er wolle, mit sich zu führen, erschien endlich am 18. September 1460 die egyptische Flotte mit Jakob an Bord und

zu zeigen, und veranstaltete dann mit ihm eine
Jakob bei dieser Gelegenheit das Christenthum
ist eine Erfindung seiner Feinde, die auch sei
phemien gewürzten angeblichen Huldigung
breiteten. [13])

Podochatoro und seine Begleiter
geben, der den ersteren zwang, verschie
meist Abenteurern, den Ritterschlag
Erzbischof von Nikosia gemacht
gegeben. Nikolo Morabito wu
Marin Marschall von Cypern
Güter auf der Insel (Febr

Die Thatsache, daß
seinen Schützling nach
stürzung an dem Hof
nach abendländischer

Den Ritter
um zwei oder
sagten 500 M
von St. Ge
gewänne,
sei (Apri
freien
Fern
mo

die Stelle eines

man gänzlich den Kopf verloren. Da
...igt war und man keine zuverlässigen Truppen
...e man nicht daran denken, sie zu halten. Auf die
Bevölkerung war nicht zu rechnen, sie war schon früher
Erzbischof zugethan, da sie ihn als den Repräsentanten des
unterdrückten einheimischen Elements in seinem Kampfe gegen die
herrschende lateinische Klasse betrachtete. Zwar konnte Charlotta
auch als Griechin gelten, aber dadurch, daß der mächtige lateinische
Adel ihre Schritte lenkte und noch mehr durch ihre Vermählung mit
Ludwig von Savoyen, die die Herrschaft einer neuen fränkischen
Dynastie in Aussicht stellte, hatte sie in den Augen der Griechen
entschieden verloren. Die Herüberkunft Ludwigs, der ein schwacher,
den Waffen gänzlich abgeneigter, kränklicher Mann war, dessen mit=
gebrachte Hülfe in gar keinem Verhältniß zu den Gefahren des
Reiches stand, hatte ihr nur geschadet. Er war mehr eine Last für
sie, denn eine Stütze.

Der Hof mit seinen Anhängern, auch der lateinische Klerus
mit zahlreichen Kirchenschätzen, flüchtete jetzt nach Cerines, dem ein=
zigen Punkte der Insel, der sicheren Schutz und Verbindung mit

¬nbland gewährte. Schon nahte sich der von dem nun=
˥Erzbischof Gonem kommandirte, aus Mameluken und
˥stehende Vortrab des jakobitischen Heeres und es wäre
˥en, den mit einigen Rittern und seinem Stellvertreter,
˥fliehenden Vicegrafen Hector Kivides, den Gonem
˥u fangen suchen sollte, auf der Flucht zu über=
˥indeß nur den Mactafib, den man niederhauen
˥ mit Kivides verwechselte, als man aber den
˥n ihm die Freiheit und setzte ihn wieder in
˥Morabito trat jetzt in Nikofia als Vice=
˥n von Jakob bereits ernannt war.

˥n verflossen, seit Jakob die Küste Cy=
˥ schon als König in Nikofia einzog;
˥n, daß die Sarazenen unter ihrem
˥=Diobar, [16]) ein Lager vor der
˥in derselben einquartierten. Die
˥utter ließ Jakob in Fesseln mit sich
˥aus den vom Sultan ihm überlieferten Ritter
˥ und einen Hospitaliter, der im Auftrage Ludwigs dem
˥¬ß=Diobar bei seiner Landung Ochsen und Schlachtvieh als Ge=
schenk hatte übergeben müssen, ein Beweis, wie wenig dieser Fürst
die Lage zu würdigen wußte.

Janozzo Salviati erhielt jetzt den Auftrag, die Castelle von
Paphos und Limafol zur Uebergabe zu vermögen, was ohne weiteren
Kampf gelang. Mit bewaffneten Banden durchzog er nun das platte
Land, brandschatzte die zahlreichen Klöster und wohlhabenden Guts=
besitzer und ließ Alles niedermachen, was zur feindlichen Partei zu
gehören schien. Zum Glück für das Land starb er bald darauf zu
Nikofia, wo er sich in dem von Jakob ihm geschenkten Palast des
früher ermordeten Vicegrafen Gurri häuslich eingerichtet hatte. Da
es an Geld fehlte, ließ Jakob die Kupferleitungen der Bäder weg=
nehmen und aus ihnen Münze prägen. [17])

Nach dreitägiger Rast war der Groß=Diobar mit seinen Leuten
aufgebrochen, um gegen Cerines zu marschiren. Er kam gerade zur
rechten Zeit, um zu verhindern, daß die durch das Gebirg führende
Straße unwegsam gemacht wurde, wozu Ludwig Leute angestellt
hatte. Namentlich sollte auf diese Weise die Fortschaffung von Be=
lagerungsgeschützen unmöglich gemacht werden. Am 30. September
verließ auch Jakob Nikofia und stieß zu dem Belagerungsheere von

Cerines. Wie es scheint, kamen die nördlichen Festungen St. Hilarion, Buffavent und Kantara ebenfalls ohne weiteren Kampf in die Hände Jakobs, da man sie vielleicht gar nicht weiter besetzt hatte, um seine ganze Kraft auf die Behauptung von Cerines verwenden zu können.

Anmerkungen.

1) Ich habe diese vollere Form beibehalten zu müssen geglaubt, weil sich die Königin in ihren Erlassen, sie mögen nun in lateinischer oder französischer Sprache abgefaßt sein, sowie in ihren vertraulichen Briefen ihrer fast durchgängig bedient. In letzteren unterzeichnet sie sich: la roina Charlotta. (Siehe das Schreiben an ihre Schwiegereltern, welches Mas Latrie III. S. 115 für ein Autograph erklärt, sowie die Briefe an ihren Gatten bei Guichenon.) Die griechische Form ist Τζαρλόττα, welcher in der Aussprache die venetianische: Zarlotta zunächstkommt. Im Italienischen sind noch die Formen: Carlotta und Ciarlotta, im Lateinischen: Karoletta und Karlotta.

2) Aeneas Sylvius, damals Cardinal, meldet dieses dem deutschen Kaiser Friedrich vom Rom aus unterm 11. September 1457: Ex oriente novitas allata est, fratrem Cardinalis Portugaliensis veneno periisse in Cypro, qui regnaturus eo profectus erat ac filiam Regis duxerat. Aeneae Sylvii Opera Ed. Basil. de a, 1571. p. 797.

3) Stephan von Lusignan gibt irrthümlich Fol. 62 den 1. Mai 1457 als den Tag an, an welchem der König nach dem nächtlichen Eindringen Jakobs die hohe Kammer versammelt habe. Da Jakob sich ein halbes Jahr zu Rhodos aufhielt und die Königin Helena am 11. April 1458 starb, so fällt dieser Einbruch nothwendig in die ersten Monate des Jahres 1458.

4) „Camerarius legatus Orientis duos Papae (so, Calixti tertii aus dem valentianischen Hause Borgia oder vielmehr Borja) nepotes in vincula conjecit, qui Cyprum populati fuerant." Brief des Cardinals Aeneas Sylvius vom 4. Juli 1457 an den Cardinal von S. Angelo. (Opera S. 722.)

5) So genannt nach einem im Bezirk Avdimu auf der Südküste gelegenen Lehen.

6) Nach Lusignan Fol. 64 hätte diese Galeere nach Kairo an den Sultan abgefertigt werden sollen.

7) Mas Latrie III. S. 154.

8) Der cyprische Chronist Georg Bustron verbreitet sich darüber und theilt sogar mit, daß Marko den erzbischöflichen Stuhl von Nikosia, den damals Jakob inne hatte, seinem Bruder Andrea zu verschaffen gesucht habe. Mas Latrie III. S. 819.

9) Ludwig war im Juni 1431 zu Genf geboren. Guichenon, Histoire Généalogique de la Royale Maisón de Savoye, S. 536.

10) Als man zu Turin am 10. October 1458 den Heiratsvertrag mit den cyprischen Gesandten abschloß, war man von dem am 26. Juli erfolgten Tode Johann's II. noch nicht unterrichtet.

11) Opera Aeneae Sylvii S. 382.

12) Aeneas Sylvius theilt den Wortlaut des Briefes mit, der schwerlich in dieser Weise abgefaßt war. Uebrigens war in dem Turiner Heirats-vertrag vom 10. October 1458 festgesetzt, daß wenn Johann II. und ebenso Charlotta ohne männliche Erben sterben würden, das Königreich auf Ludwig, falls er seine Gemahlin überlebe, übergehen solle. Guichenon II. S. 386.

13) Es unterliegt wohl keinem Zweifel, daß dieser Eid ein böswilliges Machwerk seiner Feinde ist und aus Cypern stammt. In Europa wurde er durch das Rundschreiben des Großmeisters Jacques de Milly vom 6. November 1460 an alle Prioren über die neuesten Ereignisse auf Cypern verbreitet, da der Großmeister, der an die Echtheit dieses Schrift-stückes geglaubt hat, es seinem Schreiben in einer nach dem Arabischen gefertigten lateinischen Uebersetzung als Beilage anfügte. Papst Pius II. glaubte ebenfalls an die Echtheit und wies auf Grund dessen später Jakobs Gesandte in Rom ab (doch bestehen einige Verschiedenheiten zwi-schen dem von ihm S. 381 gegebenen Text und dem des Großmeisters, den Mas Latrie III. S. 110 gibt). Jakob schwört darin unter vierzigmaliger Anrufung Gottes und aller Heiligen auf die Evangelien dem Sultan (bei Pius II. heißt er imperator totius Arabiae et Soldanus Ae-gypti Alesseraphus Asnalis (al-Aschraf-Inal), bei dem Groß-meister unverständlich imperator Alleresa Phaynet) Treue und Gehorsam, verpflichtet sich die Corsaren zu verfolgen, alle sarazenischen Sclaven aufzukaufen und jedes Jahr 5000 Dukaten Tribut zu bezahlen. Dann fährt er fort: „Quando non adimplebo aliquid horum, fiam apostata ac prevaricator preceptorum sancti Evangelii et fidei Chri-stianorum, et dicam quod evangelium est falsum et non verum et quod Christus non est unicus, et quod virgo Maria non est virgo et occidam camelum infra fontes baptismatis, et maledicam sacer-dotes altaris, et negabo deitatem et adorabo humanitatem, et ne-gabo Johannem precursorem, et luxuriabor cum Hebraea super altare et recipiam maledictiones sanctorum patrum."

Wie man sieht, sind alle diese Verwünschungen, die sich auf speziell christliche Dogmen oder kirchliche Dinge beziehen, nur darauf berechnet, ein christliches Gemüth zu empören, während es dem Sultan ganz gleichgültig sein konnte, ob Jakob seinen Eid mit solchen Blasphe-mien, die in seinen (des Sultans) Augen schlechterdings keinen Werth hatten, ausstattete. Allerdings durfte man Jakob Manches zutrauen, doch hat er später niemals Etwas gethan, was auf eine voraus-gegangene Apostasie schließen läßt. Der cyprische Chronist Florio

Buſtron, der ſich über dieſen ihm unterſchobenen Eid ſehr ereifert, behaup=
tet, Pius II. habe nur deshalb ſolche Dinge „in ſchlechter Form“ nieder=
geſchrieben, weil Jakob es verſchmäht habe, eine ſeiner Nichten zu hei=
raten, die der Papſt ihm angetragen und Jakob nach eingezogenen
Erkundigungen über den Ruf der Dame habe ausſchlagen müſſen.
Dieſe Behauptung iſt irrig. Pius II., der Jakobs Geſandte im Herbſt
1461 aus Rom wies und der bis zu ſeinem 1464 erfolgten Tod ſtets
muthig für die Rechte Charlotta's einſtand, hat niemals an Jakob ein
ſolches Anerbieten gelangen laſſen.

14) Niſyro iſt eine kleine, zwiſchen Rhodos und Lango liegende Inſel von
durchaus vulkaniſchem Gebilde. Sie beſaß ein kleines Städtchen,
Mandrakin genannt, mit einer jetzt in Trümmern liegenden Ordens=
burg und producirt nur Wein. In Rom muß man eine bedeutende
Vorſtellung von dieſer Inſel gehabt haben, denn im Jahre 1475 er=
ſchien ein Monſignore Pietro Utino in Rhodos und präſentirte dem
Großmeiſter Orſino eine Bulle, wonach er zum Biſchof von Niſyro
ernannt worden ſei. Orſino machte ihm keine Schwierigkeiten, als er
aber ſeinen Biſchofsſitz geſehen hatte, verſchwand er eben ſo raſch wieder.

15) Siguri war, wie oben erwähnt, von Jakob I. gegen die Genueſen er=
baut und wurde, wie alle kleineren Caſtelle, ſpäter von den Venetia=
nern geſchleift.

16) Diodar oder Dewadar (Schreibzeugträger) wurden die Geheimſekre=
täre benannt. Der Großdiobar war eine der einflußreichſten Stellen
am Hofe zu Kairo. Mas Latrie III. S. 342.

17) In den Badeſtuben zu Nikoſia waren damals auch edlere Metalle, als
Kupfer anzutreffen, wenn der Ritter Gumpenberg in ſeiner Relation vom
Jahr 1449 (Reyßbuch S. 244) uns recht berichtet: Auf dem Markte von
Nikoſia hat man allerlei köſtliche Geſchirre von Gold und Silber. Da
ſagte man uns, daß Etliche zu Nikoſia ſind, die haben Badeſtuben,
darinnen die Stühle, Bänke und andere Geſchirre von Silber ſind.
„Das Silber iſt aber gar zu wohlfeil da.“ In dem Staatsſchatz war
es übrigens nichts weniger, als wohlfeil.

Siebentes Kapitel.

Verhältniß des Hospitalordens zu den cyprischen Wirren. Charlotta geht nach Rhodos. Kehrt nach Cerines zurück und begibt sich von da in's Abendland. Venetianische Schiffe berauben sie auf dem Meere. Ankunft in Ostia und Rom. Empfang von Seiten des Papstes. Charlotta begibt sich nach Savoyen. Gesandtschaft Jakobs an den Papst und die italienischen Republiken.

Der Schlag, der Cypern getroffen, berührte zunächst den Orden von Rhodos. Corogna, der mit seiner Galeere vor Cerines lag, gab sofort dem Convent Nachricht von dem Geschehenen und erbat sich weitere Verhaltungsmaßregeln. Meister und Rath beschloßen nun am 11. October, daß, wenn Ludwig es verlange, die Galeere ihn nach Rhodos, oder wohin er sonst wolle, überführen könne. Unter keiner Bedingung dürfe Corogna oder sonst ein Hospitaliter sich unterfangen, den Oberbefehl von Cerines zu übernehmen. Wolle der König abreisen und Cerines aufgeben, so möge man ihn zuvor ehrerbietigst um die Gnade bitten, in Bezug auf das Schloß Colossi, den Mittelpunkt der Großkommende, mit Jakob unterhandeln zu dürfen, indem man dem König vorstelle, daß Colossi noch weniger als Cerines Widerstand leisten könne. Den Rechten des Königs werde dieses keinen Eintrag thun, da die Großkommende ihm überhaupt keinen Huldigungseid leiste. Der Orden werde auch Jakob gegenüber davon nicht abgehen und ihm den Besitz von Colossi nicht einräumen, werde man aber das Schloß als königliche Festung vertheidigen, so werde der Orden seine sämmtlichen Einkünfte auf Cypern verlieren. Diese Erlaubniß solle Corogna sich schriftlich und zwar in doppelter Ausfertigung geben lassen. Die eine soll dem Convent, die andere an Guillaume de Comporte, dem in Colossi kommandirenden Ritter, übersandt werden. Dann möge man insgeheim von Salviati oder sonst einem Vertrauten Jakobs zu erwirken suchen, daß dieser in Bezug auf die Großkommende sich mit einer gleichen Neutralität begnügen und den Orden in ungestörtem Verkehr mit derselben lassen möge.

Da widrige Winde die Absendung der Depeschen verzögerten, so nahm der Großmeister Veranlassung, unterm 18. October auch ein Schreiben an den Groß=Diobar zu erlassen, das folgendermaßen

lautete: „Erhabener und mächtiger Herr! Wir haben in Erfahrung ge=
bracht, daß die Armee des großmächtigsten Sultans von Egypten nach
Cypern gekommen ist, um dort die ihr von ihrem Herrn gegebene
Mission zu erfüllen. Auf Bitten und zufolge einer Nachricht un=
seres Gesandten hat derselbe in seiner Gnade, wie wir auch stets
mit demselben in gutem Einvernehmen leben, Euch befohlen, unsere
Plätze und Güter auf Cypern nicht mit seiner Armee zu berühren,
sondern sie, wie auch unsere Unterthanen daselbst, vor allem Scha=
den und aller Gefahr zu bewahren. Im Interesse des gegenseiti=
gen guten Einvernehmens haben wir uns sehr darüber gefreut und
wir bitten Euch, gemäß dem Befehle des durchlauchtigsten Sul=
tans die besagten Güter und Unterthanen vor jeder Unbill hüten
zu wollen, wofür wir Euch großen Dank wissen werden. Möge
Gott, der Herr, Euch in seinen Schutz nehmen. Gegeben in un=
serer Stadt Rhodos den 18. October 1460.“

Corogna erhielt Befehl, diesen Brief durch einen gewandten
Ordensritter dem Emir überreichen zu lassen, dem dabei zugleich
entwickelt werden sollte, wie der Orden nicht umhin gekonnt habe,
da er so große Güter auf Cypern und in den Ländern der dem
König Ludwig verwandten Fürsten (wozu auch Frankreich gehörte)
besitze, diesem seinen Beistand angedeihen zu lassen. Jetzt könne der
„Postulat“ des Gehorsams des Ordens versichert sein.

Noch einmal wurde Corogna angewiesen, mit der regsten Sorg=
falt über die Sicherheit des cyprischen Königspaares zu wachen
und sich für den Fall, daß der kranke Ludwig mit Tod abgehen
sollte, der Königin Charlotta gänzlich zur Verfügung zu stellen.

An demselben Tage erhielt auch Guillaume de Comporte,
Stellverteter des cyprischen Großkommendators Louis de Mag=
nac, seine ausführliche Instruction für den Fall, daß der Emir
oder Jakob den Besitz von Colossi verlangen sollte. Von Alters
her, hieß es darin, sei es so gehalten worden, daß kein cyprischer
König von den Rittern der Großkommende einen Huldigungseid
verlangt habe, wenn sie auch sonst als gehorsame Unterthanen stets
ihrer Aemter daselbst gewaltet hätten. Von einer Besitzergreifung
Colossi's könne keine Rede sein, doch solle Comporte das Versprechen
geben, von dort aus keinen Act der Feindseligkeit gegen die jetzigen
Herrn Cyperns zu unternehmen. Verlange Jakob durchaus den
Besitz dieses Platzes, so könne dieses nur mit ausdrücklicher Erlaub=
niß des Convents geschehen, die Comporte erst einholen müsse. Außer=

dem wiffe man, daß der Sultan den Befehl gegeben habe, die Be=
fitzungen des Ordens unangetaftet zu laffen.

Wenige Tage darauf erhielt der Convent die Nachricht, daß
der Sultan, aufgebracht über die Ludwig von Savoyen geleiftete
Hülfe, beschloffen habe, im nächsten Frühjahr eine Flotte gegen Rho=
dos auszusenden, sowie er auch den Ordensgesandten Dolfin zu
Kairo in den Kerker geworfen habe. Der egyptische Admiral habe
überdieß den Befehl erhalten, jede Verbindung mit Rhodos zu hin=
dern, damit der Orden nicht im Stande sei, seinen gewöhnlichen
Getreidebedarf aus Cypern zu beziehen. Sofort ließ der Groß=
meister als Repreffalie, bis Dolfin wieder freigegeben sei, drei reich=
beladene egyptische Fahrzeuge sammt Mannschaft im Hafen von
Rhodos festhalten und später (im Februar) noch ein weiteres aus
Syrien kommendes Schiff, das sich als egyptisches Eigenthum auswies.

In der Generalaffamblea, der feierlichen Versammlung sämmt=
licher im Convent anwesenden Ritter, vom 6. November beschloß
man nun eine außerordentliche Responfion von 51,000 Floren, zahl=
bar am nächsten St. Johannistag, auszuschreiben und eine An=
zahl der tüchtigsten Ritter aus dem Abendlande in den Convent
zu citiren.

In dem Rundschreiben, das Jacques de Milly und der Con=
vent an den Kaftellan von Amposta (Großprior von Aragon) und
die übrigen Prioren des Abendlandes richtete und worin er diese
Beschlüffe ihnen mittheilt, gibt er zugleich eine Ueberficht über den
Gang der Ereigniffe auf der Nachbarinfel. In flammenden Wor=
ten verurtheilt er darin die Beftrebungen Jakobs, den er die Peft
und Geißel Cyperns nennt und deffen angeblichen, dem Sultan
geschworenen Huldigungseid er seinem Schreiben beifügt. Er beftä=
tigt zugleich, was wir schon wiffen, daß der große Haufen, „der
sich so leicht auf die andere Seite schlägt," sich sofort dem mit an=
sehnlicher Macht erscheinenden Prätendenten zugewandt habe und
schildert dann die bedrängte Lage von Rhodos, dem nicht nur durch
die cyprischen Händel der Sultan von Egypten von Neuem wieder
ein erbitterter Feind geworden sei, das vielmehr auch zu seiner
Linken von einem räuberischen Wolf, dem Großtürken, in Schrecken
gesetzt werde, der durch Ausbreitung seiner Herrschaft über Morea
und den Archipelagus sein Grenznachbar geworden und auf die klei=
neren Ordensinseln bereits Mord und Brand getragen habe. Ver=
einigten sich diese beiden furchtbaren Feinde des christlichen Namens,
so sei nichts, was Rhodos retten könne.

So lange Cerines von der Seeseite noch frei war, um abend=
ländische Hülfe aufnehmen zu können, brauchte man nicht daran zu
verzweifeln, von hier aus wieder die ganze Insel erobern zu kön=
nen. Nach der Landseite war die Stadt fest genug, um nicht auf
den ersten Anlauf genommen zu werden. In seinen Ringmauern
befand sich eine Anzahl der tüchtigsten Ritter, einheimische wie
fremde, von denen wir nur nennen wollen: Hector de Kivides,
Tristan de Giblet, Calceran Suares, Hugo de Langlois,
der Admiral Bernard de Rieussec (oder Rivesaltes), Tho=
mas Pardo, Franz und Janus von Montolif, letzterer
Marschall, Thomas und Peter Gurri, der Seneschall Paul
Zappe, der Turkopolier Peter Pelestrini, Wilhelm Dar=
ras, Philipp Mistahel, Eudes de Bossat, Thomas Sin=
klitico, Peter von Levanto und Jakob de Norès. Außer=
dem war man bedacht noch neue Kräfte zu erwerben, so den Sizi=
lianer Sor de Naves, Besitzer mehrerer Galeeren, eine Art Con=
bottiere zu Wasser, wie es deren damals viele gab, die auf der
schmalen Grenze zwischen Schiffspatron und Pirat standen. Sor
de Naves, der in der Levante einen gefürchteten Namen besaß, er=
hielt ein wichtiges Commando zu Cerines.

Kurz nach Beginn der Belagerung machte man einen neuen
Versuch, den Groß=Diobar zu gewinnen, indem man den lateini=
schen Bischof von Limasol, Nikolaus, in sein Lager schickte. Der
Diobar empfing ihn in seinem Zelte auf Teppichen ruhend und
hörte ruhig seine Rede an, worin er ihm auseinandersetzte, daß
Ludwig von Savoyen gemäß den Assisen von Jerusalem und den
Rechtsgewohnheiten Cyperns rechtmäßiger König sei. Wenn man
Jakob genöthigt habe, zum Sultan zu fliehen, so sei Ludwig daran
unschuldig, dessen Zwistigkeiten mit dem Adel vor seine Ankunft
fielen. Wolle man Ludwig im Besitz des Reiches lassen, so werde
er die Unkosten des Feldzugs ersetzen und Jakob wieder sein Erz=
bisthum, das 15,000 Dukaten abwerfe, einräumen. Wolle dieser aber
seinen geistlichen Stand verlassen, so solle er zum Fürsten von
Galiläa ernannt und mit hinreichenden Einkünften ausgestattet wer=
den. Darauf erwiderte der Diobar nur: „Gehet hin und sagt
Euerm Herrn, daß ich Alles verstanden habe, aber ich muß hier
den Willen meines Sultans erfüllen."

Nach einigen Tagen gegenseitiger Kämpfe erhielt der Diobar
ein Schreiben von dem Befehlshaber der egyptischen Flotte, der ihm
meldete, daß Stürme hereingebrochen seien und ihm eine Galeere

und einige kleine Schiffe zu Grunde gerichtet hätten, er müsse da=
her baldigst zurücksegeln.

Sofort hob der Diodar das Lager auf und marschirte nach
Nikosia, woselbst er seinen alten Lagerplatz einnahm, um nach eini=
gen Tagen Rast sich zur Einschiffung nach Salines zu begeben.
Hierdurch gerieth Jakob in die größte Bestürzung. Er warf sich ihm
zu Füßen und bat ihn mit Thränen in den Augen zu bleiben, da
er sonst verloren sei.

Dieser verstand sich nur dazu, ihm ein Hülfskorps von 400
Mameluken, wovon die Hälfte beritten, unter einem Emir Tzami=
Bey zurückzulassen, dann schiffte er sich ein.

Als man in Cerines bemerkte, daß die Sarazenen ihre Lager=
hütten in Brand gesteckt hatten, glaubte man an irgend eine Kriegs=
list und Niemand durfte die Festung verlassen. Bald erfuhr man
durch Flüchtlinge den Abzug des Diodars. Sofort sandte man ver=
schiedene Abtheilungen aus, um Lebensmittel und Schlachtvieh her=
beiholen zu lassen. Eine von ihnen führte der Vicegraf Hector
Kivides in die fruchtbare Gegend des alten Lapithos an dem Nord=
rand der Insel. Mittlerweile hatte sich Jakob wieder Cerines ge=
nähert und benachrichtigt von dem Zuge des Vicegrafen ihm den
Weg verlegt. Kivides stieß in der That unversehens auf die drei=
mal stärkere Streitmacht Jakobs und fiel über und über mit Wunden
bedeckt in dessen Hände. Dieser ließ seinem Todfeinde sofort das
Haupt abschlagen und es auf einem öffentlichen Platze in Nikosia
aufpflanzen.

Im Verlauf des Winters trat kein Ereigniß von besonderer
Bedeutung ein, nur daß die Genuesen von Famagosta aus mehrere
Expeditionen unternahmen, um einestheils das Heer Jakobs zu be=
unruhigen, anderntheils den in Cerines Belagerten Verstärkungen
zuzuführen. Bei einer derselben geschah es, daß eine genuesische
Galeere, die Jakob Zaplana aus Famagosta (von Geburt wahr=
scheinlich eine Katalane) kommandirte, an der karpasischen Halbinsel
scheiterte, worauf die Mannschaft gefangen und größtentheils nieder=
gemacht wurde. Man brachte Zaplana gefesselt vor den König, der
ihn in Anerkennung seines ihm bekannten Muthes wohlwollend auf=
nahm und ihn bestimmte, in seine Dienste zu treten.

Eine Reiterabtheilung, die von Famagosta ausgegangen war,
um die nächstgelegenen Ortschaften zu plündern, gerieth gleichfalls
mit dem davon benachrichtigten Jakob in's Handgemenge und mußte
sich mit bedeutendem Verluste wieder zurückziehen. Wenn dieser

auch keine förmliche Belagerung unterhielt, so ließ er es doch stets beobachten und schnitt ihm alle Verbindung zu Lande ab.

Ein neuer Versuch des Ordens durch den cyprischen Groß= kommendator Louis de Maguac einen Vergleich zwischen den strei= tenden Parteien zu Stande zu bringen, hatte keinen Erfolg. Da= gegen sah sich der Orden genöthigt, da eine große Anzahl Rhodioten und sonstige Ordensunterthanen angelockt durch Jakobs Versprechungen ihm zuströmten, einen Befehl zu erlassen, wonach Niemand bei Todesstrafe zu dessen Heere stoßen solle und daß kein Eingeborner von Rhodos ohne Erlaubnißschein des Handelsballei die Insel ver= lassen dürfe, wie dieses bisher gesetzlich immer der Fall sein sollte.

Als das Frühjahr 1461 sich nahte, ohne daß eine nennens= werthe Hülfe aus dem Abendlande erschienen wäre, beschloß Char= lotta Cerines zu verlassen und nach Rhodos zu gehen, um von dort freier und energischer für Cypern wirken zu können. Während sie nun dort im großmeisterlichen Palaste wohnte, erschien im Mai auch die von Savoyen erbetene Hülfe. [1]) Sie war sehr spärlich ausgefallen und bestand aus kaum 300 Soldaten, die die Königin auf ihre Kosten nach Cerines schaffen lassen mußte, da die Fahr= zeuge nicht weiter gemiethet waren. Späterhin führte der savoyische Ritter C h a r l e s de la B r i g u e ein weiteres Schiff mit einigen Lebensmitteln herbei, an Geld brachte er nur 1800 Dukaten mit.

Charlotta befand sich auf Rhodos in fortwährender Aufregung. Bald wollte sie sich direct in's Abendland begeben, um sich dem Papst zu Füßen zu werfen und ihren Schwiegervater um Hülfe an= zuflehen, bald wollte sie nach Cerines zurück, um das Schicksal ihres Gatten zu theilen. Sie wandte sich sogar an den Convent, damit er ihr einen guten Rath geben solle, dieser aber lehnte es ab, in= dem er sie an ihre eigenen Räthe wies. Schon vorher hatte er be= fohlen, daß für sie jederzeit eine Galeere mit 25 Ordensrittern an Bord bereit gehalten werden sollte, um sie, sei es in's Abendland, sei es nach Cypern zu geleiten, er hatte auf ihre Bitten ihr eine im Arsenal von Rhodos befindliche Galiotte, sowie zwei Kanonen sammt Munition geschenkt, ihr 1000 Dukaten geliehen und zugleich den savoyischen Ordensrittern erlaubt, sich in Cerines verwenden lassen zu dürfen (12. Juni).

Noch einen letzten Versuch machte der Orden bei dem Sultan, um ihn günstig für Charlotta zu stimmen, indem er den katalo= nischen Kaufmann B a r t h o l o m e o de P a r e t e zu diesem Zwecke nach Kairo entsandte. Er sollte zugleich dem Sultan die Verwun=

berung des Ordens ausdrücken, daß sein Gesandter Dolfin zu Kairo immer noch in Ketten und Banden schmachte (22. Juni).

Diese Vorstellung machte indeß keinen Eindruck und Dolfin starb bald darauf aus Gram in seinem Gefängniß zu Kairo.

Am 17. August starb zu Rhodos der Großmeister Jacques de Milly und sein am am 24. desselben Monats gewählter Nachfolger Pedro Ramon Zakosta, Kastellan von Amposta, befand sich nicht im Convent, sondern in seinem Priorate Aragon. Bis seine Ueberfahrt in den Convent stattfand, darüber konnte noch längere Zeit, vielleicht ein Jahr vergehen; Charlotta hielt es deshalb für das Beste nach Cerines zurückzukehren. [2])

Mit den schwachen Hülfsmitteln, die man dort im Laufe des Frühjahrs und des Sommers 1461 erhalten hatte, war an keine erfolgreiche Operation zu denken gewesen. Ein Ausfall, den man mit den neuen Truppen machte, um wo möglich bis Nikosia vorzubringen, führte zu einem Gefecht mit dem darauf vorbereiteten Jakob, der den Truppen Ludwigs eine empfindliche Niederlage beibrachte.

Jetzt entschloß sich Charlotta in's Abendland zu gehen. Begleitet von einigen savoyischen Rittern, worunter Guillaume d'Allinges, Seigneur de Coudray, und Louis de Viry, schiffte sie sich auf den Galeeren Sor de Naves* nach Italien ein. Sie hatte alle Kostbarkeiten, die sie noch besaß, zusammengerafft, um sie theils als Geschenke zu verwenden, theils zu Geld zu machen. Unter Anderem befand sich dabei der reiche nach Cerines geflüchtete Kirchenschatz des Dominikanerklosters von Nikosia, dem Erbbegräbnisse des Königshauses, der aus zwölf silbernen Aposteln und einer großen Menge von goldnen und silbernen, mit Perlen und Edelsteinen besetzten Kruzifixen, Rauchfässern, Kelchen und Reliquienbehältern bestand. [3])

Sie hatte noch nicht lange die Insel aus dem Gesichte verloren, als einige venetianische Galeeren, die im Hafen von Rhodos gelegen hatten, auf ihre Schiffe loskamen und sie bald erreichten. Die venetianische Mannschaft erstieg jetzt das Verdeck und plünderte die Königin und ihr Gefolge vollständig aus.

Ueber diesen Zwischenfall sind wir genauer nur durch eine Darstellung des venetianischen Senats aus dem Jahre 1465 [4]) unterrichtet, der auf die von Frankreich, Burgund und Savoyen unterstützten Reklamationen Charlotta's, daß man sie für den erlittenen Verlust entschädigen möge, nichts Tadelnswerthes an dem Verfahren der venetianischen Galeeren findet und eben deshalb auch niemals eine Entschädigung gewährt hat.

Nach dieser Auseinandersetzung hätte Sor de Naves, als die venetianischen Galeeren in Sicht gekommen waren, die Flucht ergriffen. Sein Schuldbewußtsein als Pirat habe ihn dazu angetrieben. Kaum hätten dieses die auf seinen Schiffen gefangen gehaltenen Mameluken bemerkt, als sie die Waffen ergriffen und die Schiffstaue durchschnitten hätten. Auch die anderen Ruderknechte und solche, die man mit Gewalt auf dem Schiffe festgehalten, hätten sich empört, wie dieses oft auf Piratenschiffen zu gehen pflege, und nun sei eine allgemeine Plünderung der königlichen Umgebung erfolgt. Die Königin selbst habe in großer Gefahr geschwebt. Da seien denn die venetianischen Galeeren, die durch Sor de Naves' Flucht erst auf ihn aufmerksam geworden wären und auf ihn gehalten hätten, dazwischen getreten. Der Senat wolle nicht läugnen, daß dadurch das unglückliche Ereigniß noch verschlimmert worden sei, denn wer könne bei einem solchen Zusammenstoß den ungebändigten Haufen in Schranken halten. Uebrigens habe der venetianische Consul auf Rhodos die Sache sofort auf's Genaueste untersuchen lassen, aber nichts gefunden, was den Senat veranlassen könne, irgend eine Bestrafung vorzunehmen oder eine Entschädigung zu bewilligen. [5]) Doch sei er dazu stets bereit, sobald etwas Sicheres nachgewiesen werden könne. Habe die Königin doch auf Senatskosten lange einen Anwalt in Venedig gehabt, der sich mit Erhebung des Thatbestandes beschäftigt habe.

Die gefangenen Mameluken scheint man Sor de Naves abgenommen zu haben, unter dem Vorwande, sie wieder in Sklaverei zu bringen, wahrscheinlich aber wird man sie in Cypern in Freiheit gesetzt haben.

Wenn man Alles, was Eigenthum Sor de Naves' gewesen, fährt der Senat fort, namentlich eine Ladung Pfeffer, die man hinterher für das Eigenthum Anderer ausgegeben, weggenommen habe, so sei dies nicht mehr als billig, denn Niemand habe den venetianischen Handel mehr geschädigt, als gerade dieser Sor de Naves.

Wir dürfen wohl annehmen, daß die Erklärung des Senats in vielen Punkten parteiisch gehalten ist. Die Vermuthung liegt nahe, daß die venetianischen Galeeren dem Sor de Naves auflauerten und seine Schiffe aus Haß gegen den Eigenthümer ausraubten. Daß die Königin Charlotta an Bord war, kümmerte die Venetianer wenig, da die Republik schon damals auf Seiten Jakobs stanb, wenn sie dieses auch nicht offen aussprach. Der Zustand, in den sie durch diesen Zwischenfall gerathen war, nöthigte Charlotta bei Rhodos anzulegen und die Hülfe des Ordens in Anspruch zu nehmen. Dieser unterstützte sie auch, wie sie dieses selbst dankbar anerkennt,[*]) mit allem Möglichen und lieh ihr eine Summe Geldes, worauf sie ihre Reise fortsetzte.

Ende October 1461 kam sie vor Ostia an und benachrichtigte von hier den Papst Pius II. von ihrer Ankunft. Dieser befahl dem Cardinalskollegium und seinem Hofstaat, sie bei S. Paolo fuori le mura,[']) der schönsten Basilika Roms mit anstoßendem Benedictiner- kloster, wo sie an's Land steigen würde, feierlich zu empfangen und dann in den Vatikan zu geleiten. Dort erwartete sie denn auch der Papst und ließ sie nach einer kurzen Begrüßung mit ihrem Gefolge im Palaste unterbringen.

Sie schien damals, heißt es in den Kommentarien Pius' II., im Alter von 24 Jahren zu stehen (in Wahrheit war sie noch nicht zwanzig alt), war von mittlerer Statur, hatte funkelnde Augen, blassen Teint und ein angenehmes Organ, doch sprach sie, wie alle Griechen, sehr rasch, sich fast überstürzend. Ihre Manieren waren ihrem hohen Stande entsprechend. Gekleidet war sie nach franzö- sischer Mode.

Am folgenden Tage hatte sie eine Audienz beim Papste, der nur Wenige anwohnten. Man verständigte sich durch Dolmetscher, denn da sie von griechischen Frauen erzogen war, verstand sie außer ihrer griechischen Muttersprache nur Französisch und dieses mangel- haft, wie sie es auch sehr inkorrekt schrieb.

„Wer, heiligster Vater," so begann sie zu Pius, „sollte die Un- glücksfälle meines Hauses nicht kennen? Wer nicht das Elend der Cy- prioten und das beklagenswerthe Loos des Reiches? Zweimal habe ich mich zu meinem Unglück verheiratet. Meinen ersten Gemahl aus Portugal raffte ein plötzlicher, vorzeitiger Tod hin, den aus Savoyen mußte ich vom Feinde belagert zurücklassen, ob er noch frei, ob gefangen, ich weiß es nicht. Mich als ihre einzige Tochter erzogen die Eltern zur Regierung, ich folgte meinem Vater auf den Thron, und nahm meinen Gemahl zum Mitregenten an. Ein außer der Ehe geborner Bruder, wenn dies ein Bruder ist, der sein Blut ver- folgt, hat mit Hülfe sarazenischer Truppen mein Erbe überzogen, mein Reich an sich gerissen und sucht nun mich und meinen Gemahl zu tödten. Cerines ist uns allein noch geblieben, um uns seinen blutigen Händen zu entziehen. Nicht mit Christen führen wir Krieg, sondern mit den erbittertsten Feinden des Kreuzes, die unsere Tempel zerstören und mein Bruder selbst hat den christlichen Glauben durch einen scheußlichen Eid abgeschworen, er hat sich dem Sultan in die Arme geworfen, um nur die Herrschaft zu erhalten. Aber er möchte sich täuschen. Ihm bleibt nur der Name eines Königs, während alle Gewalt bei den Feldherren des Sultans ist. Jetzt hat Mohammed gesiegt und uns ist außer Cerines, wenn es überhaupt noch nicht gefallen, nichts geblieben."

„Während ich nun hierher zu Dir eile, um Deine Hülfe anzuflehen, begegne ich venetianischen Schiffen, die mich vollständig ausgeraubt haben, kaum behielt ich noch ein einziges Kleid und soviel Lebensbedarf, um bis hierher zu gelangen, hülflos und von Allem entblößt bin ich zu Dir geflohen. Stoße die fast zweifach Verwittwete nicht zurück, erbarme Dich des königlichen Blutes und des unglücklichen Reiches, damit es nicht dem rechtmäßigen Glauben verloren geht. Du bist der oberste Vater der Christenheit, der Hüter des Glaubens, Dir vor Allem ziemt es daher zu sorgen, daß der christliche Kultus keine Einbuße erleide. Geht Cypern zu Grunde, so wird auch Rhodos und Kreta nicht gerettet werden können und bis an die Küsten Italiens werden die Flotten der Sarazenen herankommen. Von allen Seiten wird Italien durch die Ungläubigen in Gefahr gerathen, wenn Du nicht bei Zeiten dafür sorgst, daß die orientalischen Inseln nicht in Feindes Hand fallen. Wenn Du mir Hülfe gewährst, so besitze ich Muth genug, mein väterliches Reich wieder zu erobern."

„Mit einer kleinen Schaar abendländischer Krieger will ich es in Kurzem zu Stande bringen, denn diesen sind die Egypter nicht gewachsen. Auch begehre ich nicht von Dir alle Hülfe, denn ich gedenke noch zu meinem Schwiegervater und an den französischen Hof zu eilen; dort hoffe ich ein hinreichendes Heer zusammen zu bringen. Gib Du mir nur Getreide und Wein für die in Cerines Belagerten. Aber so kann ich nicht nach Savoyen gehen, das von Stürmen aufgewühlte Meer kann ich nicht länger aushalten. Auch ist kein Proviant mehr auf den Schiffen. Den Landweg kann ich aber nicht einschlagen, so lang ich kein Geld und keine Pferde habe. In Deiner Hand bin ich, heiligster Vater; ich gehe zu Grunde, wenn Du sie zurückziehst."

Unter heftigen Thränen hatte sie dies vorgebracht.

Pius erwiderte ihr nun Folgendes darauf: „Trocke Deine Thränen, meine Tochter, und vertraue auf Uns. Dein Abel und

Dein Unglück ist Uns wohlbekannt. Du trägst unverschuldete Leiden,
wenn auch keine ungewöhnlichen, denn kein Thron ist unzerstörbar,
keine Macht dauert lange. Die Einen läßt Gott steigen, die Andern
fallen, jetzt gab er Deinen Thron Deinem Bruder und sandte Dich
in die Verbannung. Du leidest, wie Wir annehmen möchten, für
die Verschuldungen Deines Schwiegervaters und Deines Gemahls.
Denn als Dein Schwiegervater bei dem Kongresse zu Mantua gebeten wurde, so viele Hülfe gegen die Türken in Aussicht zu stellen,
als die anderen italienischen Fürsten zugesichert hatten, da konnte er
auf keine Weise dahin gebracht werden, auch nur auf die kleinste
Hülfe Uns Hoffnung zu machen. Als Dein Gatte zu Dir reiste,
hat er sich nicht veranlaßt gefühlt, zu Uns nach Mantua zu gehen,
obschon er doch auf dem Po an der Mündung des Mincio vorüber-
fuhr. Beide, Vater und Sohn, haben Uns verachtet, weshalb Wir
damals zu den Cardinälen sagten: Das Haus Savoyen verachtet
die Kirche und fühlt sich nicht bewogen, der Religion Hülfe zu versprechen. Dieser Jüngling, der jetzt nach Cypern fährt, wird dafür
büßen. Er glaubt ein Reich erheiraten zu können, er täuscht sich
aber, man wird ihn hinauswerfen, möge er wenigstens der Hand
der Feinde entgehen. Sein Vater, der jetzt uns Hülfe gegen die
Türken verweigert, wird Uns noch flehentlich für seinen Sohn bitten."

"Jetzt sind Wir in der Lage, diese Hülfe zu gewähren, nachdem unglücklicherweise Alles so eingetroffen ist. Jetzt tritt die Ver-
geltung an das Haus Savoyen und an Deines, denn wie oft hat
Deine Mutter die Satzungen des apostolischen Stuhles mißachtet.
Die Kinder büßen die Schuld der Eltern. Gott sendet die Prü-
fungen, hoffe auf ihn, meine Tochter, denn er wird Dich befreien.
Klarer Himmel folgt nach stürmischem Ungewitter; Mühsal endigt
in Ruhe. Alles, was Du von mir begehrst, wirst Du erhalten.
Wir werden Dir Pferde geben, um Deine Reise nach Savoyen
auszuführen, auf dem Rückwege wirst Du in Ankona Wein und
Getreide vorfinden, welches Du den Belagerten schicken kannst. Ein
Heer wirst Du in Savoyen und Frankreich zusammenbringen, um
mit ihm Dein Reich wieder zu gewinnen."

Dieser Unterredung folgten in dem Zeitraume von zehn Tagen,
während dessen die Königin in Rom blieb, noch vier oder fünf.

Papst und Cardinäle hatten an 50 Pferde für sie zusammengebracht, der Papst gab ihr überdies noch einen Reisemarschall mit,
der auch noch über das päpstliche Gebiet hinaus für sie zu sorgen
hatte.

Die Reise ging über Siena. und Florenz nach Bologna, wo sie am 20. November ankam. Venetianische Gesandte kauen ihr dort entgegen, beauftragt für die Verluste, die sie durch ihre Ausraubung auf dem Meer erlitten, ihr eine Entschädigung anzubieten. Wie oben bemerkt, hat Charlotta indeß nie eine solche erhalten, dagegen ersehen wir aus der Senatserklärung, daß man ihr, als sie zum Erstenmal nach Venedig kam, eine Verehrung von 1000 Dukaten überreichte.

Ob sie schon von Bologna aus Venedig besuchte, ist, wenn gleich wahrscheinlich, doch nicht festzustellen, wir wissen nur, daß sie über Mailand sich nach Savoyen begab und dort einen längeren Aufenthalt nahm.[8])

Auch seinerseits hatte Jakob Schritte gethan, die Fürsten und Staaten des Abendlandes, vor Allem die Kurie für sich zu gewinnen, so geringen Erfolg er sich auch davon versprechen durfte.

Bereits im Juli 1461 waren zwei cyprische Abgesandte in Venedig gelandet und vor dem Senat mit der Bitte erschienen, Jakob als legitimen König anzuerkennen. Zugleich wünschten sie Empfehlungsbriefe an Papst und Cardinäle. Die Abgesandten waren der Bischof von Limasol[9]) und der Doctor Philipp Pobochatoro, der den Ruf eines sehr gelehrten Juristen genoß. Er war ein Bruder jenes Peter Pobochatoro, den Jakob als seinen Gefangenen von Kairo mit nach Chypern geschleppt hatte, der aber damals bereits die Partei Charlotta's verlassen und ein feuriger Anhänger Jakobs geworden war. Seine griechische Abstammung mochte vielleicht auch etwas dazu beigetragen haben.

Der Senat ertheilte ihnen die diplomatische Antwort, daß er in dieser Sache sich neutral verhalte und daß er sie auch nicht als königliche Gesandte, wohl aber als Freunde der Republik dem Papste empfehlen wolle (18. Juli).

Die Gesandten gingen über Florenz ohne weiteren Aufenthalt nach Rom und kamen dort in derselben Zeit an, als Herzog Ludwig von Savoyen um Hülfe für seinen Sohn und Charlotta, die ungefähr vier Wochen später daselbst eintraf, anhalten ließ.

Pius II. nahm offiziell keine Notiz von ihnen, privatim dagegen machte er ihnen, wie er selbst sagt, die heftigsten Vorwürfe über das Benehmen Jakobs, namentlich ließ er sich über den angeblichen Huldigungseid aus, der ihm von Rhodos aus zugegangen war.

Ohne daß man ihnen die geringste Ehre erwiesen hätte, muß=
ten sie wieder abziehen.

Sie begaben sich jetzt nach Florenz, woselbst sie williges Gehör
fanden. Die Republik that, als ob sie vollständig von den weit=
schweifigen, bereits früher erwähnten Auseinandersetzungen über Ja=
kobs Recht zum Thron überzeugt wäre und gab seinen Gesandten
den Auftrag, in ihrem Namen denselben ob seiner Siege zu beglück=
wünschen. Zugleich wollten sie gegenseitig Friede und Freund=
schaft halten.

Von weiteren Versuchen bei abendländischen Höfen scheinen die
Gesandten Abstand genommen zu haben.

Als Gegenbild zu dem eben erwähnten Peter Podochatoro und
seinem Abfall von der Sache Charlotta's, der im Laufe der Zeit·
Nachahmung fand, steht der Ritter Gautier (oder Walter) de
Norès da, der aus einer der bedeutendsten Adelsfamilien Cyperns
stammt. Er hatte im Anfange der Belagerung von Cerines den
Auftrag erhalten, nach Rhodos zu gehen. Aber schon in der Bucht
von Pendaia strandete sein Schiff, auf dem sich noch seine zwei
jungen Söhne und der Ritter Thomas Carreri befanden. Am
Strand ergriffen, wurden sie vor Tzami=Bey gebracht, der sie in
Stücke wollte hauen und die beiden Knaben zu Mameluken machen
lassen, was nur durch das Dazwischentreten des Erzbischofs Gonem
verhindert wurde. Man brachte sie nach Nikosta, wo man sie auf
das aufgepflanzte Haupt des Vicegrafen Hector de Kivides aufmerk=
sam machte, und führte sie dann vor Jakob, dem sie Treue schwören
sollten. Carreri fiel ihm sofort zu Füßen, Norès verweigerte aber
hartnäckig jede Huldigung, indem er erklärte: „Als Christ kann ich
nur einmal Treue schwören und dieses habe ich bereits Eurer Schwe=
ster, als legitimen Erbin des Reiches, und ihrem Gatten gethan." Da
ließ ihn Jakob mit seinen Knaben in den Kerker werfen und ihn
seiner zahlreichen Lehen berauben, man wollte ihm sogar an's Leben,
doch verhinderte Jakob dieses. Später gab er ihn frei und ließ ihm
auch noch ein kleines Gehalt von 350 Bisanten auf die Thorzölle
von Nikosta zukommen. Seinem Sohne Peter, der gänzlich verarmt
war, gaben die Venetianer (1489) ein Gehalt von 800 Bisanten.

De Norès' Anhänglichkeit an Charlotta wurde vom Volke
so sehr anerkannt, daß man später sprüchwörtlich sagte: „Treu wie
Ser Walter."

Anmerkungen.

1) „Zu Rhodus finden wir auch die Königin von Cypern (6. Juni 1461). Die lag auf dem Schloffe und war dahin gekommen, um Hülfe zu bitten wider den Despoten, der das Land zu Cypern größtentheils eingenommen hatte und meinte da König zu sein. Es lagen daselbst auch bei 500 Zoffoer (Savoyer), die der Königin von Cypern zu Hülfe gesandt waren, auch zwo stattliche Galleyen der Catalonier, dazu große Schiffe der Genuesen, die alle der Königin waren mit ihr gegen Cypern zu ziehen und zu helfen."

J. G. Kohl, Pilgerfahrt des Landgrafen Wilhelm des Tapfern von Thüringen zum heil. Lande im Jahre 1461 S. 97. Was die beiden großen Galeeren betrifft, so waren sie vorher vom Orden zu seinem eigenen Schutze gemiethet und keineswegs für Cerines bestimmt. Bosio II. S. 213. Auch waren es keine 500, sondern nur etwa 280 Savoyer, wie wir aus der weitläuftigen Replik ersehen, die um's Jahr 1466 Ludwig von Savoyen gegenüber den von seinem Bruder Amadeus aufgestellten Artikeln über die Savoyen durch Cypern verursachten Unkosten ausarbeitete. Mas Latrie III. S. 132—144 hat sie vollständig mitgetheilt. Wir erfahren aus ihr eine Menge Details, die sonst sicher geheim geblieben wären. So unter Anderem, daß der Plan zu der Verheiratung Charlotta's mit Ludwig nicht von Cypern, sondern von Turin ausging, daß ferner Ludwig, als er nach Cypern überschiffte, schlechter ausstaffirt war, „wie der Sohn oder die Tochter des simpelsten savoyischen Barons, wenn er seine Kinder in ein fremdes Land schickt" u. s. w.

2) Nach Bosio II. S. 212 wäre Charlotta erst Ende Februar 1462 von Rhodos nach Cypern gegangen, und hätte sich ein Jahr lang auf Rhodos aufgehalten, was ein Irrthum ist.

3) Lusignan Fol. 33.

4) Mas Latrie III. 129.

5) Für Jean d'Allinges, den Sohn Guillaume's, verwandte sich nach mehr als dreißig Jahren König Karl VIII. von Frankreich, damit ihm die Republik Schadenersatz für den an seinem Vater damals begangenen Raub gewähre. Wie wir aus einem von Guichenon, Preuves S. 389 mitgetheilten Schreiben des Dogen Barbadigo an den König vom 2. April 1493 sehen, konnte dem Petenten kein Ersatz gewährt werden, „da dieses bereits bei allen Geschädigten, die sich nach einem damals erlassenen öffentlichen Aufruf gemeldet hätten, überreichlich der Fall gewesen sei."

6) Mas Latrie III. S. 119.

7) Die Kirche brannte am 5. Juli 1823 ab, ist aber jetzt wieder neu aufgebaut.

8) Guichenon, irre geführt, wie es scheint, durch Lusignan Fol. 69, läßt Charlotta zu Benedig landen und sich nach Mantua begeben, wo Pius II. sie empfangen und ihr Hülfe zugesagt. Mit dieser habe sie sich direct wieder nach Cypern eingeschifft. Im Jahre 1462 habe sie sich von Neuem in's Abendland begeben und zwar nach Rom, von wo sie dann nach Savoyen gegangen sei.

9) Es wird wohl keinem Zweifel unterliegen, daß unter dem Bischof von Limasol der lateinische nicht gemeint sein kann, denn dieser stand auf Seiten Charlotta's. Vielleicht ist es der griechische Bischof Nikolaus, der in den Urkunden Bischof von Hebron genannt wird und große Verdienste um Jakob hatte, wie er auch bei diesem in besonderer Gunst stand. Er besaß Gefälle in der Nähe von Limasol (Mas Latrie III. S. 203). Gobellini nennt ihn „episcopus Nicosiensis", was wohl statt „Nimosiensis" stehen soll.

Achtes Kapitel.

Charlotta's Aufenthalt in Savoyen. Gesandtschaft an den Großmeister Zakosta. Charlotta kehrt nach Cypern zurück. Uebergibt den Oberbefehl über Cerines an Sor de Naves und geht nach Rhodos zu ihrem Gemahl. Dieser geht nach Savoyen zurück. Sor de Naves überliefert Cerines an Jakob und tritt in dessen Dienste (1463). Kapitulation von Famagosta (Januar 1464). Niedermetzlung der Mameluken. Verhältniß Jakobs zum Hospitalorden. Conflict des Ordens mit Benedig und Erscheinen der venetianischen Flotte vor Rhodos. Charlotta's Aufenthalt daselbst.

Balb nach ihrer Ankunft in Savoyen mochte Charlotta herausgefunden haben, daß sie ihre Erwartungen auf durchgreifende Hülfe bedeutend herabstimmen müsse. Die Dynastie, die auf eine wohlfeile Weise zu einer Königskrone gelangen zu können glaubte, fand sich im Gegentheil zu Opfern aufgefordert, die fast über die Kräfte des Landes gingen und dabei war die Aussicht auf Erfolg höchst zweifelhaft. Charlotta mied daher den savoischen Hof und hielt sich vorzüglich zu Lausanne und Thonon auf. Durch Genf kam sie im Januar 1462, wo der Rath für einen feierlichen Empfang sorgte und ihr Geschenke im Werthe von hundert Floren übergab. Auf die beabsichtigte Reise an den französischen Hof glaubte sie wohl verzichten zu können, da sie trotz päpstlicher Empfehlungsschreiben von dem eben zur Regierung gelangten Ludwig XI. nichts zu erwarten hatte. Dagegen richtete sie ihr Augenmerk auf Juan, Bruder und Nachfolger Alfons' V. von Aragon in den spanischen Staaten, und auf den neugewählten Großmeister Pedro Ramon Zakosta.

Im Einverständniß mit ihrem Schwiegervater entsandte sie von Lausanne aus Guillaume d' Allinges und Jacques Lambert nach Aragon und gab ihnen folgende Weisungen (17. Februar 1462).

Zuerst sollten sie den Großmeister in Barcelona, oder wo er sonst sei (der Sitz seines bisherigen Priorates, Amposta, liegt am Ebro) aufsuchen, ihm für die großen Dienste danken, die der Orden bisher dem cyprischen Königspaare erwiesen, und dabei die Hoffnung ausdrücken, daß er ebenso, wie sein Vorgänger, ein Versechter ihrer gerechten Sache sein werde. Der Papst habe sie sehr wohlwollend aufgenommen und ihr hinreichenden Proviant für Cerines zukommen lassen, der Herzog von Mailand sei gleichfalls für sie und Ludwig XI. werde sie wohl auch unterstützen.

Da man nun wisse, daß Zakosta demnächst mit einer stattlichen Anzahl Ritter und einer kleinen Flotte nach Rhodos gehen werde, so sollten die Gesandten ihn ausforschen, ob er nicht geneigt sein möge, die Wiedereroberung Cyperns zu übernehmen. Dazu möchten 2 bis 3000 Fußsoldaten und 2 bis 300 Reiter hinreichen. Der Orden werde dann von der Königin Renten oder Güter erhalten, die ein jährliches Einkommen von 1 bis 2000 Dukaten abwürfen.

Wolle der Großmeister darauf eingehen, so möge er nach Nizza kommen und dort gemeinsam mit ihr eine Galeere Sor de Naves' besteigen, die sie in die Levante bringen werde. (Sor de Naves hatte bereits am 3. Februar der Königin zu Lausanne in Gegenwart vornehmer Zeugen einen Eid auf die Evangelien geleistet, in Villafranka bei Nizza vom 15. März bis Ende October eine Galeere für die Königin bereit zu halten, wofür der Herzog von Savoyen ihm 2000 Goldstücke und zwar 300 sofort zu erlegen hatte. Letztere waren ihm schon ausbezahlt worden).

Die Gesandten erhielten eine Summe Geldes, von der sie dem Großmeister, wenn er mit ihrem Plane einverstanden sei, einen Theil zur Anwerbung von Leuten einhändigen sollten. Die vollständige Summe sollte er vor der Abfahrt erhalten, dagegen müsse er sich allerdings dem Herzog von Savoyen gegenüber unter Pfandstellung der Ordensgüter in Savoyen zur Wiedereroberung Cyperns feierlich verpflichten, sobald er seine nothwendigsten Geschäfte in Rhodos abgewickelt habe. Wolle er die Ordensgüter dafür nicht haften lassen, so möge er die Leute, Schiffe und Lebensmittel nach Cerines schicken und sich dann an der Wiedereroberung betheiligen. Drei Monate werde es wohl dauern.

Wolle er sich aber an der ganzen „Aventüre" nicht betheiligen, so möge er wenigstens für Cerines sorgen und die Königin verspreche ihm auf ihr Wort, daß ihm alle seine Auslagen wieder erstattet werden sollten.

Dem König von Aragon sollten sie vorstellen, was alles die christlichen Fürsten bereits für Cypern gethan oder zugesagt und wie er bei einem so verdienstvollen Werke nicht nachstehen werde. Der Bastard sei ein Feind des christlichen Glaubens, denn er schenke tagtäglich dem Sultan christliche Knaben und Mädchen (erstere, um sie zu Mameluken zu machen). [1]

Uebrigens sollten die Gesandten genau zu erforschen suchen, wie weit der König zur Hülfe bereit sei, denn eine um so geringere Summe brauche sie dann dem Großmeister zu geben. Dann möge Juan befehlen, daß alle seine Unterthanen, die im Dienste Jakobs stünden und die seine festeste Stütze wären (es waren dieses in der That meistens Katalanen oder Sizilianer), binnen einer gegebenen Zeit bei Strafe des Hochverraths diese Dienste zu verlassen hätten und möge er zu diesem Zweck eine angesehene Persönlichkeit dorthin entsenden oder dem Großmeister eine derartige Vollmacht übertragen.

Schließlich bittet sie den Großmeister, sich den Auvergner Ordensritter, Jean de Barras, der im Auftrage Ludwigs von Cerines gekommen sei und mit der Königin wieder zurückkehren werde, empfohlen zu halten, damit ihm diese Dienstleistung nicht in seinem Avancement und seiner Anciennetät Abbruch thäte. [2]

Die Gesandten werden allerdings Zakosta schon in Barcelona getroffen haben, denn daselbst hielt dieser im März ein Ordenskapitel für ganz Spanien ab, das am 22. März zu Ende ging. [3] Daß er aber auf die Pläne Charlotta's nicht eingehen konnte, namentlich nicht ohne Berathung mit dem Ordensrath, lag auf der Hand. Auch das Anerbieten, auf ihrer Galeere in die Levante zu gehen, mußte er ausschlagen, denn schon am 1. April schiffte er sich ein und zwar zunächst nach Rom.

Daselbst unwohl geworden verweilte er vierzehn Tage, während deren er mehrfache Konferenzen mit dem Papste hatte. Hier gab er auch am 3. Mai dem Ritter Barras die Erlaubniß, noch ein halbes Jahr sich im Dienste der Königin verwenden zu lassen, ten hatte. Dagegen richtete sie ihr Augenmerk auf Juan, Bruder und Nachfolger Alfons' V. von Aragon in den spanischen Staaten, und auf den neugewählten Großmeister Pedro Ramon Zakosta.

Im Einverständniß mit ihrem Schwiegervater entsandte sie von Lausanne aus Guillaume d' Allinges und Jacques Lambert nach Aragon und gab ihnen folgende Weisungen (17. Februar 1462).

Zuerst sollten sie den Großmeister in Barcelona, oder wo er sonst sei (der Sitz seines bisherigen Priorates, Amposta, liegt am Ebro) aufsuchen, ihm für die großen Dienste danken, die der Orden bisher dem cyprischen Königspaare erwiesen, und dabei die Hoffnung ausdrücken, daß er ebenso, wie sein Vorgänger, ein Ver= fechter ihrer gerechten Sache sein werde. Der Papst habe sie sehr wohlwollend aufgenommen und ihr hinreichenden Proviant für Cerines zukommen lassen, der Herzog von Mailand sei gleichfalls für sie und Ludwig XI. werde sie wohl auch unterstützen.

Da man nun wisse, daß Zakosta demnächst mit einer statt= lichen Anzahl Ritter und einer kleinen Flotte nach Rhodos gehen werde, so sollten die Gesandten ihn ausforschen, ob er nicht geneigt sein möge, die Wiedereroberung Cyperns zu übernehmen. Dazu möch= ten 2 bis 3000 Fußsoldaten und 2 bis 300 Reiter hinreichen. Der Orden werde dann von der Königin Renten oder Güter erhalten, die ein jährliches Einkommen von 1 bis 2000 Dukaten abwürfen.

Wolle der Großmeister darauf eingehen, so möge er nach Nizza kommen und dort gemeinsam mit ihr eine Galeere Sor de Naves' besteigen, die sie in die Levante bringen werde. (Sor de Naves hatte bereits am 3. Februar der Königin zu Lausanne in Gegen= wart vornehmer Zeugen einen Eid auf die Evangelien geleistet, in Villafranka bei Nizza vom 15. März bis Ende October eine Galeere für die Königin bereit zu halten, wofür der Herzog von Savoyen ihm 2000 Goldstücke und zwar 300 sofort zu erlegen hatte. Letztere waren ihm schon ausbezahlt worden).

Die Gesandten erhielten eine Summe Geldes, von der sie dem Großmeister, wenn er mit ihrem Plane einverstanden sei, einen Theil zur Anwerbung von Leuten einhändigen sollten. Die voll= ständige Summe sollte er vor der Abfahrt erhalten, dagegen müsse er sich allerdings dem Herzog von Savoyen gegenüber unter Pfand= stellung der Ordensgüter in Savoyen zur Wiedereroberung Cyperns feierlich verpflichten, sobald er seine nothwendigsten Geschäfte in Rhodos abgewickelt habe. Wolle er die Ordensgüter dafür nicht haften laſſen, ſo möge er bie Leute, Schiffe unb Lebensmittel nach Cerines ſchicken und ſich bann an der Wiebereroberung betheiligen. Drei Monate werde es wohl dauern.

Wolle er ſich aber an der ganzen „Aventüre" nicht betheiligen, ſo möge er wenigſtens für Cerines ſorgen und bie Königin ver= ſpreche ihm auf ihr Wort, baß ihm alle ſeine Auslagen wieder er= ſtattet werden ſollten.

Dem König von Aragon ſollten ſie vorſtellen, was alles bie chriſtlichen Fürſten bereits für Cypern gethan ober zugeſagt unb wie er bei einem ſo verbienſtvollen Werke nicht nachſtehen werde. Der Baſtarb ſei ein Feind des chriſtlichen Glaubens, benn er ſchenke tagtäglich dem Sultan chriſtliche Knaben und Mädchen (erſtere, um ſie zu Mameluken zu machen). [1]

Uebrigens ſollten bie Geſandten genau zu erforſchen ſuchen, wie weit ber König zur Hülfe bereit ſei, benn eine um ſo geringere Summe brauche ſie bann bem Großmeiſter zu geben. Dann möge Juan befehlen, baß alle ſeine Unterthanen, bie im Dienſte Jakobs ſtünden und bie ſeine feſteſte Stütze wären (es waren biefes in ber That meiſtens Katalanen ober Sizilianer), binnen einer gege= benen Zeit bei Strafe des Hochverraths biefe Dienſte zu verlaſſen hätten unb möge er zu biefem Zweck eine angeſehene Perſönlichkeit dorthin entſenden ober bem Großmeiſter eine berartige Vollmacht übertragen.

Schließlich bittet ſie ben Großmeiſter, ſich ben Auvergner Or= bensritter, Jean de Barras, ber im Auftrage Ludwigs von Cerines gekommen ſei und mit ber Königin wieder zurückkehren werde, empfohlen zu halten, damit ihm biefe Dienſtleiſtung nicht in ſeinem Avancement unb ſeiner Ancienneтät Abbruch thäte. [2]

Die Geſandten werden allerbings Zakoſta ſchon in Barcelona getroffen haben, benn baſelbſt hielt biefer im März ein Ordens= kapitel für ganz Spanien ab, das am 22. März zu Ende ging. [3] Daß er aber auf bie Pläne Charlotta's nicht eingehen konnte, na= mentlich nicht ohne Berathung mit bem Ordensrath, lag auf ber Hanb. Auch bas Anerbieten, auf ihrer Galeere in bie Levante zu gehen, mußte er ausſchlagen, benn ſchon am 1. April ſchiffte er ſich ein unb zwar zunächſt nach Rom.

Daſelbſt unwohl geworden verweilte er vierzehn Tage, wäh= renb beren er mehrfache Konferenzen mit bem Papſte hatte. Hier gab er auch am 3. Mai bem Ritter Barras bie Erlaubniß, noch ein halbes Jahr ſich im Dienſte ber Königin verwenden zu laſſen, wäre sie aber bis dahin nicht nach Cypern zurückgekehrt, so habe er sich wieder in Rhodos zu stellen.

Von einem Erfolg der Gesandtschaft bei König Juan verlautet nichts.

Anfangs Juni landete Ramon Zakosta zu Rhodos von dem ganzen Convent und dem Volke feierlich empfangen.

In Savoyen benutzte man die Anwesenheit Charlotta's, um sich mit ihr wegen einer alten Schuld zu benehmen. Von der Mitgift ihrer Tante, Anna von Lusignan, der jetzigen Herzogin, festgesetzt zu 100,000 Dukaten, waren nämlich nur 15,000 gezahlt worden. Sowohl um diese Angelegenheit zu regeln, als um die Ansprüche Savoyens auf Cypern noch einmal zu präcisiren, hielt man im Kloster Saint-Maurice in Chablais am 18. Juni 1462 eine Zusammenkunft ab. Außer den savoyischen Räthen wohnten ihr bei die Herzogin Anna, ihre Nichte Charlotta mit den ihren Hof bildenden Rittern, die sich hier als „hohe Kammer“ konstituirten. Es waren dies Phöbus von Lusignan, der Halbbruder Anna's, Jean de Norès, Hugo de Langlois und Pollin Clar, die, wie ausdrücklich bemerkt wird, Französisch und Griechisch gleichmäßig verstanden, während die Königin des Französischen nicht so mächtig war, um den Verhandlungen darin mit Leichtigkeit folgen zu können.

Man setzte hier fest, daß wenn die Königin kinderlos sterben würde, Ludwig und das Haus Savoyen in ihre Rechte eintreten sollte, sterbe aber Ludwig vor ihr und die Königin verheirate sich nicht wieder (in welchem Falle Savoyen ebenfalls die Krone erbte), so solle ihr bei ihren Lebzeiten kein Geld abgefordert werden. Verheirate sie sich aber wieder, wodurch Savoyen natürlich seine Ansprüche verlor, so solle sie 85,000 Dukaten in jährlichen Raten von 10,000 Dukaten bezahlen, sowohl für den Rest des Heiratsgutes, als für die bisherigen Unkosten und Auslagen Savoyens.

Da trotz aller Gesandtschaften und Bitten Charlotta von den christlichen Fürsten nichts zu erwarten hatte, so ließ sie dem Herzog einen neuen Vorschlag unterbreiten, wonach sie die Republik Genua, wenn er dafür Zölle verpfänden wolle, zu einem Zuge gegen Nikosla von Famagosta aus bewegen wolle. Sie bat zugleich um seine Genehmigung, mit ihrem Gefolge nach Genua gehen zu dürfen, was, wie sie meinte, nicht viel kosten werde.

Aber auch dieser Plan mußte verworfen werden, da einestheils der Herzog nicht Lust zu weiteren Opfern hatte, anderntheils Genua jetzt nicht in der Lage war, größere Expeditionen zu unternehmen. Auch hatte es auf den Sultan von Egypten Rücksicht zu nehmen.

In einem Schreiben vom 10. August aus Mantua bat Charlotta den Ritter Guillaume d' Allinges, von dem sie durch den savoyischen Hospitaliter Merle de Piozasque Briefe hatte, ihre jüngsten Pläne bei ihrem Schwiegervater zu unterstützen. „Wenn man aber nichts in der Sache thue, so nehme sie Gott und alle guten Leute zu Zeugen, daß sie alles Erdenkliche gethan habe und zwar mehr als irgend eine Frau ihres Standes und ihres Alters (sie war jetzt ungefähr zwanzig Jahre alt). Und wenn diejenigen, die sie unterstützen und heben sollten, sie im Stiche ließen, so werde sie wieder in die Levante reisen und Gott werde nach seinem Wohlgefallen ein Heilmittel eintreten lassen."

Diesen Entschluß führte sie auch bald darauf aus. Im Gefolge ihrer cyprischen Ritter kam sie im Herbst oder Winter 1462 wieder in Rhodos an „und zwar in einem hülfloseren Zustande, als sie es vor Jahresfrist verlassen," [4]) wie wenigstens später ihr Gemahl Ludwig seinem Bruder erklärte.

Sie traf auch ersteren, der sich aus Cerines zurückgezogen hatte, in Rhodos, in Cerines selbst befehligte jetzt der Ordensritter Georges de Piozasque, Kommendator von Ivrea.

Von Rhodos segelte Charlotta nach Cypern und legte im Hafen von Paphos an. Dort kommandirte Johann Mistahel, der auf ihre Aufforderung in der That auch das kleine, am Meere liegende Kastell übergab, worauf die Königin Pietro Palol zum Kommandanten bestimmte. Dann längs der Küste segelnd, wo sie überall vom Volke mit Jubel begrüßt ward, kam sie nach Cerines. Sie sandte jetzt Sor de Naves mit seinen Galeeren nach Paphos, damit er dort seinen Bruder Pietro zum Kommandanten einsetze. Auf dem Rückweg nach Cerines gerieth Sor de Naves in der Bucht von Pendaia, welcher Küstenstrecke Demetrius de Coron als Civitan [5]) vorstand, in Konflict mit diesem, der auf beiden Seiten einer Anzahl Leuten das Leben kostete. [6])

Jakob hatte nicht sobald vernommen, daß Charlotta durch die Besitznahme von Paphos in der dortigen Gegend Fuß gefaßt habe, als er dem Demetrius de Coron befahl, mit einigen Truppen das Kastell wieder zu nehmen. Es kam auch zum Kampfe, aber erst dem früheren Befehlshaber Mistahel gelang es durch große Versprechungen Pietro de Naves auf seine Seite zu ziehen und ihn zur Uebergabe zu vermögen. Pietro wurde in der That auch von Jakob reich ausgestattet.

Die Belagerungstruppen vor Cerines befehligte indeß nicht Jakob selbst, der vorzugsweise Famagosta in Athem hielt, sondern sein Günstling Nikolo Morabito, der Vicegraf von Nikosta. Derselbe kam einst den Wällen zu nahe, worauf einige der Belagerten herausstürzten, sein Pferd am Zügel ergriffen und ihn schon niederhauen wollten, als das Pferd sich bäumte, den Zügel zerriß und seinen Reiter davontrug. Jakob, der ihm große Besitzungen geschenkt hatte, verheiratete ihn auch später mit der Tochter Ludwigs de Norès, aus einem der ältesten Adelsgeschlechter Cyperns, die ihre Niederlassung in Syrien vom ersten Kreuzzug herleiteten. Die junge Frau starb aber schon einige Tage nach der Hochzeit, aus Gram, wie man sagt, mit einem Mann von so niederer Herkunft und so rohen Sitten verheiratet zu sein.

Im Laufe des Jahres 1463 ging Charlotta wieder nach Rhodos zu ihrem Gemahl, nachdem sie den Oberbefehl über Cerines in die Hände Sor de Naves' gelegt hatte. Als jede Aussicht auf Hülfe schwand, glaubte Ludwig, dessen Vater noch im März dieses Jahres einen schwachen Versuch gemacht hatte, zwei Galeeren auszurüsten, und deshalb von der Stadt Genf sich alle Vagabunden ihres Gebietes ausgebeten, was der Rath abschlug, [7]) daß es jetzt an der Zeit sei, den Königsträumen zu entsagen und sich in seine Heimat zurückzuziehen. Begleitet von seinen savoyischen Rittern schiffte er sich auch dahin ein und überließ seine Gemahlin der Gastfreundschaft des Hospitalordens.

Noch kurz vorher (18. September) hatte er sich dem Großmeister in Gegenwart seiner Ritter, so wie des Phöbus von Lusignan, Herrn von Sidon, des Marschalls Janus von Montolif und des Admirals Bernard be Rieussec einer Summe von 4741 Dukaten und 27 Aspern schuldig bekannt, weshalb Zakosta an den Kommandanten von Corbin im Priorat von Catalonien, Pelerin be Montaigu, den er zum Ordensgesandten am savoyischen Hof ernannte, den Auftrag gab, diese Summe im Namen Ludwigs in Benedig zu erheben. [8])

Mehr und mehr hatte indeß die Noth in Cerines überhandgenommen. Seine Vertheidiger schmolzen zusammen und die ergebensten und angesehensten Anhänger Charlotta's verließen jetzt den Platz, um sich nach Rhodos zu flüchten. Sor de Naves glaubte das Aeußerste nicht abwarten zu dürfen, um so mehr, als Jakob

ihm, wenn er zu seiner Partei übertreten wollte, durch seinen Bru=
der Pietro die Würde eines Connetable von Cypern und die Hand
seiner natürlichen Tochter Charlotta, die nach der Königin diesen
Namen empfangen haben soll, [9] zusichern ließ. Er übergab daher
Cerines (wahrscheinlich October 1463) und trat in die Dienste
Jakobs. [10]

Jetzt fand sich dieser im Stande, seine ganze Kraft auf Fama=
gosta zu werfen.

Von Genua aus hatte man die Stadt immer nur sehr schwach
unterstützen können. Zwei Galeeren, die nach einander Zufuhr
bringen sollten, erlitten beide das Geschick, daß sie an der karpa=
sischen Halbinsel scheiterten und ihre Mannschaft dem dortigen Ballei
Jakobs, es war ein katalonischer Abenteurer Juan Perez Fa=
brices, den Jakob zum Grafen von Karpas gemacht hatte, in die
Hände fiel.

Ueberhaupt befand sich die Republik in einer viel zu übeln
Finanzlage, um eine ausreichende Hülfe gewähren zu können, sowie
auch die Bank von St. Georg in den letzten Zeiten große Verluste
erlitten hatte, so daß sie selbst einige Jahre (1456—1459) nicht im
Stande war, irgend welche Dividenden zu bezahlen. [11]

Ein Versuch, den Jakob gemacht hatte, um die Mauern Fa=
magosta's in der Nähe des Arsenals bei Nacht zu ersteigen, war
mißlungen, weil die Leitern angeblich zu kurz waren und die Fama=
gostaner auf ihre Feinde, als diese beschäftigt waren, die Leitern
länger zu zimmern, aufmerksam wurden. Doch hatte er zu Zeiten
— so im Jahre 1462 — die Stadt schon so weit gebracht, daß sie
sich innerhalb sechs Tage hätte ergeben müssen, wenn sie damals
keine Zufuhr erhalten hätte.

Jetzt im Besitz von Schiffen und hinreichender Mannschaft, die
ihm namentlich auch aus Syrien fortwährend zuströmte — von dort
bezog er hauptsächlich seinen Kriegsbedarf und es fragt sich, ob die Ve=
netianer ihm solchen nicht über Beirut lieferten — schloß er Famagosta
eng ein. Schon anfangs Januar 1464 sah sich der Platz genöthigt,
in Unterhandlungen einzugehen und eine Konvention anzunehmen,
des Inhalts, daß, wenn bis zum 20. Januar kein Sukkurs erschiene,
die Stadt übergeben werden solle. Sämmtliche dort befindlichen
Waffen sollte die Bank von St. Georg zurückerhalten und die bei=
den im Hafen liegenden Schiffe nicht für Kriegsbeute erklärt wer=
den, sondern frei auslaufen dürfen. Die Einwohner sollten bei ihren
Freiheiten belassen werden, doch hörte das bisherige von den Genue=

sen dekretirte, von den Eyprioten längst nicht mehr beachtete Handels=
monopol Famagosta's selbstverständlich auf.

Der König sollte dafür Sorge tragen, daß der Sultan gegen
die Konvention nichts einzuwenden habe.

Als Geiseln von Seiten Jakob's bis zur Uebergabe sollten
Rizzo di Marin und Lupo di Belbari den Belagerten übergeben
werden, die im Falle, daß Sukkurs käme, wieder ausgeliefert wer=
den müßten.

Diese Konvention wurde am 6. Januar im Palast zu Nikosia
in Gegenwart von vier genuesischen Prokuratoren und Syndici, so
wie des Erzbischofs Gonem, des Bischofs von Paphos, Michael
de Castellacio, Rizzos di Marin, des früher erwähnten Johan=
nes Tafures, jetzt königlichen Haushofmeisters, des Doctors Philipp
Pobochatoro, des Thomas Carreri, jetzt Ballei der Rechnungskam=
mer, und Anderer abgeschlossen. Der König Jakob hatte in einem
feierlichen, zu diesem Zweck gehaltenen Hochamte auf die Eucharistie
geschworen, die aufzustellenden Konventionsartikel unverbrüchlich zu
halten.

In der anberaumten Zeit bis zum 20. Januar kam in der
That auch ein mit Lebensmitteln beladenes genuesisches Schiff in
Sicht der Belagerten, ehe es aber den Hafen erreichen konnte, ward
es von Jakobs Galeeren genommen.

Famagosta ging jetzt in die Hände seiner frühern Herren über,
nachdem es neunzig Jahre unter genuesischer Botmäßigkeit gestan=
den hatte. Das Schicksal wollte, daß die Republik es unter einem
Dogen aus demselben Geschlechte (Paolo Campo=Fregoso)
verlor, unter dem und durch welches dasselbe in ihre Gewalt
gerathen war.

Jakob hatte zwar den Einwohnern Famagosta's ihre Freiheiten
bestätigt, doch verließ ein Theil der genuesischen Familien den Platz,
der nie mehr zu seiner frühern Bedeutung gelangte, sondern sich nach
und nach entvölkerte und verfiel.

Es gab jetzt keinen Punkt auf der Insel mehr, der seine Ober=
herrlichkeit nicht anerkannte. Nur die paar hundert Mameluken
unter ihrem Emir Tzami=Bei, eine fortwährende Erinnerung für
ihn und für das Volk an seine Abhängigkeit vom Sultan, mußten
seinem Herrschergefühl lästig fallen. Er dachte deshalb daran, wie
er ihrer sich auf die beste Art entledigen könne.

Der Emir kam ihm hierbei unbewußt entgegen. Jakob war
schon mächtiger geworden, als es dem Sultan lieb sein konnte.

Im Interesse desselben suchte sich der Emir daher in Famagosta festzusetzen, um es vielleicht als Unterpfand zu behalten, der von Jakob eingesetzte Befehlshaber verweigerte ihm aber den Eintritt.

Jakob, sofort davon unterrichtet, gab den Befehl, daß die Mameluken in der Messorea, der weiten fruchtbaren Ebene zwischen Famagosta und Nikosia, verpflegt werden sollten, nur einen kleinen Theil derselben, dem er wohlwollte, sandte er nach Famagosta.

Unmittelbar darauf sammelte er eine Abtheilung Truppen und die Frankomaten (freigelassene Bauern) der Ebene und überfiel mit diesen die Mameluken, die er sammt ihrem Emir niederhauen ließ. Zugleich verbreitete er das Gerücht, daß der Emir ihm nach dem Leben gestrebt habe.

Diese Niedermetzlung fand im Frühjahr 1464 statt.

Grenzenlos war der Zorn des Sultans, als er sie erfuhr. Er dachte daran, sofort mit einem Heere nach Cypern aufzubrechen. Da schickte Jakob eiligst eine Gesandtschaft an ihn, die ihm kostbare Geschenke zu überreichen hatte und zugleich ließ er durch die ihm befreundeten Mameluken seine Entschuldigung vorbringen, weshalb er so gegen Tzami-Bei gehandelt habe. Der Sultan ließ sich denn auch beschwichtigen, erhöhte aber den Tribut von 5000 auf 8000 Dukaten (anfänglich sogar auf 16,000, von welcher Summe ihn Jakob indeß abzubringen wußte). Erst am 26. August 1464 fand Jakob's feierlicher Einzug in Famagosta statt, ohne daß man den Grund kennt, weshalb er dies so lange hinausschob.

Sein Verhältniß zu dem Hospitalorden hatte keine weitere Störung erlitten, da beide Theile ihre gegenseitige Lage zu würdigen wußten und derselben Rechnung trugen. Der in Colossi kommandirende Ritter, Guillaume de Comporte, erhielt schon am 3. März 1462 einen Geleitsbrief, wodurch ihm gestattet wurde, mit einem Gefolge bis zu zwanzig Personen sich nach Rhodos zurück zu begeben und sich in Cypern ungehindert aufzuhalten, wie er wolle. Ungeschmälert gelangten die Einkünfte der Großkommende in die Hände des Großkommendators von Cypern, Jean Ram (Nachfolger Louis' de Magnac seit 1463).

Auch den seit 1460 zum Bischof von Paphos ernannten Michael de Castellacio, der bisher der höchste priesterliche Würdenträger im Orden, nämlich Prior der Conventualkirche St. Johann gewesen, ließ Jakob ungehindert in den Genuß seines Bisthumes eintreten (October 1463),[12] wie wir ihn denn auch im Januar 1464 am Hofe zu Nikosia gefunden haben.

Charlotta hatte sich voraussichtlich auf längere Zeit auf Rhodos niedergelassen und bewohnte wahrscheinlich, wie früher, einen Theil des sehr umfangreichen großmeisterlichen Palastes, der den Namen des Palastes von Cypern durch sie erhalten hatte. [13]) In ihrer Umgebung befanden sich unter Anderen der Marschall Janus von Montolif, der Kämmerer Hugo de Langlois, der Turkopolier Peter Pelestrini, der Seneschall Paul Zappe, der Haushofmeister Antonio de Bon, Jakob de Norès, Jakob Salaga, Philipp Mistahel, Peter Gurri, Eudes de Bossat, Thomas Parvo und Peter de Levanto. Ebenso theilten auch viele den ersten Häusern Cyperns angehörige Frauen die Verbannung mit ihr.

In dem zweiten Jahre ihres Aufenthaltes daselbst wurde sie oder vielmehr ihr Gefolge durch einen eigenthümlichen Zwischenfall in Anspruch genommen.

Im Sommer 1464 erschienen nämlich zwei venetianische Ga=leeren vor Rhodos, auf denen sich eine große Menge Sarazenen befanden. Die eine von ihnen passirte die Festungswerke so nahe, als ob sie kundschaften wollte. Oberhalb der Stadt gingen sie vor Anker und das Landvolk, das die Sarazenen an Bord bemerkt hatte, glaubte schon, es sei auf eine feindliche Landung abgesehen, weshalb es zu den Waffen griff. Da der Orden damals wegen der Behand=lung Dolfin's und der Schädigung von Ordensunterthanen, die in Egypten wohnten, mit dem Sultan auf feindlichem Fuße stand, befahl der Großmeister den Ordensgaleeren die venetianischen zu nehmen. Es geschah dieses nach einigem Kampfe. Die Schiffe wurden in den Hafen gebracht und die vorgefundenen Waaren, Stoffe und Tücher von großem Werth und Eigenthum sarazenischer Kaufleute, in einem Magazine deponirt, zu dem der Großmeister einen und der Prokurator des Schatzes einen zweiten Schlüssel er=hielt. Sämmtliche Sarazenen wurden als Gefangene zurückbehalten, dann ließ man die Galeeren mit ihrer venetianischen Bemannung wieder abziehen.

Am 2. September erschien ein Abgesandter des Proveditore von Kreta, der Herausgabe der Gefangenen, der Waaren und Schaden=ersatz für die ersteren verlangte. Der Ordensrath verweigerte dies, da sein Verfahren nur Repressalie für die dem Orden vom Sultan zugefügte Unbill sei. Am 9. erschien ein anderer des Proveditore von Morea, der ebenfalls abschläglich beschieden wurde.

Nach zwei Monaten zeigte sich auf der Höhe von Rhodos eine venetianische Flotte von 42 Galeeren, die am 9. November in der Nähe der Stadt vor Anker ging. Jacopo Lorebano, der sie befehligte, ließ jetzt dem Orden die Wahl zwischen Krieg oder Herausgabe des Verlangten innerhalb der nächsten drei Stunden. Auch meldete er, daß er Befehl von der Signorie habe, schon jetzt die Stadt einzuschließen, damit sie sich nicht weiter verproviantiren könne. Eine größere Flotte würde im Weigerungsfalle nachfolgen.

Im Ordensrath war man getrennter Meinung. Die Besonneneren waren für Rückgabe des Verlangten, die Spanier jedoch widersetzten sich dem mit größter Heftigkeit.

Da Lorebano in der That zur Belagerung schreiten zu wollen schien, [14]) so wurde den Rittern befohlen, ihre Posten, die schon alle im Voraus vertheilt waren, auf Mauern und Thürmen einzunehmen.

Am 12. beschloß endlich der Ordensrath, die ganze Angelegenheit in die Hände des Großmeisters, des Priors der Conventualkirche St. Johann und des Großkommendators (Haupt der Zunge Provence) zu legen, welche drei durch Heranziehung und Vermittlung der Cyprioten [15]) mit Lorebano in Unterhandlungen traten. Man bewilligte seine Forderungen, worauf er abzog.

Aus derselben Zeit besitzen wir einen Brief von Charlotta an ihren Gemahl, der in vielfacher Hinsicht bemerkenswerth ist und den wir deshalb im Auszuge mittheilen. [16]) Er trägt das Datum des 1. September 1464.

„Mein sehr gefürchteter Herr! Ich empfehle mich Euerer Huld und möge es Euch gefallen zu vernehmen, daß ich auf gute Nachrichten von Eurer erlauchten Person, welcher Gott in seiner Gnade ein langes Leben verleihen möge, sehr begierig bin. Wenn es Euch gefällt, Etwas von mir zu hören, so wißt, daß ich mich zwar bei guter Gesundheit befinde, aber die verlassenste Frau der Welt bin, ohne Vaterland und Reich und beraubt Eurer edeln Person. Gott hat mich in seiner Barmherzigkeit mit einem lieben Sohne trösten wollen, aber die Ungunst des neidischen Geschickes hat mir ihn wieder genommen, wie ich durch Andere Eurer Majestät weitläuftig habe schreiben lassen." (Es ist dieses der einzige Anhaltspunkt für die Thatsache, daß Charlotta einen Erben hatte, der, wie es scheint, kurz vorher auf Rhodos zur Welt gekommen und bald darauf wieder gestorben war.)

Weiter fährt sie fort, daß auf ihren Befehl Georges be Piozasque, Kommendator von Ivrea und bald darauf Ordensadmiral, das Kommando in Cerines an Sor de Naves abgegeben, der ihr einen Eid geschworen, das Schloß tapfer zu vertheidigen, und mit

9 gut verproviantirten Schiffen am 17. August dahin abgegangen sei. (Dies widerspricht so sehr der einstimmigen Nachricht sämmtlicher cyprischen Chronisten, denen zufolge Cerines im Herbst oder Winter 1463 von Sor de Naves übergeben wurde, daß wir nicht anders annehmen können, als daß eine Verabredung bestand, gemäß der Ludwig und Charlotta den Verlust ihres letzten Besitzthumes verschwiegen, da ihnen die abendländischen Fürsten sonst jede weitere Hülfe verweigert haben würden. So erhielt Ludwig im December des folgenden Jahres [17]) eine, wenn auch spärliche Unterstützung von Frankreich und Burgund, deren Regenten er persönlich aufgesucht hatte.)

„Ich habe," fährt sie fort, „auch Gesandte an den Sultan geschickt, die über Cerines nach Alexandrien gehen werden, und zwar meinen Haushofmeister (Antonio de Bon) und Thomas Pardo. Den Einen habe ich in Goldstoffe gekleidet, den Andern in Sammt, die Diener in Scharlach. Der Eine (Pardo) steht sehr in Gunst bei dem Sultan." (Diese Gesandtschaft, die Charlotta nach Kairo in der Hoffnung abgehen ließ, daß der Sultan in seinem Zorn gegen Jakob diesem die Krone nehmen werde, scheiterte vollständig.)

„Von Cypern hören wir, daß der Apostulat alle Anstrengungen macht, um die Gunst des Sultans wieder zu gewinnen, aber die Schmach ist zu groß. Auf der anderen Seite beleidigt er durch Tyrannei und Grausamkeit Jedermann und Gott wird ihn hoffentlich nach Verdienst strafen. Mein sehr gefürchteter Herr, ich benachrichtige Euch von einem sehr großen Uebelstand. Zwei venetianische Galeeren nämlich, von Alexandrien kommend mit Waaren sarazenischer Kaufleute und durch widrige Winde bei Rhodos vorbeigetrieben, sind bei Paramboli [18]) gelandet und haben von da Leute gesandt, um einen Geleitsbrief zum Eintritt in den Hafen zu erlangen, woselbst sie eine andere Galeere erwarten wollten. [19]) Der Großmeister ließ sie festnehmen und die Schiffe durch vier Schnellsegler und die Galeeren Sor de Naves' (?) in den Hafen bringen. Die sehr werthvollen Waaren der sarazenischen Kaufleute ließ er ausladen. Ich fürchte nun, daß Venedig dies nicht ruhig wird hingehen lassen."

„Von Cypern sind der Sohn des Sire Phöbus (Hugo von Lusignan) und Andere gekommen und haben mir mitgetheilt, daß der Apostulat den sich so nennenden Erzbischof von Nikosia, Gonem, mit acht Fahrzeugen an den Sultan geschickt habe, worauf sich auch die Mameluken befinden, die dem Tode entgangen sind. Er führt

1000 Stück Kamelotten (feine, aus Kameel = oder Ziegenhaaren gewebte Stoffe) und Geschenke im Werthe von 20—25,000 Dukaten mit sich. Anderseits meldete ein Flüchtling aus Kairo, daß der Sultan eine große Armee nach Cypern schickt und ich weiß, daß, wenn ich jetzt 25,000 Dukaten hätte, ich in den Besitz meines Reiches gelangen könnte. Meine Armuth drückt mich aber so, daß ich nichts unternehmen kann."

„Wenn Euer Majestät dem nicht abhilft, so bleiben wir ohne Reich und Herrschaft und statt von der Gnade Anderer abzuhängen, wäre es besser für uns, in einen geistlichen Orden zu treten, als in solcher Niedrigkeit noch länger leben zu müssen (demorer à la mercy d'autruy il nous vaudra mieux entrer en une Religion que viure honteusement)."

Zum Schluß meldet sie, daß sie schon wieder von dem Orden eine Anleihe habe machen müssen und wiederholt noch einmal den Ruf um baldige Hülfe. Auch ersucht sie ihren Gemahl wieder zurückzukehren. Unterzeichnet ist der Brief: „Euere demüthige Lebensgefährtin, die Königin Charlotta."

Anmerkungen.

1) Mas Latrie III. Seite 122.

2) Für den gewöhnlichen Gang der Beförderungen war im Hospitalorden die Anciennetät (antianitas) maßgebend und bei jüngeren Rittern hing diese von der Dauer des Aufenthaltes im Konvent ab.

3) Bosio II. S. 219.

4) „Aussy à son arrivée en Rhodes se peust bien congnoistre quelle subvencion eust de par deça, car se assez petitement estoit venue de par deça, s'en retourna de par delà en pire et mineur estat." Mas Latrie III. S. 138.

5) Civitan war ein königlicher Districtsbeamter, der in seinem kleineren Bezirke nach Analogie des Bicegrafen von Nikosia Verwaltung und Polizei ausübte. Seiner Jurisdiction unterstanden indeß Geistlichkeit, Adel und ihre hörigen Leute nicht.

6) Lusignan Fol. 70.

7) Mas Latrie III. S. 140.

8) Zwar ist der großmeisterliche Befehl an Pelerin de Montaigu vom 16. September datirt (Mas Latrie III. S. 88 und Bosio II. S. 223) und die Schuldurkunde Ludwigs vom 19. September (Guichenon T. I. S. 542), doch glaube ich sicher, daß beide Thatsachen im engsten Zusammenhang stehen, wenn auch Montaigu nicht lediglich dieser Schuld halber nach Europa ging.

9) Lusignan Fol. 70b.

10) Der Chronist Georg Bustron gibt als das Jahr der Uebergabe von Cerines 1463 an. Lusignan Fol. 70b sagt, daß es zwei Jahre belagert gewesen und Florio Bustron stimmt mit den beiden Genannten in Betreff der chronologischen Folge der drei Begebenheiten: der Uebergabe von Cerines, der Kapitulation Famagosta's und der Niedermetzelung der Mameluken überein. · Die Kapitulation von Famagosta fand im Januar 1464 statt. Mas Latrie III. S. 128 glaubt nun aus dem von Zakosta am 8. November 1463 für eine große Anzahl der nach Rhodos geflüchteten vornehmen Cyprioten ausgefertigten Salvuskonductus schließen zu können, daß Cerines bereits damals in den Händen Jakobs war. Immerhin bleibt es eigenthümlich, daß Sor de Naves sich in dieser Zeit, am 3. October 1463, einen Salvuskonductus vom Großmeister ausstellen ließ (spectabili viro, Soro de Navi, triremium capitaneo, amico nostro carissimo). Man ersieht aus ihm, daß er beim Orden in großem Ansehen stand, da er über zahlreiche Schiffe verfügte (Mas Latrie III. S. 164). Da er in der Urkunde vom 3. Februar 1462, bei deren Abfassung er zugegen war (Mas Latrie III. S. 117), als „spectabilis capitaneus vulgariter Sor de Naves nuncupatus" aufgeführt wird, so sollte man glauben, daß es sein eigentlicher Name gar nicht gewesen sei. .

11) Mas Latrie III. S. 166.

12) Mas Latrie III. S. 87. Michael de Castellaccio war im Jahre 1460 zum Bischof von Paphos gewählt worden (Bosio II. S. 208), nachdem er sich in Rom als Generalprokurator des Ordens aufgehalten und von dort im Jahre 1459 zurückberufen worden war. (Bosio II. S. 204.)

13) Se n'andarono tutti unitamente nella Sala del Palagio di Cipro nelle Stanze del Gran · Maestro heißt es von dem Generalkapitel vom 28. October 1462 (Bosio II. S. 220) und bei Gelegenheit des Generalkapitels vom 6. December 1475 von den sechszehn Repräsentanten der acht Zungen: „I quali Sedici si congregarono nel Pelagio, dove alloggiato haveva la Reina Carlotta (sie war im Jahre vorher nach Rom abgereist), il quale si chiamò poi sempre il Palagio della Reina di Cipro." Bosio S. 284.

14) Der Venetianer Andrea Navagiero in seiner Storia Veneziana (bei Muratori T. XXIII.) sagt Col. 1125, daß die venetianische Flotte, es war dieselbe, die im August zu dem beabsichtigten Türkenzuge in Ankona eingetroffen war, sich in zwei Hälften getheilt und an den beiden Seiten von Rhodos eine Landung bewerkstelligt habe. Darauf habe sie drei Tage lang die Insel fünfzehn Meilen um die Stadt herum mit Sengen und Brennen verwüstet, bis der Großmeister nachgegeben habe (e giorni tre continui consumarono a saccheggiarla e abbruciarla per miglia quindici intorno la Città). Es ist dieses sehr übertrieben.

¹⁴) Bosio II. S. 228.

¹⁶) Guichenon T. II. S. 394.

¹⁷) Mas Latrie III. S. 141.

¹⁸) Ueber die Lage von Poramboli, welche Bezeichnung jetzt erloschen sein muß, da ich sie bei keinem neuern Reisenden oder auf irgend einer Karte bemerken kann, gibt Bosio (II. 543) hinreichende Notiz: Andarono (nämlich die türkischen Schiffe bei Beginn der zweiten Belagerung von Rhodos) à sorgere in una piaggia, che stava dall' altra parte dell' Isola verso Levante detto *Parambolino*, dove era una Cala o sia Porto assai sicuro per i venti Ponenti e maestri, che 'l più delle volte in quel Canale regnar solevano; lontano dalla Città circa *sei migl'a per mare*.

¹⁹) Diese drei Galeeren, die von Alexandria kamen und nach der Berberei wollten, weßhalb sie auch so viele Sarazenen an Bord hatten, waren befehligt von Andrea Contarini, Antonio Vetturi und Francesco Querini. S. Romanin, Storia documentata di Venezia. T. IV. S. 321.

Neuntes Kapitel.

Gesandtschaft Jakobs II. nach Italien. Caterina Cornaro. Vertrag mit Venedig. Differenz mit dem Hospitalorden. Verlobung mit Caterina Cornaro (Juli 1468). Spanische Partei in Cypern und ihre Ziele. Jakob begibt sich in den Schutz der Republik Venedig. Klarion von Lusignan. Verschwörung gegen Jakob (1470). Ligistischer Feldzug des Jahres 1472. Jakob läßt seine Braut abholen. Einnahme Smyrna's. Feldzug des Jahres 1473. Plötzlicher Tod Jakobs II. (6. Juli 1473). Sein Testament.

Nachdem Jakob sich im unbestrittenen Besitz der Herrschaft befand, mußte es ihm besonders darum zu thun sein, sein Ansehen bei den abendländischen Fürsten zu heben, was allerdings hauptsächlich in den Händen der Kurie lag. Sein vorzüglichster Gegner Pius II. war am 14. August 1464 gestorben und von seinem Nachfolger Paul II. glaubte er etwas mehr Nachsicht erwarten zu dürfen, zumal dieser ein Venetianer war.

Im Auftrage Jakobs erschien nun im December 1466 der Erzbischof Gonem in Venedig, das ihn jetzt offen als König anerkannte, und bot dem Senat für den Fall eines Türkenkrieges sechs Galeeren und 500 Reiter an, eine unerhörte Thatsache, wenn man den Stand der cyprischen Flotte seit dem Tode Peters I. erwägt.

Zugleich bat er um die Meinung des Senats bezüglich einer Ehe mit Sophia (Zoe), Tochter des Despoten Thomas von Morea und Nichte Konstantins, des letzten Kaisers von Byzanz, die in Rom unter Obhut des Kardinals Bessarion lebte.

Der Senat nahm das Anerbieten Jakobs dankbar an und rieth ihm zugleich zu der beabsichtigten Heirat.

Als nun Gonem in Rom erschien, um einerseits die Anerkennung seines Herrn und anderseits die Heirat mit der Paläologentochter zu betreiben, sah er sich bitterlich getäuscht. Paul II. erklärte, daß er Jakob so lange als Usurpator betrachten müsse, als Charlotta noch lebe. Auch könne er deshalb in die Ehe mit Sophia nicht einwilligen.

Bald darauf, in der ersten Hälfte des Jahres 1467, begab sich Philipp Mistahel, der wie Thomas Pardo, Peter de Levanto und Andere Rhodos verlassen und sich Jakob zur Verfügung gestellt hatte, in dessen Auftrag nach Venedig. Es gab hier noch eine Menge Differenzpunkte zwischen der Republik und Cypern zu ordnen, wichtiger war aber unstreitig, daß der Senat inzwischen eine andere Braut für den König ausfindig gemacht hatte. Es war die schöne, damals allerdings erst dreizehnjährige Nichte des in Nikosia ansässigen, von Venedig aus unbekannten Ursachen exilirten, reichbegüterten Andrea Cornaro, der zuerst des Königs Auge auf sie gelenkt haben soll, indem er ihm ein Miniaturgemälde von ihr zeigte. Sie hieß Caterina und lebte zu Venedig im Hause ihres schon früher erwähnten Vaters, Marco Cornaro.[1]) Ihre Mutter Fiorina war eine Tochter des Herzogs Nicola Crispo von Naxos und der Valentina Comnena, trapezuntischen Kaisertochter.

Andrea Cornaro, der wahrscheinlich von Johann II. die Würde eines Auditors von Cypern erhalten hatte, war ebenso wenig, wie sein Bruder Marco, ursprünglich ein Freund Jakobs gewesen und hatte sich mit Charlotta sogar in Cerines einschließen lassen, später aber wurde er eine seiner kräftigsten Stützen und streckte ihm große Geldsummen vor.

Da die Republik selbst die Heirat angeregt oder doch wenigstens befürwortet hatte, so verursachten die Unterhandlungen mit der Familie der Braut dem cyprischen Gesandten keine weiteren Schwierigkeiten.

Zur Abwicklung der erwähnten Differenzpunkte sandte dagegen Venedig Clemente Thealdino nach Cypern (August 1467), der auch am 11. November diese durch einen Vertrag zu Nikosia regelte.

Darin erneuerte Jakob „als guter Sohn" (come bon fiol) die frühere Jurisdiction der Republik und setzte fest, daß über keinen Venetianer, es möge ein nationaler oder nur ein „weißer" sein, irgendwelche Gewalt ausgeübt werde. (Weiße Venetianer, „Venetiani bianchi," waren eingeborene Griechen oder auch Syrier, Armenier u. s. w., die von dem venetianischen Ballei in Cypern das venetianische Bürgerrecht erhalten hatten und dadurch von allen Frohnden und Lasten, die die Eingeborenen zu tragen hatten, frei waren. Ihr Bürgerrecht ging auch auf ihre Kinder über. Ebenso gab es auch weiße Genuesen.)

Von einer doppelten Forderung von jährlich 14,000 Bisanten auf die Thorzölle als Entschädigung für die von Jakob I. gemachten Auflagen und von 10,000 auf die königliche Färberei glaubte Jakob nur die letztere bewilligen zu können. Da jedoch die Färberei längst nicht mehr die früheren Erträgnisse ergab, so wurde die Hälfte des Geldes, 5000 Bisanten, auf die Thorzölle gelegt.

Für den Rest einer Schuldsumme von 120,000 Bisanten versprach der König der Signorie 50 Quintal Zucker.

Die Klage eines Giovanni Forbini auf Schadenersatz gegen den cyprischen Connetable Sor de Naves, dessen Galeeren ihn auf dem Meere geplündert hatten, wies Jakob als ihn nicht berührend zurück, da derselbe den Kläger schadlos stellen werde und deshalb einstweilen dem venetianischen Ballei seine Besitzungen in Pfandschaft gegeben habe.

(Eine ähnliche Klage gegen Sor de Naves wurde bei dem Großmeister Zakosta, als dieser zur Feier des Generalkapitels nach Rom gegangen war, woselbst er auch starb, von Einwohnern der Stadt Ankona erhoben. Diese schätzten ihren Verlust auf 3500 Dukaten. Zakosta befahl nun am 12. Januar 1467, daß alle unbeweglichen Güter, die Sor de Naves auf Rhodos besitze, bis zur Höhe dieses Betrages mit Beschlag belegt werden sollten.)

An zwanzig andere Punkte, die für uns von ganz untergeordnetem Interesse sind, wurden durch diesen Vertrag noch weiterhin geregelt.

In welcher Weise Jakob in dieser Zeit seine Hülfsmittel zu vermehren wußte, zeigt ein Vorfall, der ihn in ein momentan feindliches Verhältniß zu dem Hospitalorden brachte.

In der Levante gab es unter anderem auch einen Kapitän oder Korsaren, nach seiner Heimat Michele da Malta [2]) genannt, dem eine Galeere und eine Galiotte zugehörten. Der Orden hatte

diese im Frühjahr 1465 zum Schutz von Rhodos (wahrscheinlich nur
für den Sommer dieses Jahres) gemiethet. Später ließ sich Jakob
mit Michele da Malta ein und bezog dafür, daß er ihn unterstützte
— der Korsar betrieb wieder schwunghaft sein altes Geschäft — einen
Antheil am Gewinn. Als Michele nun ein italienisches Fahrzeug
und die Galiotte eines Ritters Castelui aufgebracht hatte (1467),
beschloß der Ordensrath ihm mit der rhodischen Wachtgaleere das
Handwerk zu legen. Nach einigem Suchen traf ihn diese, wie er
eben im Begriff war mit seiner Beute nach Malta zu gehen. Man
begrüßte sich mit Kanonenschüssen. Der Korsar nahm mit seinen
Schiffen das Gefecht an und bald kämpfte man von Verdeck zu
Verdeck. Da streckte ein Schuß Michele zu Boden, worauf seine
Leute den Kampf aufgaben. In Rhodos setzte man die Gefangenen
des Korsaren in Freiheit, machte seinen Leuten den Proceß und vertheilte die sehr ansehnliche Beute unter die Bemannung der Wachtgaleere. Nur die Ladung des italienischen Schiffes wurde deponirt,
um sie ihrem früheren Patron zurückzugeben.

Als Jakob dieses erfuhr, wurde sein Zorn dermaßen erregt,
daß er sofort sämmtliche Güter der Großkommende, sowie auch die
Magistralkommende Phinika mit Beschlag belegte. Nach einigen
Monaten kam der zu Rom im Generalkapitel am 4. März 1467
neugewählte Großmeister Battista Orsino, bisher Großprior von
Rom, in Rhodos an (September 1467) und schickte sofort eine
Gesandtschaft an Jakob. Er ließ ihm durch diese seine Ankunft
anzeigen und ihm versprechen, für jeden Schaden aufzukommen, der
ihm durch Aufbringung der Schiffe Michele's da Malta erwachsen
sei. Dafür möge er auch die Ordensgüter wieder frei geben.

Durch diese Gesandtschaft fühlte sich Jakob einestheils ge-
schmeichelt, anderntheils bedachte er, daß Orsino beim Papst in
großer Gunst stehe und daß es ihm vielleicht gelingen möge, durch
diesen bei der Kurie seine Anerkennung durchzusetzen, er sandte daher auch seinerseits einige Ritter an den Großmeister und gab ihnen
unbeschränkte Vollmacht zum Ordnen der streitigen Angelegenheit.
Doch bedurfte es noch der besonderen Sendung des Ordensadmirals
Nicolo Corogna, des Ballei von Majorka, Juan de Carbona,
und des Ballei von Aquila und großmeisterlichen Seneschalls, John
Langstrother,[3]) um einen vollständigen Ausgleich herbeizuführen.

In der hohen Kammer, repräsentirt durch Sasson de Norès,
den Großballei oder Chef der Schatzverwaltung, und Nicolo Morabito,
bekannte nun der König am 3. März 1468, daß er dem Großkom-

menbator Jean Ram wegen der Besitzergreifung seiner Güter, auch
des Ordenspalastes in Nikosia und des Schlosses Colossi die Summe
von 9498 Dukaten schulde. Davon mußten 5000 Dukaten für La=
dung des Schiffes von Ankona abgehen, „welches die Galeeren der
Religion (d. h. des Ordens) seinen Galeeren abgenommen hätten.“
Den Rest des Guthabens von 4498 Dukaten erhielt der Großkom=
mendator durch Anweisungen auf Zuckerernten bestimmter Casali, auf
andere Einkünfte und auf die Erträgnisse der Salzseen bei Lar=
naka. Seneschall John Langstrother, zugleich Kommendator von
Phinika und Tempros, der 606 Dukaten zu beanspruchen hatte, er=
hielt gleichfalls am folgenden Tage Anweisungen auf Zuckerernten
und andere Renten. So war das alte Verhältniß wieder hergestellt. ⁴)

Der König bezahlte auch noch in demselben Jahre (5. Oct.)
dem Orden den 694 Dukaten betragenden Rest einer Summe, für
die der Großmeister Zakosta ihm einst zu Rhodos sarazenische Sclaven
aufgekauft hatte, die Jakob dann dem Sultan von Egypten als
Geschenk zusandte.

Die venetianische Heiratsangelegenheit war inzwischen soweit
gediehen, daß Mistahel glaubte, den feierlichen Eheverspruch voll=
ziehen zu können.

Am 10. Juli 1468 wurde die reichgeschmückte Braut von 40
Edeldamen mit der Rudergondel des Dogen aus ihrem väterlichen
Palaste, der am großen Kanal liegt, abgeholt und feierlich in den
Saal des großen Rathes geleitet. Eine Masse Volks war zusam=
mengeströmt uud drang bis in die Saalthüren, um die Feierlichkeit
mitanzusehen. Nachdem die Braut vor den Dogen Cristoforo
Moro getreten war, übergab dieser einen geweihten Ring, den
einer seiner Sekretäre ihm überreicht hatte, an Philipp Mistahel
und dieser steckte ihn im Namen des Königs der Braut an die Hand.
Hierauf begrüßte man sie von allen Seiten als cyprische Königin
und der Doge gab ihr das Geleit bis an die Gondel, die sie heim=
brachte. Als Mitgift waren 100,000 Dukaten festgesetzt, die zum
Theil durch kostbare Steine und Schmucksachen repräsentirt wurden
und andererseits auch die Forderungen Andrea Cornaro's, des Oheims
der Braut, an Jakob in sich begriffen.

Dieser säumte nun zwar nicht, dem Senat eine offizielle Danksag=
ung und Bestätigung seiner Verlobung zu übersenden, im Grunde war
er aber jetzt weniger als je geneigt, die Heirat wirklich zu vollziehen.

Der Oheim der Braut, Andrea, war um diese Zeit in tiefe
Ungnade gefallen, so daß der König seine sämmtlichen Besitzungen

einzog und seine hörigen Leute für frei erklärte. Als Grund die=
ser Ungnade wird der plötzliche Tod seiner natürlichen Tochter Char=
lotta bezeichnet, die, wie früher erwähnt, Sor de Naves zugesagt
war und die mit ihm entweder wirklich schon verheiratet war oder
es doch demnächst werden sollte. In welchem inneren Zusammen=
hang dieser Todesfall, der Jakob außerordentlich erschütterte, mit
seinem feindseligen Auftreten gegen Andrea Cornaro steht, vermögen
wir nicht anzugeben, die Thatsache schien aber der Signorie von
solcher Bedeutung, daß sie ihrer mehrfach in den cyprischen Depe=
schen Erwähnung that. [5])

Uebrigens versöhnte sich Jakob bald wieder mit ihm und gab
ihm seine Güter zurück, widerrief auch die Freiheitserklärung seiner
hörigen Leute (23. Juli 1468).

Indessen war es weniger dieser Zwischenfall, der den König
von seiner beabsichtigten Heirat zurückbrachte, als die Abneigung
der sehr einflußreichen spanischen Partei am Hofe zu Nikosia, die
in König Ferdinand, natürlichem Sohn und Nachfolger Alfons V.
in Neapel, ihren Sammelpunkt gefunden hatte, gegen eine Verbindung
Cyperns mit Venedig, die die Selbstständigkeit des Reiches gänzlich
untergraben mußte. Man lenkte deshalb des Königs Aufmerksam=
keit wieder auf die Paläologentochter Sophia in Rom, welche Be=
werbung Ferdinand mit seinem Einflusse unterstützte.

Ja es ist nicht unwahrscheinlich, daß der Erzbischof Gonem,
der sich als ein bedeutendes Hinderniß für die Versöhnung Jakobs
mit der Kurie betrachten durfte, deshalb auf seinen erzbischöflichen
Stuhl verzichtete und ihn einem Katalanen Luis Perez Fabri=
ces, Bruder des früher erwähnten Juan Perez Fabrices, Grafen
von Joppe und Karpas, einräumte, den auch die Kurie bestätigte.
Er war es vorzüglich, der sich in Rom oder Neapel mit den bezüg=
lichen Unterhandlungen wegen der Prinzessin Sophie befaßte. Sie
blieben indeß resultatlos und die Prinzessin heiratete später den
Großfürsten Iwan III. Wassiliewitsch. Gleichzeitig hatte man noch
eine zweite Braut in's Auge gefaßt und zwar eine natürliche Toch=
ter Ferdinands von Neapel, wofür, wie es scheint, hauptsächlich
Rizzo di Marin agitirte.

Die Republik wußte indeß zu gut, wessen sie sich von Fer=
dinand und der spanischen Partei in Nikosia zu versehen hatte. Kaum
hatte sie über Rom erfahren, daß Ferdinand Alles aufbiete, um
einem Katalanen den erzbischöflichen Stuhl von Nikosia zu verschaf=
fen, „damit er seine Intriguen in Cypern mit noch besserem Erfolg

fortſetzen könne,"*) als ſie ihrem Geſandten bei der Kurie den Auf=
trag gab, mit aller Macht dagegen zu arbeiten (3. Juni 1469),
was jedoch, wie erwähnt, vergeblich war.

Bereits hatte ſie es auch für gegeben erachtet, an Jakob ſelbſt
ein eindringliches Schreiben zu richten (18. Mai), worin ſie ihm
erklärte, daß nach ihrer Anſicht ſeine ſo feierliche Verlobung nicht
allein als ein Bündniß mit einer venetianiſchen Patriciertochter
gelte, ſondern vielmehr als eine Verbindung mit dem ganzen Senat
und dem geſammten venetianiſchen Adel. Die Republik und er
hätten nun ganz gleiche Intereſſen. Es ſei ihnen deshalb unglaub=
lich, daß Jakob, wie ein Gerücht gehe, anderwärts ſich verheiraten
wolle. Es widerſtreite dies ſeiner Würde, ſeinem gegebenen Wort
und dem Wohlwollen, welches die Republik ihm ſtets bewieſen.
Um nun jeden Verdacht niederzuſchlagen, möge es ihm gefallen, ſo
ſchnell, als möglich, ſeine Verlobte, die durchlauchtigſte Königin, her=
überholen zu laſſen und könne der Republik nichts Angenehmeres,
als dieſes begegnen.

Der Senat hatte nicht verfehlt einzuſchärfen, daß der Ueber=
bringer des Schreibens, ein Galeerenkapitän, dem König eindringlich
zureden und ihn an ſein Wort erinnern ſolle, bald nachher kam er aber
zur Ueberzeugung, daß es in der That nöthig ſei, einen eigenen
Geſandten nach Cypern gehen zu laſſen, zumal das Gerücht von
Jakobs Abfall mit immer größerer Beſtimmtheit auftrat.

Dazu wurde Domeniko Gradenigo gewählt und ihm ein
Gefolge von acht Perſonen zugebilligt (9. Juni).

In der Inſtruction, die er vom Senat erhielt (20. Juli), wird
noch einmal wiederholt, daß es ſich hier nicht um eine bloße Heirat,
ſondern um eine Verbindung mit dem geſammten Senate handle.
Nicht allein halte man den Nichtvollzug der ſo feierlich geſchloſſe=
nen Ehe für unmöglich, getreu den Worten der Schrift: „Was Gott
vereint hat, ſoll der Menſch nicht trennen," es werde auch, abge=
ſehen von dem Geſchwätz der Welt, ſeine und die Ehre des Senats,
was ſchwerer, als alles Andere, in die Wagſchale falle, auf's Em=
pfindlichſte berührt und die ſo ſchmählich zurückgewieſene Braut, wie
auch ihre ganze Verwandtſchaft für alle Zeiten mit Schimpf und
Schande bedeckt bleiben.

Um übrigens dieſe fatalen Gerüchte ein für allemal niederzu=
ſchlagen und den Ohrenbläſern den Mund zu ſtopfen, gebe es ein
ausgezeichnetes Mittel, wenn der König nämlich ſeine Braut ſofort

nach Cypern kommen laſſen wolle. Der Senat werde jeden erdenk=
lichen Vorſchub dabei leiſten. [7])

Ja man wolle den König unter gewiſſen Bedingungen in den
Schutz der Republik aufnehmen, wozu Gradenigo Vollmacht erhal=
ten habe, da es in Venedig ſelbſt wegen des ſchon erfolgten Todes
des cypriſchen Geſandten Philipp Miſtahel nicht möglich ſei.

Gradenigo erhielt noch den weiteren Auftrag, bei ſeiner Rück=
kehr in Rhodos zu landen und zu verſuchen, ob es ihm nicht gelin=
gen möge, einen Vertrag zwiſchen Charlotta und Jakob zu Stande
zu bringen, falls ihn dieſer darum bitten ſollte.

Sein Aufenthalt in Cypern ſollte ſich nicht über zehn Tage
erſtrecken.

Ende September kam Gradenigo an ſeinem Beſtimmungsort an
und fand den König auch willig, ein engeres Bündniß mit der
Republik zu ſchließen und ſich in ihren Schutz zu begeben.

Die Verhandlungen wurden am 4. October 1469 im Palaſt
zu Nikoſia geführt und eine Urkunde im Duplikat darüber auf=
genommen, die der König und Gradenigo unterzeichneten und un=
terſiegelten.

Darnach nimmt die Republik den König in ihren Schutz
wider Alle und Jeden, ausgenommen den Sultan von Egypten.

Jakob verpflichtet ſich dagegen, ſtets die Intereſſen derſelben
zu wahren, jedes Jahr auf ſeine Koſten, wenn es nöthig ſein ſollte,
drei Monate lang zwei Galeeren zur venetianiſchen Flotte ſtoßen
zu laſſen, die alten Privilegien der Venetianer aufrecht zu erhalten
und die nur für den Tranſit beſtimmten Waaren in keiner Weiſe
mit einer Abgabe zu belaſten.

In der Urkunde wird noch erwähnt, daß die Signorie die
Braut des Königs, die hier gleichfalls als Königin aufgeführt wird,
zu ihrer Adoptivtochter erhoben habe.

Den Unterhandlungen wohnten bei der venetianiſche Ballei
Pietro Pizamano und der Marinehauptmann Giovanni Mar=
cello; cypriſcherſeits der Doctor Philipp Pobochatoro und der
Kapitän der Galeeren Juan Perez Fabrices, Graf von Joppe
und Karpas.

Von einer baldigen Abholung Caterina's findet ſich nirgends
eine Erwähnung, doch iſt wahrſcheinlich, daß ſich Jakob Gradenigo
gegenüber mündlich dazu verpflichtete. Im Herzen dachte er nicht
daran. Seine Anhänger waren in dieſer und der folgenden Zeit in

Italien mehr als je darauf bedacht, ihm zu einer andern Braut zu verhelfen.

Auf der Rückreise besuchte Gradenigo auch Rhodos, aber nicht um mit Charlotta zu unterhandeln, sondern um dem Orden die Geneigtheit der Signorie auszudrücken, ein Bündniß gegen die Türken abzuschließen, wozu sich auch der Orden bereit erklärte.

Jakob scheint überhaupt von Charlotta nichts weiter mehr befürchtet zu haben, dagegen gab er sich alle erdenkliche Mühe, den Repräsentanten der legitimen Seitenlinie des königlichen Hauses, dem nach seinem und Charlotta's kinderlosem Tode die Thronfolge zustand, zu sich herüberzuziehen.

Es war dies Klarion (Karl) von Lusignan, Enkel des 1426 gestorbenen Fürsten Heinrich von Galiläa, des Bruders des Königs Janus, und demgemäß ein Vetter Jakobs. Seine Eltern waren Philipp, Herr von Lapithos, und Eschiva de Norès. Er selbst hatte Helene, Tochter des Seneschalls von Jerusalem Paul Zappe, zur Frau. (Seneschall von Cypern war Onofrio Requesens, ein Aragonese.)

Obschon er stets in Cypern geblieben war, konnte Jakob es doch nie dahin bringen, daß Klarion ihn der rechtmäßigen Königin Charlotta vorzog, wenn er auch sonst ihm gehorsam war und in seiner Umgebung sich aufhielt.

Jakob, dessen leidenschaftliches Gemüth eine solche stille Opposition nicht ertragen konnte und der ihn vergebens durch Schenkungen zu fesseln gesucht hatte, lud ihn einst zur Jagd ein, verbot ihm aber ausdrücklich, seinen Falken eher steigen zu lassen, bevor er die Erlaubniß dazu von ihm empfangen habe. Klarion kehrte sich aber nicht daran, sondern ließ, als er ein Wild erblickt hatte — es war dieses ein wunderschöner Fasan — seinen Falken fliegen. Die Sache wurde sofort dem König hinterbracht, der wüthend vor Zorn auf ihn lossprengte, ihn am Bart ergriff und zur Erde schleuderte. Dann sprang er vom Pferd, trat ihm auf dem Gesichte herum und zerriß es mit seinen Sporen. Klarion wurde für todt von seinen Dienern aufgehoben und in seine Wohnung, den alten königlichen Palast, gebracht.

Nach einiger Zeit fragte der König, ob er noch lebe und wieder gesund sei, und als dieses bejaht wurde, ließ er ihn rufen. Klarion weigerte sich aber hartnäckig zu kommen. Da nahm ihm der König seine sämmtlichen Lehen, 24 an der Zahl, worunter das reiche und starkbevölkerte Lapithos an der Nordküste. Es blieb ihm nur eine Rente von einer kleinen Besitzung. Der König wollte ihm später seine Besitzungen zurückgeben, weil er doch sein nächster Verwandter war, sein plötzlicher Tod verhinderte es aber. Klarion's Nachkommen erhielten sie eben so wenig von der Republik Venedig zurück, die sich darauf stützte, daß sie zur Zeit der Besitzergreifung Cyperns in andern Händen gewesen seien.

Ein directer Nachkomme von ihm, und zwar sein Urenkel, ist der bekannte cyprische Chronist, Stephan von Lusignan, ein Dominikaner, der nach Eroberung des Landes durch die Türken nach Italien und Frankreich ging und zu Paris im Jakobskloster am Ende des sechzehnten Jahrhunderts sein Leben beschloß.

Ueberhaupt war der eigentlich fränkische Adel im Stillen mehr Charlotten zugethan, dagegen konnte Jakob eher auf diejenigen Adelsgeschlechter rechnen, die griechischer Abstammung waren. Sie waren freilich sehr in der Minderzahl. Es gehörten dazu die Podochatoro, Mistahel, Chimi, Bustron, Singklitiko (auch Singkritiko genannt), Levanto u. a.

Doch auch diese verletzte er oft durch sein leidenschaftliches Auftreten, namentlich aber durch seine Ausschweifungen, wobei er die Ehre selbst der angesehensten Familien nicht schonte.

In Folge dessen bildete sich bald eine Verschwörung von Adeligen, die größtentheils von ihm in diesem Punkte beleidigt waren. Es gehörten dazu Balian und Marsil de Norès, Demetrius Bustron, Jakob Salaga, Johann Ceba, drei Brüder Chimi und Nikolaus de Constanzia, den Jakob einst öffentlich beschimpft hatte. Auch ein Abenteurer, Jakob der Malteser, Civitan von Pandaia, betheiligte sich daran, der einst halb nackt in Cypern erschienen und herumgeirrt war, bis der Hauptmann Peter Davila ihn in seine Compagnie aufnahm und ihm dadurch den Weg zu höhern Stellen eröffnete.

Die Verschworenen wollten den König auf dem Weg von Famagosta nach Nikosia überfallen und Johann Ceba wurde bestimmt, den Weg zu beobachten, während die Anderen im Hinterhalte lagen. Ceba bemerkte aber erst den König, der fast ohne Begleitung war, als er vor ihm stand. Auf dessen Aufforderung begleitete er ihn nach Nikosia.

Nachdem die Andern bis Tagesanbruch vergeblich gewartet hatten, begaben sie sich gleichfalls nach Nikosia. Der Malteser Jakob, der da glaubte, daß die Verschwörung von Ceba verrathen sei, warf sich dem König zu Füßen und entdeckte ihm Alles, indem er sich selbst als gezwungenen Theilnehmer darstellte.

Jakob befahl ihm zu schweigen und that weiter keine Schritte, um die Verschworenen desto sorgloser zu machen. Nach einiger Zeit ließ er sie sämmtlich durch den früher erwähnten Johann Tafures, der zum Grafen von Tripolis ernannt war, festnehmen und zum Tode verurtheilen.

Ein Theil von ihnen erlitt ihn wirklich, ein anderer erhielt auf Fürbitten von Jakobs Mutter, Marietta, das Leben geschenkt und wanderte in das Gefängniß (1470).

Die reißenden Fortschritte der Türken, namentlich die Einnahme der wichtigen venetianischen Stadt Negroponte (12. Juli 1470), brachte endlich eine Liga zwischen sämmtlichen italienischen Fürsten und Signorien zu Stande (Januar 1471). Jakob fand sich verletzt, daß man ihn von Seiten Venedigs nicht in dieses Bündniß mitaufgenommen habe und schickte deshalb einen Gesandten an die Signorie. Dieser sollte zugleich vorstellen, welche Hülfe er bis jetzt dem von den Türken arg bedrängten Emir von Skandeloro geleistet habe und den Senat um Schiffskörper und Söldner bitten. Jakob stellte sogar das Ansinnen an die Republik, sie möge ihm von ihren auswärtigen Besitzungen Leute und Colonisten nach Cypern schicken, um der zunehmenden Entvölkerung der Insel abzuhelfen. Der Senat entschuldigte sich damit, daß das Bündniß nur zwischen italienischen Fürsten abgeschlossen worden sei, daß er aber bei Abschluß eines Friedens mit den Türken miteinbegriffen werden solle, sagte ihm Söldner und zwei ganz neue, vollständig ausgerüstete Galeeren, doch ohne die Mannschaft zu, und stellte ihm schließlich vor, daß die Republik doch unmöglich ihre eigenen Leute zur Colonisation von Cypern verwenden könne. Dagegen stehe es ihm frei, aus den neuerdings in türkische Gewalt gerathenen Länderstrichen, wie Morea, Christen an sich zu ziehen, die unter dem Joche der Osmanen nicht leben wollten (25. October 1471).

Der im Abendland gebildeten Liga hatte übrigens Jakob eine gleiche in der Levante an die Seite zu stellen gesucht, die aus Cypern, dem Orden von Rhodos, dem Sultan von Egypten, dem Groß = Karaman und dem Emir von Skandeloro bestehen sollte. Die letzteren waren aber bereits so arg bedrängt, daß sie fast über gar keine Truppen mehr verfügen konnten. Der Sultan von Egypten hielt sich gänzlich zurück, während der Orden zustimmte (16. November 1470).

Nach dem Fall Negroponte's hatte die Signorie das General=
kapitanat des Meeres an Pietro Mocenigo übertragen, der
seinen unfähigen Vorgänger Nikolo Canale mit der Flotte in
den griechischen Gewässern traf und ihn in Ketten nach Venedig
sandte. Da das Jahr 1470 zu weit vorgerückt war, als daß sich
etwas hätte unternehmen lassen können, überwinterte die Flotte zu
Modon.

Das Jahr 1471 ging gleichfalls ungenutzt vorüber, da Moham=
med II., getreu seiner bewährten Politik, mit der Signorie in Un=
terhandlungen trat, um auf diese Weise die Liga zu sprengen.

Erst im Frühjahr 1472 nahm die Sache größere Dimensio=
nen an.

Es erschienen die Galeeren Ferdinand's von Neapel, 17 an der
Zahl, und später ein päpstliches Geschwader von 20 Galeeren unter
dem Befehl des Cardinallegaten Oliviero Carrafa. Dieser
begab sich indeß zuerst nach Rhodos und überreichte dort am 22. Au=
gust ein päpstliches Breve an den Großmeister Orsino. Es bezog
sich dieses auf dessen Streit mit der Schatzverwaltung, ein Streit,
der dadurch entstanden war, daß man bei der großen Schulden=
last des Ordens die Verwaltung des Schatzes dem Großmeister auf
vier Jahre übergeben hatte und daß dieser nach Uebergabe derselben
Ansprüche erhob, die man nicht als berechtigt anerkennen wollte.
Der Convent befand sich darüber seit Jahresfrist in großer Auf=
regung. Das Breve autorisirte nun den Cardinal, den Streit zu
schlichten, was derselbe auch zur Zufriedenheit beider Theile that.

Diesen Streit, dessen Bedeutung durch das Gerücht jedenfalls
sehr übertrieben worden war, hatte übrigens Jakob benutzt, um den
Bischof von Paphos nach Rhodos zu senden und dort, als „ergeben=
ster und anhänglichster Sohn des Ordens," wie er sich selbst nannte,
seine Vermittlung antragen zu lassen. Dem Bischof wurde im Or=
densrath am 13. Juli erwidert, „daß zwischen dem Haupt und den
Gliedern niemals eine Differenz oder ein Streit entstanden sei oder
entstehen könne, der Andern nur die entfernteste Veranlassung bieten
dürfe, sich darüber irgendwelchen Beunruhigungen hinzugeben. Sie
Alle strebten nur nach einem Ziel, nämlich der Erhaltung ihres
Verbandes und zwar mit aller Achtung und Ehrerbietung gegen
ihren vorgesetzten Meister."

Mit dieser Antwort wurde der Bischof entlassen, doch nicht
ohne daß der Großmeister ihm noch anempfohlen hatte, dem König

den Dank des Ordens für das ihm bewiesene Wohlwollen auszudrücken. [8])

Begleitet von den beiden Ordensgaleeren unter dem Turkopolier John Weston, [9]) Kommendator von Newland und Dy-
nemore — der Ordensadmiral, die Groß-Würde der italienischen
Zunge, hatte nur für Ausrüstung der Schiffe zu sorgen, während
der Oberbefehl zur See besonders, gewöhnlich auf zwei Jahre, vergeben wurde — stach der Cardinallegat in See und traf bald auf die
Flotte der Liga, die jetzt 85 Galeeren stark war und von einem Plün-
derungszug an der nordwärts gelegenen kleinasiatischen Küste herkam.

Nach kurzem Aufenthalte bei der Insel Samos beschloß man
die reiche Handelsstadt Satalia, die Cypern von 1361 bis 1373
besessen hatte (S. 65), anzugreifen. Man bemächtigte sich bald
des Hafens und des anstoßenden, meist von Kaufleuten bewohn-
ten Stadttheils, die eigentliche starkbefestigte Stadt aber wurde
von ihren Einwohnern mit so glänzender Tapferkeit vertheidigt, daß
keine Wahrscheinlichkeit vorlag, sie ohne Belagerungsgeschütz zu nehmen. [10]) Dieses hätte man erst von Morea herbeikommen lassen
müssen, was wegen des baldigen Eintritts der Herbststürme nicht
thunlich schien. Mocenigo hob die Belagerung auf und begab sich
nach Rhodos, nachdem er noch den angrenzenden Küstenstrich mit
Feuer und Schwert verwüstet hatte.

Diesem Zug war Jakob, obschon von Mocenigo zur Stellung
seiner Galeeren aufgefordert, aus einem Grunde fern geblieben, der
Venedig nur angenehm sein konnte.

Die fortwährend durch Bürgerkriege zerfleischte Republik Genua
hatte sich zuletzt unter die Oberherrschaft Francesco's Sforza,
Herzogs von Mailand, begeben (1464), von dem sie auf dessen Sohn,
den berüchtigten Galeazzo Maria Sforza, überging (1466).
Nach einigen Jahren ließ dieser an der Riviera eine Menge Schiffe
bauen und als dieses Jakob hinterbracht wurde, zweifelte er nicht,
daß diese genuesische Flotte die Wiedereroberung Famagosta's bezwecke.
Jetzt hielt er es an der Zeit, seinen anderweitigen Heiratsplänen
zu entsagen und mit der Hand Caterina's sich auch des Schutzes
der Republik zu versichern. Zur Abholung seiner Braut sandte er
drei Galeeren nach Venedig, die daselbst am 14. Juli 1472 eintrafen.

Die Signorie traf nun Anstalten, um die Ueberführung Caterina's möglichst pomphaft zu machen. Zu ihrem Begleiter und
zugleich zum Repräsentanten des Senats bei der Heirat wurde
Andrea Bragabino ernannt (August 1472) und ihm ein statt-

liches Gefolge, sowie 250 Dukaten Reiseauslagen mit der Befug=
niß zugebilligt, nach Bedarf noch 50 weitere aufnehmen zu können.
Zugleich wurde der Familie Cornaro zu Piskopi, einer Seitenlinie des Hauses der Braut, befohlen, ein kostbares auf 4000
Dukaten geschätztes Halsband, das König Janus ihr einst verpfän-
det hatte, an Jakob, der die Zahlung dieser Summe angeboten
hatte, wieder herauszugeben.

Gemäß den Instructionen, die Bragadino erhielt (19. Sept.),
sollte er dem König die große Freude des Senats über dieses Ereigniß ausdrücken und wie seine mit ihnen jetzt an Herz und Seele
verbundene Majestät durch dieses feste Band der Verwandtschaft mit
dem ganzen Adel der Republik in die innigste Verbindung getreten
sei. Ferner sollte er ihn ermahnen, seine Galeeren zeitig im nächsten
Jahre bereit zu halten, ebenso wie den Großmeister vom Hospital,
der, wenn er die vier zugesagten Galeeren nicht zu stellen vermöge,
von der Republik für Geld Schiffskörper erhalten könne.

Unmittelbar darauf erfolgte die Abreise Caterina's. Der Doge
Nicolo Trono und der ganze Senat gaben ihr auf dem Bucen-
taur das Geleit bis zu ihren Galeeren am Lido. Von Seiten der
Republik gingen vier Galeeren unter Girolamo Diedo mit.

Die jetzt achtzehnjährige Braut war von ungewöhnlicher Schönheit, wie ihre noch vielfach vorhandenen Portraits von Gentile
Bellini und Tizian beweisen. Sie hatte schwarze glänzende Augen,
leichtgelocktes Haar, einen lebhaften Teint und ein gewisses Embon-
point. Sie war von mittlerer Statur.

In Cypern mag sie Ende October oder Anfangs November
angekommen sein.

In Rhodos hatte die Flotte der Liga einen Gesandten des
Perserfürsten Usun=Chassan angetroffen, der für den Papst und
die italienischen Höfe bestimmt war.

Venedig hatte nämlich schon früher Verbindungen mit Per-
sien angeknüpft, um dadurch dem türkischen Sultan einen Gegner im
Rücken zu schaffen. Es unterstützte Usunkhassan mit Munition und
Geschütz und unterhielt bei ihm einen eigenen Gesandten in der Person
des Caterino Zeno, der ihn fortwährend zum Kriege reizen mußte.
Freilich mit schlechtem Erfolg, denn am 18. August 1472 erlitt er am
See Koralis eine starke Niederlage durch Mustapha, Moham-
meds II. Sohn, was keinesfalls damals schon in Rhodos bekannt war.

Nachdem man der persischen Gesandtschaft noch das Schau-
spiel eines Scheingefechts im Hafen von Rhodos gegeben hatte, ging

man unter Segel und zwar nach Naxos, wo man Proviantschiffe vorfand. Hier trennte sich das neapolitanische Geschwader von der Flotte und ging nach Hause.

Diese wollte indeß vor Einbruch des Winters noch einen Hauptschlag ausführen. Man steuerte deshalb auf Smyrna, von dem man wußte, daß seine Mauern halb verfallen waren und daß es keine Besatzung hatte. Ohne besondern Widerstand bemächtigte man sich der Stadt. Die Behandlung, die man ihr jetzt angedeihen ließ, unterschied sich um kein Haar von der Verfahrungsweise der Türken in ähnlichen Fällen. Mit unmenschlicher Grausamkeit — die venetianischen Landtruppen waren größtentheils Stratioten [11]) — wüthete man gegen Wehrlose, Frauen und Kinder. Ein erschütterndes Gemälde hat uns ein Theilnehmer des Zuges, der dalmatinische Galeerenkapitän Coriolano Cippico, ein feingebildeter und in den klassischen Schriftstellern wohlbewanderter Mann, der unter Mocenigo kommandirte, davon hinterlassen. Die ganze Stadt mit ihren kostbaren, antiken Monumenten wurde zu Asche verwandelt. [12])

Nachdem der angrenzende Küstenstrich noch in ähnlicher Weise verheert worden war, glaubte man für dieses bald zu Ende gehende Jahr genug gethan zu haben. Mocenigo gab der päpstlichen Flotte das Geleit bis Modon und ging dann nach Nauplia, um dort zu überwintern.

Als das Frühjahr 1473 herannahte, traf er Anstalten, den Feldzug in den cyprischen Gewässern zu eröffnen, um mit Usunhassan, der seine ganze Macht zu einem entscheidenden Schlage sammelte, in engere Verbindung zu treten. Die Republik sandte ihm zugleich eine große Anzahl Geschütze und 100 Bombardiere, bestimmte auch den des Persischen kundigen Josaphat Barbaro zum Nachfolger Zeno's, der indeß vorläufig seinen Aufenthalt zu Famagosta nahm, um später sich von hier nach Persien zu begeben. Die ganze karamanische Küste, auch Skandeloro, befand sich bereits in türkischen Händen.

Gleichfalls rüstete der Sultan, um in Asien persönlich den Krieg zu führen.

Mocenigo erschien zuerst zu Rhodos und verstärkte sich dort durch zwei Ordensgaleeren, die wieder der Turkopolier John Weston und zwar als Stellvertreter des Großmeisters befehligte, da wegen der außerordentlichen Kosten kein Ritter das Kapitanat hatte übernehmen wollen.

Von Rhodos ging es nach Cypern, wo Jakob vier Galeeren unter Juan Perez Fabrices, Grafen von Joppe und Karpas, stellte.

Er that dieses nur mit großem Widerstreben, wie wir dieses aus einer heftigen Scene schließen dürfen, die Mitte April im Palaste zu Famagosta stattfand.

Der Proveditore Pietro Soranzo war im Auftrage Mocenigo's mit Galeeren vor Famagosta erschienen, die Waffen und Munition führten. Da ließ ihm der König die Weisung zugehen, weder in den Hafen einzulaufen, noch auch einen seiner Leute an's Land zu setzen. Zugleich entwickelte er in heftiger Rede vor Barnabo und dem venetianischen Ballei, weshalb er diese Befehle gegeben. „Es geschähe dieses vor Allem aus Rücksicht auf den Sultan von Egypten, von dem er in jeder Weise abhängig sei, denn auf die Unterstützung irgend einer christlichen Macht könne er doch niemals rechnen. In der Stunde der Gefahr werde man ihn im Stich lassen. Der Sultan habe es schon übel vermerkt und sich durch den Groß=Diodar bei ihm beschweren lassen, daß er den Venetianern ein solches Uebergewicht auf Cypern eingeräumt habe. Er (der Sultan) wolle sie deshalb aus Syrien verjagen und die Genuesen an ihre Stelle setzen. Dazu werde ihm (dem König) noch durch die Republik, die er doch als seine Mutter verehre, empfindliche Einbuße bereitet. Vor kaum drei Monaten hätten zwei venetianische Galeeren an 150 Leute von der cyprischen Küste gepreßt und neuerdings seien wieder ähnliche Fälle eingetreten. Die Galeeren möchten in den Hafen von Paphos, nicht aber in den von Famagosta einlaufen. Sonst werde er sie wieder hinausbringen und die Leute von den Schiffen, die auf festem Lande gesehen würden, niederhauen lassen.‟

Barnabo suchte den im höchsten Grade aufgebrachten König durch die Versicherung zu beschwichtigen, daß die Schiffe für die karamanischen Prinzen bestimmt seien, die ja in keinem feindlichen Verhältnisse zum Sultan von Egypten stünden. Im Uebrigen versprach er Abhülfe zu schaffen und die Befehle der Signorie einzuholen.

Von Cypern segelte Mocenigo nach dem gegenüberliegenden Festland, wo der karamanische Prinz Kasim=Beg ein Lager aufgeschlagen hatte, um Selefke (Seleucia) [13] wieder zu erobern. (Sein älterer Bruder Pir=Achmed befand sich bei dem persischen Heere.) Auf den Rath Kasim=Begs griff man zuerst Seguinum an, das zweitausend Schritte von dem Meere entfernt auf einem hohen Felsen liegt. Die Stadt ergab sich, nachdem man Belagerungs=

geſchütz aufgeſtellt hatte. Jetzt ſchritt man zur Belagerung von Gor= higos, das Peter I. einſt erobert hatte (1360) und das erſt 1448 an den Groß=Karaman verloren gegangen war. Die von zwei Seiten vom Meere beſpülte Stadt wollte es trotz ihrer trefflichen Befeſtigung nicht auf eine längere Belagerung ankommen laſſen, nachdem ſie einmal die Wirkung der Geſchütze verſpürt hatte.

Verſtärkt durch das mittlerweile hinzugekommene, zehn Ga= leeren ſtarke neapolitaniſche Geſchwader legte man ſich vor Selefte, das durch Kunſt und Natur ſehr feſt war. Doch auch dieſes ver= theidigte ſich nicht lange.

Die gemachten Eroberungen überließ man an Kaſim=Beg.

* Mocenigs war eben im Begriff nach der lyciſchen Küſte auf= zubrechen, als die Nachricht kam, König Jakob ſei lebensgefährlich erkrankt. Sofort ſteuerte er nach Cypern.

Jakob, der ſchon eine Zeitlang in Famagoſta Hof hielt, war eines Tages mit Andrea Cornaro und deſſen Neffen Marco Bembo auf die Jagd geritten, als ihn plötzlich eine heftige Un= terleibskrankheit befiel, die zur ſofortigen Rückkehr nöthigte. Bei der zunehmenden Heftigkeit des Uebels ſandte man alsbald Boten nach ſeiner Gemahlin, die ſich in Nikoſia befand. Cornaro und Bembo ließen indeß Niemanden vor den König.

Als ſein Zuſtand ſich mehr und mehr verſchlimmerte, ſetzten die Barone es mit Gewalt durch, daß ihnen der Zutritt geſtattet wurde. In ihrer Gegenwart ließ der König durch ſeinen Kanzler Thomas Phicard ſein Teſtament aufſetzen, das im Weſentlichen folgendermaßen lautete:

„Wenn es der Wille Gottes iſt, daß ich ſterben ſoll, ſo laſſe ich meine Gattin, die ſich jetzt in der Hoffnung befindet, als Kö= gin und Herrin über Cypern. Bringt ſie einen Knaben zur Welt, ſo ſoll er die Herrſchaft erhalten. Stirbt er aber, dann mein na= türlicher Sohn Eugen. Stirbt dieſer, dann mein natürlicher Sohn Janus und wenn auch er nicht am Leben bleibt, meine natürliche Tochter (Charlotta). [14]) Stirbt auch dieſe, dann der nächſte Verwandte aus dem Hauſe Luſignan. Dies iſt mein feſter Wille. Außerdem hinterlaſſe ich einen großen Schatz, den ich mit vieler Mühe geſammelt habe. [15]) Ich will, daß man alle Galeeren, die ich ſtets armirt hatte und mit denen ich die Völker in Furcht hielt, entwaffne.“

Zu Teſtamensvollſtreckern und Reichsregenten ernannte er: Johannes Tafures, Grafen von Tripolis und Gouverneur von

Famagosta, Juan Perez Fabrices, Grafen von Joppe und Karpas, Capitän der Galeeren, Grinier, [16]) Herrn von Morphu, Grafen von Rochas, Andrea Cornaro, Auditor von Cypern,[17]) den Oheim der Königin, Juan Aronion oder Aregnon[18]) (ein Katalonier), den Kämmerer Rizzo di Marin und den Connetable[19]) Peter Davila.

Mocenigo fand Jakob noch am Leben und sprach ihm Muth ein. Dieser bat ihn für den Fall seines Todes sich seiner Gattin anzunehmen. Bald darauf segelte Mocenigo wieder ab.

Der König starb in der Nacht vom 5. auf den 6. Juli 1473, ob eines natürlichen Todes ist schwer zu sagen.[20]) Bei seinem kräftigen Körperbau, seiner Jugend und seiner plötzlichen Erkrankung ist allerdings der Verdacht, daß er Gift bekommen habe, nicht so ohne Weiteres abzuweisen; doch ist es unwahrscheinlich, daß dieses von Venetianern (man nannte Cornaro und Bembo) ausgegangen sei. Venetianische Quellen dagegen bemühen sich, die Königin Charlotta in Verdacht zu bringen. Will man überhaupt an eine Vergiftung denken, so könnte diese am ehesten von seinen zahlreichen Feinden in seiner Nähe ausgegangen sein, die er durch sein leidenschaftliches, zügelloses Treiben sich geschaffen hatte. Seinem Befehl gemäß befreite man theils sofort, theils nach seinem Tode die Leute, die auf den Galeeren als Ruderknechte festgehalten wurden, so daß diese nun vollständig besarmirt waren, und setzte zugleich verschiedene Edelleute, die er hatte einkerkern lassen, in Freiheit.

Sein Leichnam wurde einbalsamirt und im Dome von St. Nikolaus in Famagosta beigesetzt. Seine Gemahlin ließ ihm später ein Grabmal daselbst errichten, dessen von dem Bischof von Famagosta entworfene Inschrift von übertriebenen Lobpreisungen starrt. Sie lautet:

Jacobo de Lusignano, Hierosol. Cypri Arme. Regi, cui divinae laudes ob praeclara facinora et obtentos de hoste triumphos. Hic ob denegatos honores Monarchiam Cypri ut Caesar invadens obtinuit, Amogustum subegit, Venetorum dominio praepotentissimo adhaesit, illius filiam Kathelinam venustissimam et certo deam sibi copulans connubio: pius, prudens, clemens, munificus, magnanimus princeps, quo nemo bello maior nec armis, hunc mors effera anno imperii XIII, aetatis vero XXXIII, peremit atque ejus posthumum vagientem necavit, 1473 d. 6. Julii. K. VE. RE. coni. F. V. CHF. EPI. Famagus. dictante.[21])

Anmerkungen.

1) Die Familie der Cornaro (venetianisch Corner) prätendirt von der gens Cornelia in Rom abzustammen. M. Sanudo Vite de' Nobili di Venezia bei Muratori XXII. col. 421. Jedenfalls ist sie eine der ältesten venetianischen Adelsfamilien und löste, ehe sie sich in den Lagunen ansiedelte, zu Padua. Im 15. Jahrhunderte zerfiel sie in mehrere Linien, worunter die bekanntesten die der Cornaro von Piskopi und die der Angehörigen der Königin sind, die man von ihr Cornaro della regina oder della ca grande (von dem großen Hause) nannte. Diese Linie besaß einen Palast in der Pfarrei Sanct Paul (heutzutage Palast Mocenigo-Corner genannt), worin Caterina nach ihrer Verlobung wohnte, und einen in der Pfarrei San Cassan über dem Rialto, worin sie später sich aufhielt. Er heißt deshalb auch der Palazzo della regina oder della ca grande und ist jetzt, nachdem der letzte Sprosse des Geschlechts, der im Anfang dieses Jahrhunderts gestorbene Caterino Corner, ihn dem Papst Pius VII. vermacht und die Kurie ihn später an die Municipalität abgetreten hat, das Leihhaus von Venedig geworden. Mas Latrie III. S. 614.

2) Bosio II. S. 246.

3) Er war zuerst Kommendator von Balsal und Grafton, bekleidete dann im Convent die Würde eines stellvertretenden Turkopoliers, wurde General-Receptor von England, Castellan von Rhodos, Balei von Aquila (oder Eagle bei Linkoln in England, einer alten Templerbesitzung), großmeisterlicher Seneschall, Großkommendator von Cypern (8. November 1468) und zuletzt Großprior von England (5. April 1470). In der Schlacht von Tewkesbury gefangen wurde er auf Befehl Eduards IV. enthauptet (1471) und in der St. Johanniskirche zu Clerkenwell beigesetzt. Withwort Porter II. S. 292.

4) Mas Latrie III. S. 248 u. 250.

5) „Hinc proinde fit ut cum rumore quodam didicerimus majestatem vestram, ex obitu illustrissime filie sue, nuper jam tradite magnifico Soro de Nava, maxime commotam fuisse." Mas Latrie III. S. 308, und weiterhin: „Casu quod rex exasperatus esset ex causa obitus illustrissime filie sue contra nobilem virum Andream Cornarium mitigare et placare eum, ita ut in pristinam gratiam serenitatis sue revertatur."

6) „Quod ne archiepiscopatus Cypri non proveniat ad quemdam Castellanum, sicuti querit rex Ferdinandus, ut facilius machinationes sue in illo regno habeant locum, vadit pars (Befehl) quod" ... Mas Latrie III. S. 310.

7) „Sed ad obliterandum hujusmodi famam et rumorem sparsum et dis_ seminatum et occludendum os istis suggestoribus atque persuadendum omnibus stabilimentum harum nuptiarum et affinitatis

nostre, commemorabis et ita omni studio hortaberis, tamquam re-
medium opportunissimum, ut majestas regia sua quanto celerius
fieri potest accersiri et adduci ad se facere placeat hanc serenissi-
mam reginam sponsam suam." Mas Latrie III. S. 314.

8) Boßio II. S. 266. nennt diesen „erwählten" Bischof von Paphos, der
nach Rhodos kam, Guglielmo Goveni, unter welchem Namen sich
vielleicht der resignirte Erzbischof von Nikosia, Wilhelm Gonem, verber-
gen könnte. Der Chronist Georg Bustron, der den 14. September 1473
als seinen Todestag angibt, führt ihn nur als einfachen Augustiner-
bruder auf. Allerdings hat ihn die Kurie niemals als Erzbischof anerkannt und würde ihn auch schwerlich als Bischof von Paphos, obschon diese Würde keine besondere Bedeutung hatte, anerkannt haben.

9) Er war am 16. October 1471 zum Turkopolier gewählt worden. Am
24. Juli 1476 wurde er Großprior von England und starb 1489.

10) Während man die Stadt auf das Heftigste berannte, ereignete sich der
eigenthümliche Zwischenfall, wie Cippico erzählt, daß eine bejahrte
christliche Sclavin aus Illyrien auf der Zinne der Mauer erschien
und den vom Stürmen schon ermüdeten Kriegern zurief: „Warum
weicht ihr, Männer? Wollt ihr durch eure Schlaffheit und Feigheit
die mit Schätzen aller Art angefüllte schlechtbefestigte Stadt aufgeben?
Ich versichere euch, daß der größte Theil der Vertheidiger schon von euren
Geschoßen durchbohrt liegt." Als nun ein Türke, der sie hatte schreien
hören, auf sie losstürzte, raffte sie ihr Gewand zusammen und sprang
von der hohen Mauer in's Freie. Halbtodt wurde sie von den verbündeten Soldaten aufgehoben und gab bald darauf unter ihren Händen den Geist auf, worauf man sie anständig begrub.

11) Ueber die Stratioten sagt Cippico Fol. 10: „Per omnes enim urbes
Peloponnesi quae Venetorum sociae ac subditae sunt: habent Veneti
mercenarios equites natione Epirotas, quos Graeco verbo Stratiotas
vocant, viros magni animi et ad omne facinus peragendum paratos,
qui crebris et excursionibus totam illam partem Peloponnesi, quae
Othomano subjecta est, devastantes pene ad solitudinem redigerunt.
Haec gens natura ipsa hoc illi tribuente est rapacis-
sima magisque ad praedam, quam ad praelium apta atque in-
structa. Utuntur scuto, ense atque hasta, pauci lorica, reliqui
bombicina thorace contra hostium arma se muniant. Equos etiam
exectos ad sustinendos, vel longissimos cursus aptos habent. Prae
ceteris tamen virtute et exercitatione pollent, qui Neapolim in-
habitant."

12) „At Smyrnei subito et insperato malo oppressi: trepidi quid po-
tissimum agant nesciunt. Alii arma capiunt et ad ruinas murorum
hosti occurrunt atque congrediuntur. Sed a nostris et numero
et virtute superati sine more trucidantur. Alii tecta ascendentes
tegulis ac lapidibus nostros infestant. Mulieres quoque pavidae

cum adultis virginibus ad templa quae illi Moscheas vocant con-
currunt, passis crinibus aras amplexantes Prophetam suam invocant.
Multae cum parvis liberis domi se obstruunt. Nostri urbe potiti
omnia depraedantes per totam urbem discurrunt. Alii filios e com-
plexu matrum abstrahunt, ipsas quoque matres capientes. Alii
muliebrem turbam de templis extrahunt Machometum invocantem, re-
luctantes per crines apprehensas trahunt. Quaedam vidua cum in .
monumentum viri sui incidisset, complexa monumentum quasi vi-
vum ad auxilium vocabat subindeque dicebat. Et quos nunquam
vivos ulla vis separare potuit, nunc barbarus hostis dividet et cum
nullo modo inde abstrahi posset, miles stricto gladio sponte prae-
benti ac distendenti collum caput abscidit inquiens: I nunc et
marito tuo te consocia. — Ubique gemitus, ubique luctus
exauditur. Tota urbs planctibus atque ululatibus
completur. — Nostri expoliatam urbem supposito
igne omnia tecta atque aedificia concremabant Ita-
que urbs antiqua, varia fortuna ac multis monumen-
tis insignis horarum spatio in cineres collapsa est."
Coriolani Cippici de bello Asiatico libri tres. Fol. 226. Navagiero
in seiner Storia Veneziana gibt den 13. September als den Tag der
Einnahme Smyrna's an (Muratori XXIII. col. 1133), es scheint aber,
daß man sie etwas später setzen muß.

13) Die Stadt hatte damals, wie Cippico Fol. 36 nicht vergißt hervorzuheben, noch eine Menge antiker Baudenkmale, wenn auch mehr oder
minder in Verfall begriffen, aufzuweisen. Sie war indeß im Laufe der
Zeit auf den früheren Umfang der Akropolis zusammengeschrumpft. „Op-
pidum autem, quod nunc extat, arx tantum hujus urbis fuit situmque
est in monte excelso ac undique declivo, validissimo muro antiqui
operis et fossa munitum."

14) Man kennt den Namen dieser zweiten natürlichen Tochter Jakobs (die
erste, Charlotta, war schon vor dem Mai 1469 gestorben) durch ihr
Epitaphium zu Padua. Mas Latrie III. S. 346.

15) Es ist unklar geblieben, was es für eine Bewandtniß mit diesem Schatz
hat. Man glaubte, wie der Chronist Florio Bustron erzählt, daß der
König ihn habe vergraben lassen und kamen in Folge dessen verschiedene
Personen in Untersuchung, von denen man annahm, daß ihnen die Stelle,
wo er liege, bekannt sei. Es ist auch möglich, daß der König unter
diesem Schatz etwas Anderes verstand, etwa sein Heer.

16) Grinier oder Garnier bezeichnet hier den Namen des fränkischen Geschlechts, das nach den Du-Plessis die Herrschaft Morphu und damit
den Titel der Grafen von Rochas erhalten hatte. Ihre Lehens-
besitzungen auf Cypern waren ziemlich bedeutend.

17) Das Amt eines Auditors war eine cyprische Großwürde.

18) Von Juan Aregnon ist wenig mehr bekannt, als daß es ein spanischer Edelmann in Diensten Jakobs war, der arm in Cypern angekommen und vom König mit der Hand einer vornehmen Dame, wie auch mit ansehnlichen Renten ausgestattet worden war. Er starb schon am 20. August 1473. Mas Latrie III. S. 181.

19) Peter Davila war damals noch kein Connetable von Cypern oder Groß-Connetable, vielmehr wird er hier nach Mas Latrie's Meinung (III. S. 346) nur so genannt, weil er Hauptmann der Söldner war.

20) Uebereinstimmend geben Cippico Fol. 38 b: „caeterum quia regem Cyprium ex flusso ventris adversa valitudine laborare audierat" Barbaro in seiner Depesche an den Senat vom 12· Juli 1473 „per mal de flusso" (Mas Latrie III. S. 344) und Navagiero bei Muratori XXIII. col. 1137: „il generale ritrovò quel Re oppresso gravemente da male di flusso" das Uebel an, welches ihm den Tod brachte. Ebenso Lusignan Fol. 72: Essendo il Re andato à caccia con li predetti (Cornaro e Bembo), tornò nella Corte stracco e lasso e gli cominciò la scorrentia di corpo terribile.

Zehntes Kapitel.

Gesandtschaft Charlotta's an Mocenigo. Geburt Jakobs III. Senats-befehle an Mocenigo, die Sicherstellung Caterina's betreffend. Aufstand der spanischen Partei zu Famagosta und Ermordung Andrea's Cornaro (15. November 1473). Die spanische Partei setzt sich in den Besitz der Festungen. Rüstungen Mocenigo's für Cypern. Flucht der Verschworenen nach Rhodos. Zusammentreffen daselbst mit Mocenigo (Januar 1474). Maßregeln des Senats zur Befestigung der venetianischen Herrschaft und Einsetzung eines besonderen Kollegiums zur Regierung von Cypern. Tod Jakobs III. Charlotta verläßt Rhodos (Juli 1474) und nimmt ihren Wohnsitz zu Rom (1475).

Die Königin Charlotta hatte unterdeß in ihrem Exile zu Rhodos ruhig weiter gelebt. Ueber große Hülfsmittel hatte sie nicht zu ver-fügen, weshalb der Großmeister Orsino ihr für ihre persönlichen Bedürfnisse monatlich 30 Floren auswarf (26. Februar 1469). Auch ihre Anhänger, von denen schon ein Theil im Jahre 1466 nach Cypern zurückgekehrt war, lebten auf Kosten des Ordens und wurden gleich den Ordensrittern gehalten.

Ein Versuch Pauls II. durch den Erzbischof von Kandia zwi-schen Jakob und seiner Schwester einen Vergleich zu Stande zu bringen, war wie alle früheren gescheitert (1471) und Charlotta, der dieses aussichtslose Leben auf Rhodos schon längst zur Last war, entschloß sich jetzt von Neuem in's Abendland zu gehen, um entwe= der ausreichende Hülfe oder ein stilles Asyl für sich aufzusuchen. Da gerade französische Galeeren im Hafen lagen, wollte sie diese Gelegenheit zur Ueberfahrt benutzen und trug deshalb dem Convent ihr Anliegen vor, in Folge dessen der Ordensrath am 27. Februar 1472 beschloß, es solle dem Großmeister und den Prokuratoren des Schatzes überlassen bleiben, sie in liberalster Weise mit Geld und allem zur Reise Nöthigen auszustatten. Aus unbekannten Gründen fand aber ihre Reise nicht statt. [1])

Der plötzliche Tod Jakobs belebte sie wieder mit neuer Hoff= nung. Sie erlangte nun vom Großmeister, daß der Admiral Chri= stoforo de 'Corrabi di Lignana als ihr Gesandter zu Mo= cenigo gehen durfte, um diesem ihre Rechte auf den cyprischen Thron darzulegen und um seine Hülfe für ihre Wiedereinsetzung zu bitten.

Der Generalkapitän, der kurz vorher mit der verbündeten Flotte Makri nicht ohne hartnäckigen Widerstand genommen und sich eben im Hafen von Fisko, [2]) Rhodos gerade gegenüber, befand, war natürlich schon von dem Tode Jakobs unterrichtet und stand im Begriff, statt in die griechischen Gewässer, wie es sein ursprüng= licher Plan war, nach Cypern zu segeln. Er antwortete dem Ab= miral, daß Jakob ein treuer Bundesgenosse der Republik und im legitimen Besitz des Reiches gewesen sei, denn nicht Gesetzesformeln oder Rechtsstreitigkeiten, sondern Waffenerfolge und persönliche Tüch= tigkeit gäben ein Anrecht auf die Herrschaft. Jakob habe das Reich nicht sowohl seiner Schwester, als den Genuesen entrissen, die lange Zeit den bessern Theil desselben in Besitz gehabt hätten. Uebrigens werde die Republik ihre Adoptivtochter und den zu erwartenden Erben gegen Jedermann zu schützen wissen.

Da Mocenigo jetzt die Richtung nach Cypern einschlug, ver= abschiedete sich der Turkopollter mit den Ordensgaleeren von ihm un= ter dem Vorwande, Erfrischungen einzunehmen, und ging nach Rhodos.

Mocenigo hielt sich übrigens nicht lange in Cypern auf. Er tröstete die zu Famagosta weilende Königin, die die Huldigung der Barone schon während der Katastrophe empfangen hatte, und begab sich dann in den Hafen von Gorhigos, da er schon vorher Briefe von Caterino Zeno empfangen hatte, daß Usunkhassan mit einem mächtigen Heere den Türken entgegen ziehe und mit ihm gemeinschaft= lich zu operiren gedenke. In Gorhigos kam ihm auch die Nachricht zu, daß eine päpstliche Flotte von 13 Galeeren unter dem Erzbischof Lorenzo Zane von Spoleto in Rhodos angekommen sei, daß der Legat aber nicht weiter segeln wollte, bevor er über die Pläne des Generalkapitäns näher unterrichtet sei.

Schon von Famagosta aus hatte Mocenigo sich auf den Vertrag berufend vom Orden das Wiedereintreffen der beiden Galeeren verlangt. Es war ihm jetzt mehr, als je, darum zu thun, sie unter seiner Obhut zu haben, da er fürchtete, sie möchten sonst dazu dienen, die Bestrebungen Charlottens zu unterstützen. Diese hatte in der That an den Ordensrath das Ansinnen gestellt, ihr die beiden Schiffe mit der nöthigen Mannschaft zu überlassen und als dieser am 4. August versammelt war, um darüber zu berathen, erschienen vor ihm der Kämmerer Hugo de Langlois und der Ritter Bernard de Rieussec oder Rivesaltes (früher cyprischer Admiral), um ihn von den Plänen der Königin genauer in Kenntniß zu setzen. Ihr Gesuch mußte aber schon mit Hinweis auf die venetianische Flotte abgeschlagen werden.

An Mocenigo wurde der Turkopolier mit der Entschuldigung gesandt, daß man der Weinlese wegen die Schiffsmannschaft nicht zusammenbringen könne. Auch habe man die Schiffe der Königin Charlotta zur Durchführung ihrer Pläne verweigert, weshalb es billig sei, daß sie jetzt nicht nach Cypern geschickt würden, um ihr keinen Anlaß zur Bekümmerniß zu geben.

Der Generalkapitän brauste mächtig darüber auf, indem er sich auf die Artikel der Liga berief und behauptete, jetzt mehr, als je, wegen der gemeldeten Ankunft des Perserkönigs die Schiffe nöthig zu haben.

Da entgegnete ihm der Turkopolier, er habe geglaubt, Seine Magnificenz werde sich bei den angeführten Gründen beruhigen, da dieses aber leider nicht der Fall sei, müsse er sich klarer ausdrücken. Der Orden wisse wohl, daß es jetzt nicht gegen die Türken gehe, vielmehr wolle man die Flotte zum Schutze Caterina's in der Nähe Cyperns halten. Das sei aber keine Sache, in die sich der Orden mischen könne; er habe zwar bisher Charlotten in Rhodos ein Asyl gewährt, ihr aber jede Unterstützung an Schiffen und Mannschaft zur Wiedererlangung ihrer Herrschaft abgeschlagen. Gingen die Galeeren des Ordens jetzt nach Cypern, so werde er sich die Feindschaft der mit Charlotta verwandten oder verbündeten Fürsten, wie des Königs von Frankreich und der Herzöge von Savoyen, Burgund und Mailand zuziehen. Von der Absendung könne daher keine Rede sein.

Mocenigo mußte sich damit zufrieden geben und da er zu Gorhigos durch ein zweites Schreiben Zeno's benachrichtigt wurde, daß Usunkhassan am 26. Juli bei Terdschan unweit Erzerum von Muhamed II. entscheidend geschlagen worden sei, lag kein Grund vor, noch länger an der karamanischen Küste zu verweilen. Er segelte daher nach Famagosta, wo Caterina bereits am 27. August einen Sohn geboren hatte, der den Namen seines Vaters Jakob erhielt und am 26. September in Gegenwart Mocenigo's, Barbaro's, Pasqualigo's, des venetianischen Ballei, und der Offiziere der Flotte getauft wurde.

Die Signorie hatte die Nachricht von dem Tode Jakobs auf mehreren Wegen erfahren. Da Mocenigo in den cyprischen Gewässern stand, hatte sie nichts für die Sicherheit der Königin zu befürchten. Doch befahl sie ihm, vier bis sechs Galeeren zu ihrem Schutze aufzustellen und vor Allem zuzusehen, daß Famagosta, Cerines, Limasol und Paphos in sichern Händen seien. Zu diesem Zwecke solle er kein Geld und keine Versprechungen sparen. Widersetze sich Jemand, so möge er Gewalt anwenden. Im Falle, daß bis jetzt keine Störung vorgekommen und auch keine zu befürchten sei, reiche es hin, wenn er einen seiner Provditoren dahinsende.

Wolle aber der Befehlshaber des neapolitanischen Geschwaders (wir wissen nicht, wann und wo dieses zur ligistischen Flotte stieß) sich, und zwar allein, nach Cypern begeben, dann solle er unverzüglich mit der ganzen Flotte dahin abgehen (24. August 1473).

Da schon venetianische Galeeren im Hafen von Famagosta lagen und nichts die Ruhe von Cypern bisher gestört hatte, so hielt er einen weiteren Aufenthalt für unnütz und segelte über Rhodos und Chios nach Modon, sowohl um dort zu überwintern, als um seine Abberufung abzuwarten, die, wie er durch Freunde wußte, bereits beschlossen war.

In Rhodos, wo er anfangs October angekommen war, schloß man die Thore und ließ mit Ausnahme einiger Kapitäne und Edelleute Niemanden von der Flotte in die Stadt. Als Grund dieser Absperrung wurde eine dem Großmeister zugekommene Nachricht angegeben, wonach an der karamanischen Küste die Pest herrschen sollte.

Einer der wärmsten Anhänger Jakobs, der Erzbischof von Nikosia, Luis Perez Fabrices, hatte sich bei dem Tode des Königs nicht in Cypern befunden. Er war von ihm abgesandt worden, um, woran die spanische Partei schon längst arbeitete, eine engere Verbindung zwischen ihm und Ferdinand von Neapel zu Stande zu bringen. Es bestand diese in der beabsichtigten Verheiratung der natürlichen Tochter Jakobs, Charlotta, die damals erst sechs Jahre alt war, mit dem nicht viel älteren, natürlichen Sohne Ferdinands, mit Namen Alfonso.

Die Kunde von dem Tode Jakobs hielt ihn nicht länger mehr in Neapel zurück. Mit zwei königlichen Galeeren und begleitet von einem Abgesandten Ferdinands, Belprat mit Namen, machte er sich auf den Weg. Doch konnte er die griechischen Gewässer nicht passiren, ohne daß die Venetianer auf ihn aufmerksam geworden wären. Mocenigo, der nicht wußte, was für eine Bewandtniß es mit den beiden neapolitanischen Galeeren habe, ließ sofort die Kapitäne Coriolano Cippico und Pietro Tolemerio mit ihren Galeeren nach Famagosta abgehen. Sie hatten den Befehl, der Königin zu melden, daß, wenn irgend etwas Feindliches im Werke sei, unverzüglich er mit seiner ganzen Flotte erscheinen werde. In aller Kürze werde auch der Proveditore Vettore Soranzo sich ihr mit acht Galeeren zur Verfügung stellen.

Eigenthümlicherweise hatte gerade in dieser Zeit die Signorie die früher dekretirten Galeeren zum Schutz der Königin nicht für ausreichend erachtet und deshalb die Nachsendung von drei weiteren befohlen. Auch sollte der Königin anheimgegeben werden, ob sie nicht die früher erwähnten, für Persien bestimmten 100 Bombardiere, die unter ihrem Führer, Thomas von Imola, in Famagosta lagen, in Sold nehmen wolle.

Der Erzbischof war unterdeß am 10. November glücklich zu Limasol an's Land gestiegen und hatte sich von da nach Famagosta begeben, wo er am 12. angekommen war. Er führte ein Schreiben des aus einer piemontesischen Familie stammenden und Venedig feindselig gesinnten Papstes Sixtus IV. mit sich, worin die Cyprioten zur Wahrung ihrer Selbstständigkeit und Einsetzung der legitimen Königin Charlotta aufgefordert wurden. Dieses Schreiben, das sich vorzüglich gegen Cornaro und Bembo richtete, da man dem Papst mitgetheilt hatte, daß Jakob von ihnen vergiftet worden sei, wurde auf Befehl der Regentschaft öffentlich in der Kirche verlesen und steigerte so die schon vorhandene Gährung.

Die Regentschaft, fast gänzlich in Händen der spanischen Partei, hatte schon seit längerer Zeit zu der Königin und ihrer meist venetianischen Umgebung eine oppositionelle Haltung angenommen. Da sie entschlossene Männer unter sich zählte und die Selbstständigkeit Cyperns vertrat, so war sie im entschiedenen Vortheil gegen die venetianische, deren Hauptrathgeber, Andrea Cornaro, ein gänzlich energieloser Charakter war. ³) Freilich standen der letzteren die großartigen Hülfsmittel der Republik jeden Augenblick zur Verfügung.

In der Nacht vom 14. auf den 15. November begann es in Famagosta plötzlich lebendig zu werden. Man läutete Sturm und auf dieses Zeichen sammelten sich bewaffnete Haufen vor dem königlichen Palaste. Unter Anführung des Kämmerers Rizzo di Marin drang man in denselben ein und suchte nach Paul Zappe, dem, wie es scheint, damals eine Hofwürde übertragen war, und dem Arzt der Königin (und vorher auch Jakobs), Gabriel Gentile, die beide als die intimsten Rathgeber der Königin angesehen wurden. Man verfolgte sie bis in die Zimmer derselben und stieß sie in ihrer Gegenwart nieder.

Vor den Häusern Barbaro's und Cornaro's hatten sich indeß die venetianischen Soldtruppen aufgestellt. Andrea glaubte es aber seiner Nichte schuldig zu sein, sich zu ihr zu begeben, wovon ihm Barbaro abrieth. Als ihm nun unterwegs die Nachricht von der Ermordung Zappe's und Gentile's zukam, floh er mit seinem Neffen Marco Bembo in die an der Nordseite des Hafens liegende Citadelle.

Dort befehligte Nicolo Morabito, der sie zwar zum Thore einließ, sie aber zwischen zwei Mauern festhielt, bis der nach ihnen suchende Rizzo di Marin mit einer Abtheilung Bewaffneter, wobei sich auch Tristan de Giblet befunden haben soll, erschien. Morabito überlieferte ihm die Beiden, worauf sie auf der Zugbrücke niedergestreckt, ihrer Kleider beraubt und in den Graben geworfen wurden. Ein Hausbeamter Andrea's holte später die Leichen heraus und beerdigte sie anständig.

Zu Barbaro waren in der Nacht nacheinander Johannes Tafures, der Graf von Tripolis, zugleich Gouverneur von Famagosta, der zur spanischen Partei gehörte, wenn er es auch nicht offen mit den Verschworenen hielt, der Großconnetable Calceran Suares, der Erzbischof von Nikosia und der Connetable von Jerusalem, Saffons de Norès, gekommen und hatten ihn gebeten, die venetianischen Söldner entwaffnen und ihre Waffen auf die Schiffe bringen zu lassen. Da derselbe dieses hartnäckig verweigerte, indem er die Truppen, wie er ihnen erklärte, zu seinem Schutze für nöthig erachtete, begab man sich zusammen zu dem Ballei Pasqualigo, wo man endlich übereinkam, daß Barbaro die Waffen der Leute an sich nehmen sollte.

Die Verschworenen entschuldigten den Mord Cornaro's damit, daß dieser in seinem Geiz den cyprischen Truppen den rückständigen Sold vorenthalten habe und deshalb ihrer Wuth zum Opfer gefallen sei. In der That war Tags zuvor auf Befehl der Regentschaft Peter Davila mit seinen, ohne Sold gelassenen Leuten von Nikosia angekommen, hatte sich aber während des Aufruhrs völlig neutral verhalten. Da schlechterdings kein Geld vorhanden war, ließ die Regentschaft zur Befriedigung der Truppen silberne, dem königlichen Schatz zugehörende Gefäße einschmelzen.

Die Verschworenen betheuerten ferner vor dem Ballei und Barbaro ihre Anhänglichkeit an die Königin und die Republik und sagten, daß sie an die Signorie einen eigenen Gesandten schicken würden, um sie von dem Vorgefallenen in Kenntniß zu setzen.

Von hier aus eilten sie in den Palast und proklamirten vor der Königin die Verlobung Charlotta's, Jakobs Tochter, mit Ferdinands Sohn. Alfonso, wobei sie letzterem zugleich den Titel eines Fürsten von Galiläa, [4]) was die zukünftige Succession andeuten sollte, ertheilten und ihm eine reiche Mitgift auswarfen.

Dieser Vorgang scheint darauf hinzudeuten, daß ohne das Vorhandensein der venetianischen Truppen der Aufruhr leicht größere Dimensionen angenommen haben würde. Er würde vielleicht ganz vermieden worden sein, wie Barbaro in seiner Depesche an die Signorie über diese Vorgänge sagt, wenn Andrea Cornaro keine so große Fahrlässigkeit gezeigt und die Citadelle mit zuverlässigen Truppen besetzt hätte, wie er ihm mehrfach vorgestellt habe. Andrea habe sich damit entschuldigt, daß er der Regentschaft keinen Anstoß geben wolle, wenn gleich er wisse, „daß das ganze Königreich an einem Haare hinge."

Am Morgen des 15. November ließ Caterina den Ballei Pasqualigo rufen und sagte ihm in Gegenwart des Erzbischofes, des Grafen von Tripolis und Rizzo's di Marin mit Thränen in den Augen: „Messer Ballei, Wir haben nach Euch geschickt, weil diese Herren von der Regentschaft Unsern Vetter Paul Contarini, Wir wissen nicht weshalb, aus Cerines heraushaben möchten." Der Ballei drückte seine Verwunderung darüber aus, daß man so gegen einen treuen Diener der Königin und venetianischen Edelmann verfahre, die Anderen aber antworteten ihm, es geschähe dieses, um das Volk zu beruhigen.

Der erste Versuch, den man gemacht hatte, um Contarini zu entfernen, indem die Regentschaft ihm ein von der Königin gezwungen unterzeichnetes Schreiben mit der Aufforderung hatte zugehen lassen, daß er sofort nach Hofe kommen solle, war daran gescheitert, daß Contarini sich weigerte, die Festung zu verlassen, da das Schreiben nicht mit den zwischen ihm und Andrea Cornaro verabredeten geheimen Zeichen versehen war. Kurz darauf wußte man ihn doch durch Nicolo Morabito und Louis Almeric oder Alberic, Zaplana's Neffen, [5]) zur Uebergabe des Schlosses zu bringen und letzterer wurde als Kastellan eingesetzt.

Am Abend des 15. hatte auch der mit dem Erzbischof angekommene neapolitanische Gesandte eine Audienz bei der Königin, der Pasqualigo und Barbaro beiwohnten. Er überreichte sein Beglaubigungsschreiben, drückte der Königin das Bedauern Ferdinands über Jakobs Tod aus und beglückwünschte sie zugleich wegen der Geburt ihres Sohnes und der erfolgten Verlobung Charlotta's mit Alfonso. Ja er trug sogar der Königin eine von Ferdinands natürlichen Töchtern für ihren jüngstgeborenen Prinzen Jakob zur Gattin an.

Die Königin überließ dem Erzbischof, ihm einige Worte zu erwidern.

An demselben Abend waren auch die beiden neapolitanischen Galeeren vor dem Hafen von Famagosta angekommen und hatten sich dort vor Anker gelegt.

Tags darauf sandte Barbaro den Schiffskapitän Nicolò Pesaro mit Munition und Mundvorrath an Contarini nach Cerines, das Venedig gewissermaßen als Pfand oder Rückhalt für seine cyprische Machtstellung an sich gezogen zu haben scheint, und trug ihm zugleich auf, an Mocenigo und die Signorie das Geschehene zu melden.

Nach einiger Zeit erschienen die beiden venetianischen Galeeren, auf denen sich Cippico befand. Dieser verkündete laut, daß die ganze Flotte demnächst eintreffen werde, da nach neueren Nachrichten der Sultan von Egypten die Herrschaft über Cypern Charlotta zugesichert habe.

Vier Tage später trafen acht Galeeren unter dem Provveditore Vettore Soranzo, dem Vater des erwähnten Schiffskapitäns, ein. Mit ihm trat die Regentschaft in Unterhandlung, indem sie zugleich ihre Anhänglichkeit an die Republik betheuerte. Soranzo antwortete ihr, wenn dieses der Fall sei, möchte sie nur die Kastelle und die Erhebung der Zölle der Königin einräumen; zugleich schrieb er an Mocenigo, daß es dringend nöthig sei, eine größere Streitmacht nach Cypern zu senden.

Obgleich dieser jeden Augenblick sein Abberufungsdekret erwartete, so hatte er doch auf die erste Kunde von den Vorgängen in Famagosta umfassende Maßregeln getroffen. Sämmtliche venetianische Handelsschiffe in den dortigen Gewässern wurden von ihm zurückgehalten, um die Expedition nach Cypern als Lastschiffe mitzumachen. Von Creta ließ er Reiter und Bogenschützen kommen. Aus den Städten Morea's zog er die Besatzung heraus und warb noch Stratioten an. Zuletzt ließ er den Befehl ergehen, daß jedes venetianische Schiff, das in einen griechischen Hafen einlaufe, sofort bei Todesstrafe für den Kapitän und bei Verlust der Ladung sich nach Cypern zu begeben habe. Rhodos wurde als Sammelplatz bestimmt, wo er mit den vorläufig zusammengebrachten Truppen am 25. Januar 1474 erschien.°)

Er fand daselbst jedenfalls zu seiner großen Ueberraschung sechs Galeeren Soranzo's vor.

Nicht allein hatte der Gesandte Ferdinands auf seiner Rückreise in Rhodos Halt gemacht unter dem Vorwande, mit dem Großmeister wichtige Dinge insgeheim verhandeln zu müssen, es hatten auch die Häupter der spanischen Partei, der Erzbischof, Rizzo di Marin, Calceran Suares, Jakob Zaplana und sein Neffe Louis Alberic auf die Nachricht von den großen Rüstungen Mocenigo's für gut befunden, ihr Heil in der Flucht zu suchen, und dazu die andere neapolitanische Galeere, die ein gewisser Matteo Corso befehligte, benutzt. Die von Soranzo ihnen nachgeschickten Galeeren kamen gerade rechtzeitig an, um Corso's Galeere in den Hafen von Rhodos einlaufen zu sehen. Sie legten sich neben dieselbe, wagten aber nicht, sie zu beunruhigen.

Der Großmeister Orsino ließ sofort die Venetianer darauf aufmerksam machen, daß, wenn sie sich die geringste Gewaltthätigkeit zu Schulden kommen ließen, ihre Galeeren in den Grund geschossen würden. Sie verhielten sich auch ruhig, doch verübten die venetianischen Söldner, die Nachts von den Schiffen ausbrachen, durch Raub und Plünderung vielfachen Unfug auf der Insel.

So begegneten sich denn durch ein eigenthümliches Zusammentreffen auf dem neutralen Territorium des Hospitalordens die Häupter der drei Parteien, die jetzt um den Besitz Cyperns rangen, wenn dieser Ausdruck auf die legitimistische Partei, die durch die Lage seit langer Zeit zu vollständiger Unthätigkeit verurtheilt war, überhaupt angewandt werden kann.

Kurz nach seiner Ankunft stellte Mocenigo an den Großmeister das Ansinnen, ihm den Erzbischof und seine Genossen zu überliefern, damit ihnen in Cypern der Proceß gemacht würde. Von Seiten des Ordens wurden zu seiner Begrüßung der Turkopolier John Weston und der Ritter Embert de Beaumur abgesandt, die ihm zugleich den Bescheid zu überbringen hatten, daß Rhodos ein nur dem apostolischen Stuhle und dem Orden unterworfenes Land sei, ein freier Platz, wohin sich Christen aller Nationen flüchten könnten. Außerdem streite es gegen die Jurisdiction des Ordens, die Cyprioten, selbst wenn sie Uebelthäter seien, auszuliefern. Namentlich sei der Erzbischof nur dem apostolischen Stuhl unterworfen und was die Uebrigen anlange, so hätten sie sich sogleich nach ihrer Ankunft versteckt und geflüchtet.

Mocenigo verlangte jetzt, daß der Orden als Alliirter Venedigs den geflüchteten Cyprioten wenigstens kein weiteres Asyl gönne, sondern sie von der Insel verweisen solle, und segelte dann, obschon die ausgeschriebenen Truppen noch nicht alle angelangt waren, nach Verlauf weniger Tage weiter.

Um nicht das ohnehin nicht besonders freundschaftliche Verhältniß zu der Republik noch mehr zu trüben, beschloß der Ordensrath, die Cyprioten auffordern zu lassen, mit der ersten sicheren Gelegenheit abzureisen. Und dieses um so mehr, da man gegründete Vermuthung hatte, daß die Venetianer in der Stadt Rhodos geheime Verbindungen unterhielten, weshalb man sogar die Wachen auf den Mauern und an den Thoren bedeutend verstärkte.

Von den Flüchtlingen wurde am 14. Februar Jakob Zaplana zur Abreise auf einem genuesischen Schiff veranlaßt. Der Erzbischof verließ erst später, ausgestattet mit einem großmeisterlichen Salvusconductus vom 23. März, die Insel und ging nach Neapel. Ueber die Abreise der Anderen finden sich keine Nachrichten, doch werden sie sich zweifelsohne auch nach Neapel begeben haben.

In dieser Zeit besaß übrigens ein Verwandter Jakobs, der großmeisterliche Seneschall und Commendator von Baules im Priorat Catalonien, Nicolo Zaplana, die Großkommende von Cypern, die ihm nach dem Tode des früheren Inhabers, John Langstrother, Großpriors von England, im Generalkapitel zu Rhodos (16.—26. November 1471) verliehen worden war. Da sie damals durch die Heuschrecken arg verwüstet war, bezahlte er nur 4500 Floren Responsionen (gegen 12,000 früher), mußte aber dabei jedes Risico tragen. Er verwaltete sie indeß nicht persönlich, sondern ließ sie durch den Ordensritter Charles be Norès administriren.

Als Mocenigo anfangs Februar in Cypern ankam, blieb ihm im Grunde nicht viel mehr zu thun übrig. Nachdem er vor dem Palast der Königin zu Famagosta eine Heerschau abgehalten, schickte er die Reiterei, sowie die aus den festen Plätzen Morea's gezogene Mannschaft auf den von ihm requirirten Handelsschiffen wieder zurück und behielt nur seine Kriegsschiffe und die Kretenser Bogen= schützen.

Ueber die Anhänger der spanischen Partei erging jetzt ein strenges Strafgericht. So weit man ihrer noch habhaft werden konnte, wurden sie theils hingerichtet, theils eingekerkert, exilirt und ihrer Güter beraubt. Letztere wurden dann an Anhänger der herr= schenden Partei vergeben.

Der Vetter der Königin, Paul Contarini, erhielt das Com= mando über Cerines wieder und der Graf von Tripolis, dessen Haltung zweideutig erschienen war, mußte das über Famagosta ab= geben, welches dann an Gonsalvo Perez, einen Anhänger Cate= rina's, übertragen wurde. Kurz darauf floh der Graf von der Insel und schloß sich nun offen der spanischen Partei an, weshalb die Signorie ebenso lebhaft nach seiner Habhaftwerbung trachtete, wie nach der Rizzo's bi Marin und der Anderen.

Auf der Galeere, die am 17. November mit den Depeschen Barbaro's an die Signorie Famagosta verlassen, hatte sich auch der Doctor Philipp Podochatoro eingeschifft, der als gemeinsamer Ab= gesandter der Königin und der Regentschaft dem Senat den Aufruhr in möglichst abgeschwächter Weise schildern sollte. In Modon, wo er seinen Aufträgen gemäß Mocenigo aufzusuchen hatte, war er von diesem schon hart angelassen worden; in Venedig erhielt er sechs Stunden nach seiner Ankunft den Befehl, die Lagune unverzüglich zu verlassen. Er ging deshalb nach Modon zurück und kam erst im Februar 1474 wieder nach Cypern, wo er als verdächtig seiner Güter beraubt wurde.

Die Dekrete des Senats, die in dieser Zeit an Mocenigo ab= gingen, lassen an Klarheit und Festigkeit nichts zu wünschen übrig.

Am 20. December 1473 meldete ihm derselbe, daß er mit den Ereignissen auf Cypern bekannt sei und daß die gesammte Flotte ohne Zögern sich dorthin zu begeben habe. Die Insel müsse um jeden Preis erhalten werden, selbst wenn der Königin oder ihrem Sohn ein Unfall zustoßen sollte. Der Festungen müsse man sich auf jede Weise versichern. Alle venetianischen Schiffe, deren er habhaft werden könne, dürfe er zu seinem eigenen Gebrauche verwenden.

Durch die wie alljährlich nach Beirut gehenden Galeeren sandte ihm der Senat 22,000 Dukaten, wozu noch 4000 weiter kamen, die der wieder zurückgehende Schiffskapitän Persano ihm einzuhändigen hatte.

Am 21. December befahl er dem Generalkapitän, 600 Stratioten anzuwerben und ungefähr 2000 Fußsoldaten nach Cypern zu senden. An demselben Tage beauftragte er auch seinen Gesandten Aymon in Neapel, bei König Ferdinand lebhafte Klage über den Erzbischof als Anstifter des Aufruhrs und des an Cornaro verübten Mordes zu führen. Am 26. ertheilte er Mocenigo die Befugniß, die Commandanten von Famagosta und Cerines mit 5000, nach Bedürfniß auch mit 10,000 Dukaten für jede Festung zur Uebergabe des Platzes zu vermögen oder ihnen eine jährliche Rente von 500 bis 1000 Dukaten zuzusichern. [7])

Am 5. Januar 1474 wurde ihm aufgetragen, den Hauptmann der cyprischen Söldner, Peter Davila, zur Partei der Königin herüberzuziehen und ihm eine jährliche Zulage von 1000 Dukaten zu seinem Sold zu versprechen.

Am 6. übertrug er den Oberbefehl über die nach Cypern zu sendende Landmacht an den Proveditore Giacomo Marcello, der nebst Ludovico Bembo dem designirten vierundachtzigjährigen Nachfolger Mocenigo's, Triabano Gritti, an die Seite gegeben war.

Am 10. gab er Mocenigo die ausdrückliche Anweisung, kein neapolitanisches Schiff, da sich Ferdinand der Signorie gegenüber angeboten hatte, auch seinerseits zur Befestigung der Herrschaft Caterina's und ihres Sohnes beitragen zu wollen, an der cyprischen Küste zuzulassen, sondern es, wie jedes andere, zurückzuweisen, „da sie doch nur auf Unheil ausgingen." [8])

Dasselbe wiederholte er noch einmal am 15. Januar, wobei er zugleich dem Generalkapitän einschärfte, keine Versprechungen zu sparen, um Peter Davila und den Grafen von Rochas zur venetianischen Partei herüberzuziehen. Dagegen sollte sowohl Paul Contarini des Oberbefehls über Cerines wegen der kurz vorher bewiesenen Schwachheit, als Peter Galimbert, auf dessen Caravelle einst Jakob nach Egypten geflohen war, des über die Citadelle von Famagosta verlustig gehen (28. März).

Wie wir gesehen haben, waren die Senatsdekrete, soweit es überhaupt nöthig war, von Mocenigo bereits ausgeführt, ehe sie zu seiner Kenntniß gelangt waren, ein Umstand, den auch sein Lob=redner Cippico hervorzuheben nicht versäumt hat.

Zur größeren Sicherung ihrer Herrschaft ging die Signorie jetzt weiter und setzte in Cypern eine eigene Regierung ein, bestehend aus zwei „Räthen der Königin“ und einem Proveditore, dem sämmt=liche dortigen Streitkräfte der Republik unterstellt wurden. Sie wurden auf zwei Jahre bestellt und erhielten ein Jahrgehalt von 2400 Dukaten, wovon sie indeß nach venetianischem Gebrauch vor=läufig nur die Hälfte empfingen[9]) und acht Diener mit sechs Pfer=den zu unterhalten hatten. Im ersten Jahre bestritt Venedig dieses Gehalt, dann sollte es dem cyprischen Schatz zur Last fallen. Ein Sekretär der dukalen Kanzlei war ihnen zugetheilt.

Zum Proveditore wurde Giovanni Soranzo, zu Räthen Francesko Minio und Aluisio Gabriel gewählt.

Die Instructionen, die sie erhielten (4. Juni), schrieben ihnen ein ruhiges, umsichtiges und möglichst schonendes Handeln vor, aber nichts sollte ohne ihre Veranlassung und Genehmigung, indeß doch immer so geschehen, als ob es lediglich von der Königin aus=ginge. Vor Allem sollten sie sich in den Besitz der Hülfsquellen und Einkünfte der Insel zu setzen suchen und diese nach Kräften vermehren. Eine geordnete Finanzverwaltung sollte baldigst her=gestellt werden, um die Truppen jederzeit richtig bezahlen und die Kosten des Hofes bestreiten zu können. Der nach dem Tode Jakobs eingetretenen Verschleuderung des Staatsvermögens und der könig=lichen Domänen sollte Einhalt gethan und das Verschleuderte, wo=möglich ohne Aufsehen zu erregen und Skandal hervorzurufen, wieder beizubringen gesucht werden. Die Schuldforderungen der Republik sollten denen venetianischer Bürger vorgehen und daran nach Ver=hältniß der Einkünfte abbezahlt werden. Die politischen Institu=tionen und die Verwaltung sollten in ihrem bisherigen Stand er=halten und die Justiz in der herkömmlichen Weise durch die alten Beamten und nach den bisherigen Gesetzen der Assisen ausgeübt werden, damit der Adel und die dabei Betheiligten in dem Glauben gelassen würden, als hätten sie selbst noch Theil an der Staats=verwaltung.

Die Anhänger der Königin sollten in keiner Weise verletzt, vielmehr möglichst herangezogen werden. Zu besonderer Berücksichtigung ward ihnen Grinier von Morphu, Graf von Rochas, anempfohlen. Von allen Fremden und Verdächtigen, ob sie nun zu der spanischen Partei oder zu der Charlotta's gehörten, solle die Insel gründlich gereinigt werden. Die Festungen sollten nur in Händen venetianischer Truppen und ganz zuverlässiger Anführer sein, dabei aber überall die Banner des Hauses Lusignan aufgesteckt bleiben. Den Befehlshabern sollte auf das Strengste eingeschärft werden, das Commando nur persönlich in die Hände der beiden Räthe und des Proveditore niederlegen zu können. Kein schriftlicher Befehl solle dafür ausreichend sein.

Den Verwandten der Königin, wie überhaupt venetianischen Bürgern, sollten sie schlechterdings nicht die geringste Einmischung in die Regierungsgeschäfte erlauben und bei etwaiger Weigerung sie nach Venedig senden. Es bezog sich diese Vorschrift vorzüglich auf Pietro Bembo und Giorgio Contarini, Vettern Caterina's, die in argen Streit gerathen waren und von denen einer auf Senatsbefehl nach Caterina's Wahl, oder wenn sich diese nicht dazu entschließen könne, nach dem Gutachten der Räthe, welcher gerade als der gefährlichere befunden würde, die Insel unverzüglich verlassen sollte.

Ihre Residenz sollten sie da nehmen, wo sich die Königin befände, und sollten sie weder selbst Handel treiben, noch auch solchen durch Andere treiben lassen. Ebensowenig dürften sie Geschenke oder Lehen annehmen.

Bezüglich des Ranges ward angeordnet, daß die beiden Räthe vor dem Proveditore und vor diesen der venetianische Ballei den Vortritt haben solle. [10])

Die Instructionen, die am gleichen Tage der Proveditore Giovanni Soranzo erhielt, bezogen sich hauptsächlich auf die militärische Lage Cyperns und waren sonst im Wesentlichen gleichlautend mit denen seiner Kollegen. Auch in pekuniärer Beziehung war er ihnen gleichgestellt und hatte ebenfalls einen Sekretär aus der venetianischen Staatskanzlei.

Ein fester Wohnort wurde ihm nicht vorgeschrieben, vielmehr sollte er fleißig die Insel bereisen und die militärischen Kräfte inspizieren.

Auch er sollte in Wort und Handlung sich vorsichtig benehmen, um jeden Schatten von Verdacht zu vermeiden, als ob seine

Autorität von einer andern Macht, als von der Königin und ihrem Sohne ausginge.

Da dieses Kollegium der Drei in allen wichtigen Angelegenheiten mit gleichen Stimmen zu beschließen hatte, so konnte nicht leicht ein Conflict entstehen.

Diese Instructionen glaubte der Senat bezüglich der Festungen noch vervollständigen zu müssen (29. Juli).

Da in den Citadellen von Famagosta und Cerines zwei Schiffskapitäne, Nicolo Marcello und Nicolo Pesaro den Oberbefehl hatten, wodurch ihre Galeeren sich außer Thätigkeit befanden, während sie an der von den Türken angegriffenen Küste Albaniens dringend nöthig waren, befahl der Senat dem Kollegium der Drei diese baldigst ablösen zu lassen.

Ferner wurden diesem die für Usunkhassan bestimmten, in Famagosta noch lagernden, sehr ansehnlichen Kriegsvorräthe zugewiesen. Man hatte früher Barbaro allein 6 Feldschlangen, 10 Wallgeschütze, 200 Stutzbüchsen, 10,000 Musketen und 3000 Eisenkugeln zugetheilt.

Die Verproviantirung der Festungen sollte auf zwei Jahre geschehen und die Söldner pünktlich bezahlt werden, damit sie nicht auf Raub oder Plünderung ausgingen.

Dem schändlichen Verfahren venetianischer Kapitäne, cyprische Pariker auf ihre Schiffe zu entführen, sollten sie in jeder Weise zu steuern suchen. Wo solche Pariker auf den Schiffen aufgefunden würden, sollten sie ohne weiteres an ihre Herren zurückgegeben und die Kapitäne streng gestraft werden.

Der Königin sollte erlaubt sein zu wohnen, wo sie wolle, doch müsse bei etwaiger Aenderung ihres Aufenthaltes stets für genügenden Schutz gesorgt werden, damit ihre Person und die des jungen Königs keiner Entführung ausgesetzt sei.

Zu Kommandanten der Citadelle von Famagosta wurde hierauf Francesko Dandolo und zu dem von Cerines Gianandrea Loredano ernannt.

Die ihm ertheilten Instructionen befolgte das Kollegium so scharf, daß in Kurzem nicht nur eine wohlgeordnete Finanzwirthschaft eingetreten war, sondern auch die königliche Domäne durch Cassation früherer Schenkungen wieder ihren alten Umfang erreichte. Ja sogar die Donationen der Königin an ihre nächsten Verwandten wurden annullirt, was der Senat später widerrief.

Mocenigo hatte in Famagosta lang genug auf seinen Nachfolger Triadano Gritti gewartet. Endlich benachrichtigte ihn dieser, er sei in Morea angekommen, habe aber Befehl daselbst zu bleiben. Der Generalkapitän beschloß daher abzusegeln, zumal in Cypern keine weiteren Störungen zu befürchten waren. Beim Abschied schenkte ihm die Königin einen kostbar gearbeiteten Schild und eine seidene Fahne, auf der das Wappen von Cypern und Jerusalem gestickt war.

Nachdem er zum Schutze Famagosta's Vettore Soranzo mit 10 Galeeren zurückgelassen hatte, der dann von dem vorerwähnten Proveditore Giovanni Soranzo abgelöst wurde, ging er über Rhodos und Kreta nach Modon (Juni 1474), wo er die Nachricht von der Belagerung Skutari's durch die Türken erhielt. In Corfu wurde ihm das Senatsdekret eingehändigt, das ihm die Vertheidigung Skutari's von der Seeseite auftrug, die er bekanntlich in glänzender Weise durchführte, worauf er am 14. December 1474 zum Dogen gewählt wurde.

In Bezug auf Cypern rühmt sein Epitaphium (er starb schon am 23. Februar 1476), daß er die Insel aus den Händen der Verschworenen mit nicht weniger Schnelligkeit, als Umsicht gerettet habe. [11])

Am 26. August 1474 starb zu Famagosta der jetzt gerade ein Jahr alte Sohn Caterina's, Jakob III., und wurde neben seinem Vater beerdigt. Auch von ihm behauptete man, er habe Gift bekommen. Man pflegte ihn, wie es heißt, zu feierlichen Regierungshandlungen herbeizuholen und seine kleine Hand, so oft es nöthig schien, zum Zeichen des Einverständnisses in die Höhe zu heben.

In ihrer Verzweiflung hatte Charlotta nach dem Tode ihres Halbbruders wieder eine Gesandtschaft unter den Rittern Nikolas de Milias und Bernhard de Rieussec an den Sultan abgehen lassen, die ebenso resultatlos blieb, wie die früheren. Ja der Sultan überlieferte die Ritter einem Abgesandten Caterina's, der sie mit nach Cypern führte, wo man sie indeß wieder frei ließ.

Die Maßregeln, die im Anfange des folgenden Jahres 1474 die Republik zur Behauptung von Cypern getroffen hatte, mußten ihr vollends die Ueberzeugung geben, daß gegen ihre jetzigen Gegner alle ihre Anstrengungen ohnmächtig bleiben würden. Sie wollte deshalb dem Orden nicht länger zur Last fallen und beschloß ihre Abreise. Auf abendländischen Schiffen, die im Hafen lagen, beabsichtigte sie die Ueberfahrt zu machen. Vom Ordensrath war sie bereitwillig mit Geld und Reisebedürfnissen ausgesteuert worden.

Von dem Großmeister Orsino und den Großwürdenträgern geleitet und umgeben von ihren zahlreichen Anhängern, denen sie zuvor einen Salvusconductus zu bleiben oder zu gehen von dem Orden ausgewirkt hatte, begab sie sich am Morgen des 4. Juli 1474 an den Hafen. [12]) Dort verabschiedete sie sich von den Ordensrittern und ihren Getreuen, dankte mit Thränen in den Augen dem Großmeister für Alles, was der Hospitalorden an ihr gethan, und bestieg dann mit einem kleinen Gefolge, worunter ihr Beichtvater Chafforicios und ihr Kämmerer Hugo de Langlois nebst seiner Frau Anna, das für sie bestimmte Schiff. Sie sollte weder Rhodos, noch Cypern jemals wiedersehen.

Im Hinblick auf die Opfer, die der Orden ihrer Sache gebracht, und auf ihren fast zwölfjährigen Aufenthalt zu Rhodos hatte sie oft geäußert: „Wenn Caterina Cornaro sich eine Tochter des heiligen Markus nennt, so darf ich mich mit noch viel größerem Rechte eine Tochter des heiligen Johannes des Täufers (des Patrons des Hospitalordens) nennen."

Von ihren Anhängern, die bis zuletzt bei ihr in Rhodos ausgehalten hatten und die jetzt wohl größtentheils nach Cypern zurückkehrten, nennen wir: Eudes de Bossat und seine Frau Charlotta Cantakuzena de Flory, Thomas Sinklitiko und seine Frau Margaretha Mistahel, Bernard de Rieussec und seine Frau Margaretha Mahe; ferner die Ritter Arthur de Langlois, Nicolas de Milias und Peter Gurri (oder Urri), dann die Damen Florence de Rames, Gräfin von Joppe, Agnes von Montolif, Eugenie Mahe, Louise de Milias und Francine Cornier.

Von denen, die anfänglich ihre Verbannung getheilt, später sich aber Jakob unterworfen hatten, führen wir an: Paul Zappe, der während des Aufruhrs zu Famagosta ermordet wurde, Jakob de Norès, Jakob Salaga, Philipp Mistahel, der zu Venedig als Jakobs Gesandter gestorben war, Thomas Parbo und Peter de Levanto. Ihr früherer Anhänger, Tristan de Giblet, gehörte jetzt der spanischen Partei an und wurde als solcher von Venedig verfolgt.

Im Abendland angekommen begab sich Charlotta zu ihrem Gemahl Ludwig von Savoyen und verweilte bei ihm einige Zeit zu Montcalier, wo der nach Venedig gehende burgundische Gesandte, Antoine, Seigneur de Montjeu, sie traf und sich den Befehlen seines Herrn gemäß für sie, doch nur in bittender Weise (rogando, alio enim modo non expedit) verwandte. Daß Mocenigo, der jetzt Doge war, darauf nicht die geringste Rücksicht nahm, ist leicht zu denken. Der Gesandte deutet dieses auch in einem Schreiben aus Venedig an seinen Herrn vom 18. September 1475 an, worin er bemerkt, daß er die Antwort des Dogen bereits früher nach Savoyen übermittelt habe. [13])

Charlotta mochte bald herausgefunden haben, daß für sie in Savoyen jetzt noch weniger zu hoffen sei, als früher. Sie verließ deshalb ihren Gemahl, der sich nun in die Abtei Ripaille bei Thonon zu einem beschaulichen Leben zurückzog, und ging nach Rom, wo Papst Sixtus IV. sie in wohlwollendster Weise aufnahm und ihr in dem Palazzo de' Convertendi auf der Piazza Scozza Cavalli zwischen Vatikan und Engelsburg eine ständige Wohnung anwies (1475).

Zur Erinnerung daran ließ der Papst, wie dieses auch mit anderen, vor den Türken nach Rom geflüchteten Fürsten, zum Beispiel den Paläologen geschah, in einer Wölbung des Hospitals S. Spirito die Scene ihres Empfangs bildlich darstellen. Unter dem noch heute daselbst sichtbaren Bilde, worauf die Königin geschmückt mit den Insignien ihrer Würde und umgeben von ihrem Gefolge vor dem Papst kniet, befindet sich die folgende Inschrift:

„Karlotta Cypri Regina, regno fortunisque spoliata, ad Sixtum IV. supplex confugiens, ab eodem tanta benignitate ac munificentia suscipitur, ut prae incredibili admiratione animique gratitudine in ejusdem Pontificis laudes prorumpens, non solum satis eloquentiae haud suppeditari, verum etiam animi vires ad eas explicandas sibi defecisse videri fassa fuerit."

Anmerkungen.

1) Bosio (II. S. 265) läßt sie wirklich abreisen, was indeß durch kein weiteres Zeugniß bestätigt wird. Sie müßte dann auch wieder baldigst nach Rhodos zurückgekehrt sein, da sie sich zur Zeit von Jakobs Tod daselbst befand. Der ausgedehnte Salvuskonductus, den sie kurz vor ihrer definitiven Abreise dem 1. Juli 1474 vom Orden für ihre Anhänger erbat (Mas Latrie III. S. 127), läßt auch darauf schließen, daß sie im Jahre vorher über ihre Abreise noch unsicher war, sonst möchte sich höchstwahrscheinlich auch aus dieser Zeit (Februar 1473) ein solcher vorfinden.

2) Der Hafen von Marmarice (das alte Physkos) ist einer der besten und gesichertsten der ganzen Welt. Ein kleines, von den Rittern erbautes, jetzt aber in Trümmern liegendes Kastell vertheidigte ihn. (Newton II. S. 39 und 40.)

3) Diese Behauptung, die sich auf das Urtheil Josaphat Barbaro's, eines alten gewiegten Diplomaten, stützt, steht keineswegs in Widerspruch mit dem, was Cippico Fol. 45ᵇ über ihn sagt: „Erat Cypri Andreas Cornarius reginae patruus, vir mansueti animi atque benigni ingenii, ab adolescentia optimis moribus institutus, potiusque injuriam pati quam inferre paratus."

4) Der gewöhnliche Titel des Thronfolgers war indeß der eines Fürsten von Antiochien.

5) Bosio nennt ihn Ludovico Aimeri. Jakob II. hatte ihn auf Empfehlung seines Oheims mit einem Jahrgehalt von 1000 Dukaten in seine Dienste genommen. Er verließ diese aber, ging nach Rhodos und kam erst nach Jakobs Tode wieder zurück. Mas Latrie III. S. 403.

6) Bosio II. S. 274.

7) Das charakteristische Dekret lautet: Capitaneo generali maris et provisoribus classis. Ve demo libertà et auctoritá che, essendo de bixogno per haver la forteza de Famagosta o de Cerines, possate spender fino a la summa de ducati 5000 per chadauna, non restando perhò, se altramente dicte forteze ottenir non potesti, spender fino a la summa de ducati X millia per chadauna, over prometter a quello o quelli che ve deseno dicte forteze provision annual de ducati 500 fin mille a l'anno tra tuti per chadauna de dicte forteze. Mas Latrie III. S. 353. — Diese Summen sind keineswegs niedrig gegriffen, wenn man erwägt, daß sie nach unserem heutigen Geldwerthe wenigstens versechsfacht werden müssen.

8) „Et perhò nui volemo che se forsi capitasse de li galia alguna regia, come ogni altro legno, retenitelo et per niente no li lassate applichar a quella ixola, per chè lo andar in quella ixola non pol produr se non mal fructo." Mas Latrie III. S. 365.

9) „Habeant de salario ducatos ducentos auri pro quoque — solvendo dimidium nostro dominio juxta formam partis," heißt es im Senats-

beſchluß vom 28. März 1474 und „Habere de vestro salario debetis ducatos 2400 in anno et ratione anni, cum conditione partis dimidii, juxta formam vestre electionis" (mit der Bedingung, ſich dem Befehl [pars] betreffs der Hälfte des Gehaltes anzubequemen) in den Inſtructionen vom 4. Juni. Mas Latrie (III. S. 379) glaubt dieſes dahin erklären zu können, daß der Beamte (wohl der in den entfernteren Gebietstheilen fungirende) die Hälfte ſeines Gehaltes als eine Art Kaution für ſein Wohlverhalten dem Schaze bis zur Abgabe ſeines Amtes überlaſſen mußte. Ziemlich genau iſt dieſes Verfahren in den Inſtructionen des zum Kapitän von Cypern ernannten Baldaſſare Treviſani vom 27. Auguſt 1489 unter Nummer 3. geſchildert, wo es heißt: „Habere quidem debes de salario in anno et rationi ducatos tres mille quingentos, solvendos de tempore in tempus ab illa camera nostra, cum conditione solvende medietatis, pro qua medietate neta leventur tibi bullete de quatuor mensibus in quatuor menses, et non aliter, sub pena, notario vel scribe contrafacienti, immediate privationis officii et solvendi de suo id plus de quo bullete fuissent levate. Nec possis, sub aliquo colore vel pretextu aut ingenio quovismodo, accipere praeter quam partem netam videlicet medietatem salarii ut supra, et reliquam medietatem dimittere tibi in camera, sub omnibus penis contentis in parte furantium absque aliquo consilio exigendis." Mas Latrie III. S. 454.— Eine halbwegs ähnliche Einrichtung beſtand übrigens auch in Cypern, wo die königlichen Beamten vor Uebernahme ihres Amtes eine ihrem Einkommen entſprechende Summe der Schazverwaltung „leihen" mußten, die ſie ſpäter, wenn nicht immer in Baar, doch in Gefällen oder Renten zurückerhielten.

10) Es geſchah dieſes mehr um den äußern Anſchein zu wahren, denn in Wahrheit hatten die Mitglieder des Kollegiums der Drei eine ganz andere Stellung, als der Ballei, der aber hier nach Außen die Republik zu repräſentiren hatte.

11) Marino Sanudo bei Muratori XXII. col. 1203.

12) Bosio II. S. 276.

13) Guichenon I. S. 544 und II. S. 400.

Elftes Kapitel.

Marco Cornaro, Caterina's Vater, geht nach Cypern. Seine Instructionen. Verhaftung der vornehmsten Cyprioten und ihre Gefangenhaltung zu Benedig. Verhältniß Cyperns zu Egypten. Rizzo di Marin's und Don Alfonsos Reise nach Kairo (1476). Rizzo di Marin in Rhodos gesucht. Aufhebung der Familie Jakobs II. und Internirung in Venetien. Senats- dekret betreffend die Errichtung von 100 venetianischen Ritterlehen auf Cypern. Anträge der Republik an Charlotta. Reise derselben nach Egyp- ten (1478). Benier's Verschwörung. Rückkehr Charlotta's nach Rom. Verzichtleistung auf die cyprische Krone zu Gunsten Savoyens (1485). Charlotta's Tod und Beisetzung (Juli 1487).

Der Tod Jakobs III. konnte für Venedig nichts Ueberraschendes haben. Wie wir oben gezeigt, hatte die Signorie auch für diesen Fall bereits ihre Instructionen erlassen. Anders dagegen bei den Cyprioten. Für sie brach damit die einzige Hoffnung auf Erhal- tung der Selbstständigkeit Cyperns zusammen, denn daß die Repub- lik das Testament Jakobs II. auch in Bezug auf seine natürlichen Kinder ausführen werde, daran war nach ihren bisherigen Maß- nahmen nicht wohl zu denken. Caterina konnte in den Augen der Eingebornen noch als Repräsentant des Hauses Lusignan gelten, wie man ihr denn auch in der That mit einer gewissen Liebe ent- gegenkam; aber sie war zugleich die Adoptivtochter des heiligen Markus und die Signorie war es gewesen, die sie auf den Thron gesetzt hatte. Ohne die bringend nöthig gewordene Bundesgenossen- schaft mit der Republik hätte Jakob wahrscheinlich seine feierliche Verlobung oder Trauung, wie man sie eigentlich nennen muß, gänz- lich in den Wind geschlagen und eine neapolitanische Prinzessin geheiratet.

Um der Königin ihre Eigenschaft als venetianischen Patrizier- tochter von Neuem und zwar in nichtoffizieller Weise in Erinnerung zu bringen, ertheilte jetzt der Senat dem Vater Caterina's, Marco Cornaro, [1]) die demselben bisher versagt gewesene Erlaubniß, sich nach Cypern zu begeben, woselbst er Geschäfte halber in früherer Zeit sich schon mehrfach aufgehalten hatte. Auch scheint es, daß die Mutter Caterina's, Fiorina Crispo, ihn begleitete, wenigstens lebte sie später bei ihrer Tochter und verließ dieselbe erst im Jahre 1488.

Die Instructionen, die die Signorie am 11. November 1474 dem Vater der Königin, „der sich zur Aufmunterung und zur Trö= stung seiner Tochter dahin begebe," ertheilen zu müssen glaubte, sind uns ein neuer Beweis, in welcher staatsmännischen Weise die Re= publik ihre Bürger zu benutzen und die Lage zu beherrschen verstand.

Um anständig aufzutreten sollte er in Modon, oder wo er sonst den Proveditore der Flotte fände, vier Galeeren verlangen und diese sollten zugleich vier andere in Cypern ablösen, voraus= gesetzt, daß der Proveditore sie überhaupt entbehren könne.

In Rhodos sollte er den Großmeister und den Ordensrath mahnen, die Galeeren für das nächste Frühjahr in Bereitschaft zu halten. In Bezug auf Cypern sollte er ihnen mit nachdrücklichen Wor= ten vorstellen, „daß, wenn sie einmal sich auf Seite Caterina's und der durchaus ehrenhaften Sache Venedigs nicht zu stellen vermöch= ten, wozu sie eigentlich vertragsmäßig verpflichtet seien (?), sie we= nigstens im Interesse ihrer eigenen Ruhe und um ihres eigenen Nutzens willen nicht, wie bisher, feindlich auftreten sollten, indem sie gegen Treue und gute Sitten die cyprischen Rebellen mit Rath und That unterstützten. Was von Seiten des Ordens oder über= haupt von der Insel Rhodos aus gegen Cypern geschähe, das betrachte der Senat als gegen ihn selbst gerichtet und werde dar= nach die Wiedervergeltung üben. Uebrigens sei zu hoffen, daß der Orden es vorziehen werde, mit der Republik lieber in gutem Ein= vernehmen zu leben, als in feindseligem Verhältniß zu stehen.

Sowohl zu seiner eigenen Sicherheit, als auch um seinen Wor= ten mehr Nachdruck zu verleihen, die sich bis zu anscheinenden Droh= ungen versteigen dürften, solle Marco seine Galeere nicht verlassen. [2])

Ueber die zwei wichtigsten Punkte, die Cypern beträfen, nämlich die Bewachung der Festungen und die Finanzverwaltung, seien be= reits Soranzo und Minis (der andere Rath Gabriel war schon am 27. August gestorben) hinreichend mit Instructionen versehen. Im Allgemeinen solle Alles beim Alten bleiben.

Die Aufgabe Marco's solle sein, als confidentieller Vertrauens= mann der Signorie rathend und vermittelnd zwischen der Königin

und dem venetianischen Kollegium, dem die offiziellen Befehle übermittelt würden, zu stehen. Sie alle sollten nach einem Ziele streben,
nämlich die Erhaltung des Königreichs unter der Herrschaft Caterina's, und bei der schwierigen Lage Cyperns werde ihnen die größte
Harmonie und Eintracht zur Pflicht gemacht, ohne die nichts ge-
deihen könne. Da Marco Vater der Königin sei, so solle er, weil
der königliche Name vor dem Volke um so höher gehalten werde,
je mehr dasselbe bemerke, daß seine (Marco's) Person von der
Signorie ausgezeichnet werde, vor allen Beamten und Privatper-
sonen den Vorrang haben. Da er übrigens auf seinen Wunsch nach
Cypern gehe, so könne er solange dort bleiben, als es ihm beliebe.

In Cypern zeigten sich die venetianischen Rectoren vollständig
der Lage gewachsen.

Nicht sobald hatte sie nach dem Tode des jungen Königs den
schlechten Geist der Cyprioten bemerkt, wie sich ein Venetianer aus-
drückt, als sie den Grafen von Rochas, der kurz vorher noch dem
Wunsche der Republik gemäß mit möglichster Schonung behandelt
werden sollte und in dem man jetzt wegen seines großen An-
sehens schon das künftige Haupt einer nationalen Partei witterte,
mit anderen hervorragenden Cyprioten auf einigen Schiffen nach
Venedig sandten. Dabei traf sich, daß diese unter Bewachung des
früher erwähnten Provedetore Vettore Soranzo die Reise machen konnten.

Auch ein weiterer treuer Anhänger der Königin, der Connetable Davila, ging in dieser Zeit, wenn gerade nicht gezwungen,
doch von dem Senat gerufen, was im Grunde wenig an der Sache
ändert, nach Venedig, wo man ihn höflich bedeutete, es sei dem
Senat bei weitem angenehmer, wenn er sammt seinen Genossen die
Lagune bewohne, als wenn er nach Cypern zurückkehre. Für seine
Familie und sein Eigenthum brauche er keine Sorge zu tragen,
letzteres würde unversehrt ihm erhalten bleiben.

Für die Dauer ihrer Internirung solle ihm, wie seinen Genossen, monatlich 150 — 200 Dukaten ausgezahlt werden, was natürlich von ihren cyprischen Einkünften abgerechnet werden müsse
(27. October 1474).

Diese anscheinende Milde machte aber bald einer strengeren
Behandlung Platz.

Am 4. December erging der Befehl, den Grafen von Rochas
und den Ritter Daras, unter Jakob II. Mitglied der hohen
Kammer, der zuletzt als Gouverneur von Nikosia einen übertriebe-

nen Eifer für Caterina an den Tag gelegt hatte, in die Turricella, das Gefängniß an der Seufzerbrücke, zu bringen und sie dort unter strengster Obhut von sechs venetianischen Bürgern auf ihre Kosten bewachen zu lassen. In demselben Gefängniß saßen bereits andere Cyprioten, wie ein Ritter Michele Cortesi und ein gewisser Demetrius von Patras, genannt Mastachi, vielleicht ein Verwandter von Jakobs Mutter. Ein Abenteurer vom reinsten Schlag Nikolaus, genannt der Türke, den gleichfalls Soranzo in Ketten eingeliefert hatte und der auf Befehl des Senats erst gefoltert und dann nach Cypern zurückgeschickt werden sollte, um dort gerichtet zu werden, entwischte glücklich im nächsten April aus der Turricella, worauf der Senat einen Preis von tausend Livres auf seine Wiedereinfangung setzte.

Einen neuen Transport vornehmer Cyprioten erwartete man anfangs December, die in das Castell von Padua abgeführt werden sollten. Darunter waren Jean Attar, Philipp de Norès, Perrin (oder Peter) Gurri und Stefan Kubuna, ein Volksführer aus Nikosia, der die Königin zur Uebersiedlung nach der Hauptstadt hatte bewegen wollen. Man brachte sie indeß in die Turricella.

Nach bereits drei Monaten glaubte man mit den Verdächtigen schonender verfahren zu dürfen. Man entließ sie mit Ausnahme Kubuna's und Cortesi's aus dem Gefängnisse und legte ihnen die Verpflichtung auf, die Stadt ohne Genehmigung des Senats nicht zu verlassen.

Dem Connetable Davila gestattete man auch seine Familie nach Venedig kommen zu lassen.

Um sich für die Haltung des Hospitalordens zu rächen, bemächtigte sich die venetianische Regierung der Großkommende. Auf Vorstellung der Prokuratoren des Schatzes, daß ihr dermaliger Administrator, Charles de Norès, seine Responsionen deshalb nicht bezahlen könne, gaben Meister und Rath sie am 13. Juli 1474 dem Kommendator von Verona, Marco Crispo, in Administration, der, wie man wußte, bei Caterina, deren Verwandter er war und in deren Umgebung er sich befand, sehr beliebt war. Zu ihr sandte man am 9. März 1475 den bisherigen Administrator Charles de Norès, damit er einestheils sich die Auszahlung einer Geldsumme, die Jakob II. dem Orden noch geschuldet hatte, erbitten sollte, anderntheils an Crispo die betreffende Bulle übergeben möge, wodurch ihm bedingungsweise die Großkommende übertragen wurde. Die

Hauptbedingung war, daß er an den Schatz dieselben Responsionen, wie sein Vorgänger, bezahlen müsse.

Die in den Händen der Republik befindlichen Cyprioten waren indeß gerade die am wenigsten Gefährlichen. Die eigentlichen Verschwörer hatten sich längst gerettet und beschäftigten sich jetzt in Verbindung mit anderen Exilirten als Piraten die cyprischen Küsten zu schädigen.

Darf man einem Senatsbefehl vom December 1474 Glauben schenken, der dem Generalkapitän des Meeres, Antonio Lorebano, auftrug, auf diese Leute zu fahnden und sie wohlverwahrt nach Famagosta abzuliefern, so brandschatzten sie auch die egyptische Küste, um dem Sultan den Glauben beizubringen, als ob dieses von den Leuten der Königin Caterina ausginge.

Seit Charlotta's Niederlassung in Rom (anfangs 1475) traten die Angelegenheiten Cyperns in ein neues Stadium und zwar durch die Fusion der spanischen und legitimistischen Partei, welche letztere sich damals allerdings fast nur auf die Person Charlotta's und ihre kleine Umgebung beschränkte. Doch war anzunehmen, daß die Cyprioten sie jetzt bereitwillig aufnehmen würden, wenn sie mit hinreichender Hülfe erschiene.

Der unermüdliche und verschlagene Rizzo bi Marin scheint es gewesen zu sein, der diese Fusion zu Stande brachte, und zwar geschah dieses in der Form, daß Charlotta den frühergenannten Don Alfonso, den Sohn Ferdinand's, adoptirte. Bekanntlich hatte man ihn in der Nacht des 14. November mit der natürlichen Tochter Jakobs II., Charlotta, verlobt.

Durch ihre Gesandten in Rom und Neapel erfuhr die Republik im Sommer 1475, daß König Ferdinand heimlich Schiffe gegen Cypern ausrüste und daß Charlotta mit einigen Galeeren, die zu Neapel ein Hospitaliter Don Juan de Canosa ausrüste, in die Levante gehen wolle. Sie empfahl deshalb dem Generalkapitän des Meeres und dem Kollegium der Drei, bestehend jetzt aus den Räthen Giacomo Querini und Pietro Diebo und dem Proveditore Francesko Justiniani die äußerste Wachsamkeit, namentlich möchten sie vor innern Machinationen auf der Hut sein (15. Juni 1475). Dem König Ferdinand ließ sie zugleich kund thun, daß, wenn diese Schiffe in den levantinischen Gewässern erschienen, sie auf Befehl des Senats feindlich behandelt würden.

Charlotta verließ nun zwar Italien nicht, im nächsten Jahre aber schiffte sich Rizzo di Marin auf zwei gutbewaffneten Fahrzeugen mit dem jungen Don Alfonso nach Egypten ein und stellte ihn dort dem Sultan vor, während Ferdinand bei der Republik sich damit entschuldigte, daß ihm die Abreise seines Sohnes vollständig unbekannt gewesen und ohne seinen Willen erfolgt sei.

Die Stellung des Divans von Kairo zu den cyprischen Wirren war bisher vielfachem Schwanken unterworfen gewesen. Wir wissen, daß in der letzten Regierungszeit Jakobs II. der Sultan Al-Aschraf-Abul-Nasr-Kaitbei seinen Mißmuth über den wachsenden Einfluß Venedigs nicht verhehlt hatte, aber auch daß er bald nach dessen Tode die Gesandten Charlotta's feindlich behandelt und einige Hinneigung zu Caterina, die ihm den Tod ihres Gemahls hatte mittheilen lassen, an den Tag gelegt. Da ihm diese indeß den schuldigen Tribut nicht entrichten konnte, denn die Finanzverwaltung lag im Argen, so wandte er sich in einem unmuthsvollen Schreiben an die Republik. Diese erachtete es für dringend erforderlich, daß von Seiten Caterina's sofort ein Gesandter nach Kairo ginge und dem Sultan vorstelle, wie es nicht böser Wille gewesen, der die Sendung des Tributs verzögere, sondern allein die Leere des Staatsschatzes, da die Rebellen Alles, was an kostbaren Steinen und edlen Metallen diesem zugehört habe, an sich gerissen hätten. Auch die Heuschrecken wären wieder arg verwüstend aufgetreten. Man erkenne mit Freuden die Oberhoheit des Sultans an und werde auch baldigst den Tribut senden. Es werde dieses aber um so eher geschehen können, je eher Rizzo di Marin, von dem man wisse, daß er mit einigen Verschworenen in die Levante gegangen sei, um dort mit Unterstützung des Divans und einiger genuesischen Galeeren gegen Cypern zu operiren, unschädlich gemacht werde.

Man möge ihn deshalb „schlecht anlaufen lassen" und möge sich der Sultan erinnern, daß er es gewesen sei, der die Niedermetzlung der Mameluken in der Messorea angestiftet und ausgeführt habe.

Ebensowenig möge man Charlotta's Bestrebungen, sich mit Hülfe cyprischer Exilirten wieder in den Besitz des Landes zu setzen, unterstützen.

Der Königin wurde dringend an's Herz gelegt, durch ihren Gesandten wenigstens den Tribut für ein Jahr nach Kairo überbringen zu lassen.

13 *

Als der Senat diese Anordnungen erließ (24. September 1474), wußte er übrigens noch nichts von dem vier Wochen vorher erfolgten Tode Jakobs III. und mochte er auch in der Meinung stehen, die anfangs Juli erfolgte Abreise Charlotta's von Rhodos in's Abendland habe andere Ziele, als die von ihr beabsichtigten, im Auge.

Es liegt uns kein Zeugniß vor, daß Rizzo di Marin in diesem und dem folgenden Jahre in der Levante war, eher dürfen wir wohl annehmen, daß er Botengänge zwischen Rom und Neapel unternahm, um das Bündniß Charlotta's mit Ferdinand zu Stande zu bringen. Da übrigens bei Gelegenheit des Jubeljahres 1475 Ferdinand selbst in Rom verweilte (wie Bosio sagt, behaupteten Viele, er sei nicht aus Devotion, sondern seiner Projecte wegen dorthin gekommen), mögen Beide auch persönlich ihre Angelegenheiten verhandelt haben.

Die Anschuldigungen Rizzo's von Seiten der Signorie, daß er Urheber des an den Mameluken begangenen Mordes gewesen sei, scheint, wie die Folge zeigen wird, auf den Sultan keinen besonders tiefen Eindruck gemacht zu haben.

Kaitbei ließ dem Gesandten Caterina's den in Kairo nicht ungewöhnlichen Empfang bereiten, daß er ihn sofort in's Gefängniß warf. Erst im Frühjahr 1476 nach anderthalbjähriger Gefangenschaft wurde er wieder frei, nachdem Thomas Phicard, einst Kanzler Jakobs II., mit einem zweijährigen, rückständigen Tribut in Kairo erschienen war.

Ausgestattet mit einem huldvollen Schreiben des Sultans und mit reichen Geschenken für die Königin ging Phicard nach Cypern zurück.

Diese Sinnesänderung Kaitbei's scheint weniger auf Rechnung einer augenblicklichen Stimmung zu kommen, als auf den Umstand zurückgeführt werden zu müssen, daß der Sultan mit immer steigender Besorgniß das Umsichgreifen der Osmanen in Asien und Europa betrachtete und daß er deshalb sich für alle Fälle der Bundesgenossenschaft der Republik versichert halten wollte. In dem vom 10. Mai 1476 datirten und an Caterina gerichteten Schreiben bemerkt der Sultan zwar, daß er vernommen habe, wie die Absendung des Tributs durch die Angelegenheiten, die die Katalanen der Königin bereitet, verzögert worden sei, keineswegs aber verspricht er dabei, gegen diese feindselig verfahren zu wollen und erwähnt ihrer nicht einmal weiter. Jedenfalls lag es in seinem Interesse, die Republik durch die Exilirten beständig in Unruhe und Besorgniß erhalten zu lassen.

Die Geschenke des Sultans bestanden hauptsächlich aus einem Feierkleid von Goldstoff mit Hermelin gefüttert, das die Königin „in gebührender Ehrfurcht gegen den Geber und zum Schrecken ihrer Feinde tragen solle" und in kostbaren Stoffen, Narden und Räucher= werken.

Diese Feinde der Königin fanden noch in demselben Sommer ein Asyl in der Hauptstadt des Sultans. Rizzo di Marin brachte Don Alfonso hierher, um ihn, sobald es die Verhältnisse erlaubten, nach Cypern überzuführen.

Als die Signorie durch ihre Gesandten oder Kundschafter die Abreise Rizzo's in die Levante vernommen hatte, befahl sie Antonio Loredano, sofort mit seiner ganzen Flotte nach Cypern aufzubrechen und in Morea eine neue Anwerbung von Stratioten vornehmen zu lassen. Loredano, der letztere seinem zum Proveditore von Cypern bestimmten Bruder Pietro überließ, erschien dem erhaltenen Befehle gemäß mit 20 Galeeren zu Famagosta.

Von hier sandte er anfangs September eine Galeere unter Michele Salamon nach Rhodos, um dort auf Rizzo die Marin fahnden zu lassen, von dem man vernommen, daß er auf der Insel sei.

Die Republik hatte zugleich auf seine Ergreifung einen Preis von 10,000 Dukaten gesetzt.

Salamon producirte ein Schreiben des Dogen Andrea Ven= dramin, worin der Großmeister gebeten wurde, weder Rizzo di Marin, noch sonst einem der cyprischen Rebellen Beistand zu leihen oder sie überhaupt nur aufzunehmen, sonst werde die Signorie, die Cypern wie ihr Eigenthum zu vertheidigen entschlossen sei, anneh= men, daß der Orden das Bündniß mit ihr gebrochen habe.

Der nach Orsino's Tod am 17. Juni desselben Jahres neu= gewählte Großmeister Pierre d'Aubusson erwiderte auf diese stolze Botschaft, er und seine Religion (der Orden) hätten weder früher, noch jetzt der Signorie irgend einen Anlaß zum Verdruß oder zur Beunruhigung gegeben und ließen die Dinge in Cypern gehen, wie sie eben gingen. Auch den Rebellen habe man keinen Vorschub geleistet, gemäß der Freiheit der Stadt und der Insel aber werde man Niemanden, der daselbst anständig und christlich leben wolle, Aufenthalt und Herberge verweigern.

Dem Galeerenkapitän übergab er noch folgendes Schreiben an Loredano:

Seiner Magnificenz dem verehrungswürdigen Ritter und venetianischen Patrizier Antonio Loredano, dem Generalkapitän des Meeres:

Zu Uns kam der Galeerenkapitän Nobile Michele Salamon und brachte uns Briefe von dem durchlauchtigsten Dogen, indem er Uns zugleich Euere und der Signorie Absicht betreffs der cyprischen Angelegenheiten auseinandersetzte, was er in verständiger und klarer Weise gethan hat. Wir haben sie auch wohl verstanden und dem genannten Michele eine Antwort ertheilt, wie wir dies auch jetzt Euer Magnificenz schriftlich thun, daß nämlich unsere Religion weder bisher sich je in die cyprischen Angelegenheiten gemischt hat, noch daß auch Wir, in die Fußstapfen Unserer Vorgänger tretend, uns jemals in diese zu mischen beabsichtigen, was Wir Euer Magnificenz, die Gott der Herr lange erhalten möge, hierdurch mitgetheilt haben wollen. Gegeben in unserem Convent zu Rhodos den 18. September 1476.

Pierre d'Aubusson, Meister des Hospitals von Jerusalem, und der Ordensrath, bereit Ihnen in jeder Sache zu dienen.

Nach der Abfahrt Salamons beschloß der Ordensrath, um sich gegen alle Eventualitäten zu sichern, die Mündung des größeren Hafens durch eine schwere, eiserne Kette verschließen zu lassen, was auch später ausgeführt wurde.

Im October erschien plötzlich Loredano selbst mit seinen Galeeren vor Rhodos und eröffnete den vier Großkreuzen, durch die Aubusson ihn zur Landung einladen und ihm Erfrischungen anbieten ließ, daß er nach Rizzo di Mariu und den übrigen Verschworenen suche und daß er dem Orden von Neuem an's Herz legen müsse, diesen kein Asyl zu gewähren.

Er erhielt wieder dieselbe Antwort wie früher und verließ ohne irgend welches Resultat die Insel.

Im Herbst des vergangenen Jahres war übrigens ein Schreiben König Ferdinand's an den Großmeister Orsino gelangt, worin er diesen um einige rhodische Falken bat, die sehr geschätzt waren. Der Großmeister überließ dem Abgeordneten nicht nur alle Falken, die man augenblicklich besaß, sondern verfügte auch, daß die Plätze auf der Insel, wo die „hübschesten und schlauesten" gefangen wurden, ausschließlich für den König reservirt blieben und daß bei schweren Strafen Niemand dort ihnen nachstellen dürfe. Es waren dies die den Südtheil der Insel bildenden Districte von Apollakia, Katavia und Lachania. Da zugleich gemeldet wird, daß Ferdinand einige seiner Falkner mitgesandt habe, so wäre es nicht undenkbar, daß mit diesen cyprische Exilirte, etwa Rizzo di Marin, auf Kundschaft ausgegangen sein mögen.

Die fortwährende Spannung, in der der Senat durch die spanische Partei erhalten wurde, trieben ihn zu weiteren Maßregeln.

Am 30. October 1476 erließ der Rath der Zehn an den Generalkapitän den Befehl, sowohl die Mutter Jakobs II., Marietta von Patras, als die sämmtlichen männlichen und weiblichen Sprossen desselben (wir wissen nur von Eugen, Janus und Charlotta), nicht minder auch die Familien Rizzo's di Marin, Jakobs Zaplana, Michele's Cortesi und des Grafen von Tripolis, Johannes Tafures, unter einer Bedeckung von fünf Galeeren nach Venedig überzuführen. Es handelte sich dabei vorzugsweise um die neunjährige Charlotta, die man mit Don Alfonso verlobt hatte.

Welche Wichtigkeit man übrigens den über Cypern gefaßten Beschlüssen beilegte, beweist ein Befehl des Rathes der Zehn vom folgenden Tag an seine Mitglieder, damals 40 an der Zahl (er bestand aus dem Dogen mit seinen sechs Räthen, den zehn ordentlichen und einer Anzahl für besonders wichtige Angelegenheiten herangezogenen außerordentlichen Migliedern), wonach über Alles, was in dieser Angelegenheit verhandelt werde, das tiefste Stillschweigen zur Pflicht gemacht wurde und weder durch Worte, Winke, Zeichen oder sonst auf eine Weise, laut oder heimlich, bei strengster Strafe das Geringste ruchbar werden dürfe.[3])

Ehe Loredano die ihm befohlenen Maßregeln ausgeführt hatte, war schon ein Schreiben König Juans von Aragon erschienen, worin sich dieser bei der Signorie für die Familie Zaplana's verwandte. Daraufhin beschloß der Rath der Zehn diese aus Gefälligkeit gegen das aragonesische Haus bei ihrer Ankunft zu Venedig in Freiheit setzen zu lassen (9. Januar 1477).

In Betreff der Anderen, deren Aufgreifen Loredano schon gemeldet hatte, beschloß der Rath an demselben Tage, daß die Familien der Rebellen auf ihre Kosten in der Stadt leben sollten und am 16. Januar, daß die Familie Jakobs II., deren Ankunft man stündlich entgegensah, in dem Castell von Padua unter guter Bewachung internirt werden solle. Ihr Unterhalt müsse aus den Salzgefällen Cyperns bestritten werden.

Zur Sicherung seiner Herrschaft und zugleich um der überhandnehmenden Entvölkerung Cyperns Einhalt zu thun, votirte der Senat am 20. September 1477 ein Dekret, wonach 100 venetianische Patrizier nach seiner Wahl auf die Insel übergesiedelt werden sollten. Wer von den Gewählten nicht damit einverstanden sei, müsse innerhalb acht Tagen dieses auf der Staatskanzlei zu erkennen geben. Aus jedem großen Hause sollten übrigens nicht mehr, als vier Glieder abgehen dürfen und sollten von diesem Hundert 50 zu Nikosia und je 25 in Famagosta und in Cerines wohnen. Jeder sollte ein Lehen von 300 Dukaten und zwar halb in Baar und halb in Naturalien erhalten, mit zwei Pferden und einem Knappen dienen, sich alle sechs Monate zur Musterung stellen und vor fünf Jahren keinen Urlaub erhalten. Erst nach fünfzehn Jahren sollte es ihnen frei stehen, das Lehen und zwar an venetianische Edelleute zu veräußern. Im Uebrigen konnte es natürlich vererbt werden.

Dieses vorläufig vertagte Dekret wurde am 3. März 1478 von Neuem erlassen. Die Wahl von 85 Familienhäuptern, die der Senat damals zur Uebersieblung bestimmte, zeigt, daß sie aus den ersten Häusern der Republik stammten. Es befinden sich darunter die Namen: Soranzo, Contarini, Marcello, Zorzi, Boldu, Minio, Lando, Barbo, Quirini, Bembo, Paruta, Morosini, Diedo, Loredano, Cornaro, da Mosto, Falier, Barbaro, Venier, Trevisan, Gabriel, Priuli, Pasqualigo, Tiepolo, da Molino, Pizamano, Sagredo, Grabenigo, Malipiero und andere.

Dennoch kam dieses Dekret niemals zur Ausführung. Nicht allein scheiterte es an dem Widerstreben der Venetianer, die wegen ihres Klimas mit Recht oder Unrecht sehr in Verruf gekommene Insel bewohnen (Famagosta war allerdings im Sommer ein sehr ungesunder Ort)[4] und unter ziemlich drückenden Bedingungen auf lange Zeit hinaus von dem öffentlichen Leben in Venedig ausgeschlossen bleiben zu müssen, sondern auch an der Unmöglichkeit, eine solche Summe aus dem cyprischen Schatz entnehmen zu können, ohne die ganze Verwaltung lahm zu legen.

War das Jahr 1477 vorübergegangen, ohne daß die cyprischen Gegner Venedigs ihre Anschläge in ersichtlicher Weise verfolgt hätten, so sollten sie jetzt um so rühriger auftreten.

Die Seele der ganzen Partei, König Ferdinand, operirte nun nach zwei Seiten zugleich.

Zuerst sandte er auf einer Brigantine, die Getreide geladen hatte, einige kühne Katalanen nach Venedig, die Charlotta, die Braut Don Alfonsos, rauben sollten. Der Anschlag wurde aber ruchbar und der Senat fand sich jetzt veranlaßt, sein noch nicht zum Vollzug gekommenes Dekret vom 16. Januar 1477, wonach die Familie Jakobs II. im Castell zu Padua bewacht werden sollte, in Ausführung bringen zu lassen. Charlotta starb daselbst auch schon am 24. Juli 1480 und wurde, wie auch ihre um 1503 gestorbene Großmutter Marietta in der jetzt nicht mehr vorhandenen Augustinerkirche zu Padua beerdigt. Den beiden Enkeln derselben, Eugen und Janus, hatte der Senat in der Person des Christoforo Muzio aus Konstantinopel einen Lehrmeister und Aufpasser gegeben. Ihre Haft zu Padua war im Allgemeinen streng, wurde aber noch mehr verschärft, als sie im Sommer 1488 einen Fluchtversuch machten. Im Juni 1509 gelang es ihnen endlich aus dem Castell zu entkommen. Als man bald nachher ihrer wieder habhaft wurde, setzte man sie zu Venedig fest und ließ auch ihre Frauen und Kinder — man weiß nicht, wenn und mit wem sie sich verheirateten — in einem Kloster festhalten. Nach und nach erleichterte man ihre Haft und gestattete ihnen zeitweilig unter guter Beaufsichtigung auszugehen. Sie benutzten dies, um im Frühjahr 1513 eine neue Flucht zu wagen, die sie auch glücklich den Händen des Senats entzog. Ihre Frauen wurden jetzt vor den Rath der Zehn citirt und ihnen bedeutet, daß sie die Flüchtlinge unter Zusicherung der Freiheit und der ausgezeichnetsten Behandlung zur Rückkehr bewegen sollten. Dies führte zu nichts, man hörte vielmehr bald durch den venetianischen Gesandten beim heiligen Stuhl, daß die beiden Prinzen mit zwei Söhnen und einer Tochter sich von Florenz nach Rom gewandt hätten. Der Gesandte versuchte nun sie durch Versprechungen und Drohungen nach Venedig wieder zurückzubringen, es gelang ihm aber nicht einmal sie, wozu ihn der Senat angewiesen hatte, aus Rom zu vertreiben. Janus lebte noch 1518 daselbst und von Eugen weiß man, daß er 1523 sich zu Wien aufhielt. Damit verschwinden sie aus der Geschichte. Ihre Frauen waren schon 1514 von dem Senate freigegeben worden.

Weiterhin armirte Ferdinand vier genuesische Schiffe, um damit die Königin Charlotta in die Levante überzuführen.

Auch davon wurde die Signorie rechtzeitig in Kenntniß gesetzt, indem Briefe, die ihre Anhänger zu Genua geschrieben und einer nach der römischen Küste bestimmten Brigantine anvertraut hatten, abgefangen und dem Senate ausgeliefert wurden. Dieser sandte sie an seinen Vertreter zu Florenz, Antonio Vinciguerra, und befahl ihm sofort sich nach Rom, oder wo „Madonna" Charlotta sich sonst aufhalte, zu begeben und ihr mitzutheilen, auf welche Weise man von ihrer Absicht nach Kairo zu gehen unterrichtet worden sei. Er sollte ihr vorstellen, daß die Signorie sie immer geliebt und Mitleid mit ihrer unglücklichen Lage gehabt habe. Wie sie selbst sehr gut wisse, habe ihr diese nie etwas genommen, sondern sie noch in ihrem Unglück, wo es anständiger Weise hätte geschehen können, unterstützt. Es sei Gottes Wille gewesen, daß die Herrschaft in Jakobs Hände übergegangen und von ihm gemäß seiner letztwilligen Verfügung auf seine Gemahlin Caterina, die der Senat als seine Adoptivtochter aus allen Kräften unterstützen und halten müsse. Aus reiner Freundschaft warne die Signorie sie, sich jetzt an einen Ort überführen zu lassen, wo ihr sehr leicht etwas Widerwärtiges zustoßen könne. Ihre und ihrer Anhänger Pläne seien längst bekannt und würden auch von Neuem durch die aufgefangenen Briefe bestätigt. Bei der Seemacht Venedigs sei ihr Unternehmen eine Tollkühnheit und möge sie sich nicht in unvermeidliche Gefahren stürzen.

Uebrigens sei die Republik bereit, ihr, wenn sie sich auf venetianisches Gebiet zurückziehen wolle, eine Rente von 4—5000 Dukaten zu ihrem Lebensunterhalt auszuwerfen und sei der Gesandte ermächtigt, darüber ihr eine Verschreibung in rechtsverbindlicher Form auszustellen.

Wenn der Senat hier von einer unvermeidlichen Gefahr sprach, so war dieses keine leere Redensart, denn Tags zuvor hatte er dem an der albanischen Küste befindlichen Loredano den Befehl zugeschickt, mit der Flotte sich in die cyprischen Gewässer zu begeben oder wenigstens einen seiner Proveditore mit so vielen Galeeren dorthin zu entsenden, als er füglich entbehren könne. Die vier genuesischen Schiffe sollten um jeden Preis genommen und Charlotta getödtet werden. Man könne dann das Gerücht aussprengen, daß sie in der Hitze des Gefechtes ihren Tod gefunden habe.[5])

Loredano sandte den Proveditore Venier mit einer Anzahl Galeeren nach Cypern ab, wo die beiden Räthe Ambrogio Contarini und Antonio Erizzo auf die Nachricht von Charlotta's Vorhaben sämmtliche venetianische Schiffe zurückgehalten und armirt hatten. Im Ganzen fanden sich zuletzt 27 Galeeren und 24 Handelsschiffe daselbst zusammen.

Nach Egypten schickte man den Staatssekretär Giovanni Diedo mit sechs Galeeren, die angeblich daselbst Handel treiben sollten. Er war beauftragt den Sultan auf Seite Benedigs festzuhalten und ihn gegen Charlotta einzunehmen.

Trotz ihrer wenig versprechenden Aussichten und ihrer steten Geldbedürftigkeit — von Savoyen bezog sie damals .an Unterstützungen wenig oder gar nichts und nur durch die von der Kurie ihr ausgeworfene monatliche Pension von 100 Floren fristete sie ihr Dasein*) — schlug Charlotta doch das verhältnißmäßig glänzende Anerbieten des venetianischen Gesandten aus und zeigte sich unermüdlich in Verfolgung ihrer Pläne.

Bei Ostia von den genuesischen Galeeren aufgenommen segelte sie ohne weiteren Aufenthalt nach Alexandria und begab sich von da nach Kairo, woselbst sie sich von Seiten des Sultans eines wohlwollenden Empfangs zu erfreuen hatte.

Da der Senat in dieser Zeit die Wahrnehmung gemacht haben wollte, daß sich auffallend viele genuesische Schiffe auf dem Meere sehen ließen und da er dieses mit dem Anschlag Ferdinands auf Cypern in Verbindung brachte, so befahl er Loredano mit einem Theil der Flotte persönlich sich nach Cypern zu begeben und von dort im Namen Caterina's einen Gesandten an den Sultan abgehen zu lassen.

Loredano kam am 16. December mit 24 Galeeren in Cypern an und fertigte im Einverständniß mit den beiden Räthen von hier aus den gewünschten Gesandten ab, der erst Ende Februar 1479 in Kairo erschien und vom Sultan eine zweideutige Antwort erhielt.

Durch einen günstigen Zufall fand sich jetzt in der Umgebung Caterina's selbst eine kräftige Stütze für Charlotta's Pläne und Bestrebungen.

Nach dem Aufruhr des 15. November 1473 war nämlich ein kandiotischer Edelmann, Marco Venier, aus der bekannten venetianischen Familie dieses Namens, mit 50 selbstgeworbenen kandiotischen Armbrustschützen zum Schutze Caterina's herbeigeeilt, in der Erwartung, für seine Dienste mit einem ansehnlichen Lehen ausgestattet zu werden. Die rasche Pacification Cyperns machte seine Dienste bald überflüssig und das sparsame Kollegium der Drei entließ ihn, ohne ihm nur die Unkosten erstattet zu haben. Ein so schnödes Verfahren erzeugte Rachegedanken in ihm. Er ließ sich deshalb bereit finden, auf Anregung des Proveditore Venier im ver-

flossenen Sommer nach Famagosta zu gehen und dort das Capi=
tanat über 200 Armbrustschützen zu übernehmen.

Insgeheim unterrichtete er nun Charlotta in Kairo und Fer=
dinand, daß er die Absicht habe, Caterina mit ihren Räthen wäh=
rend des Gottesdienstes zu ermorden und sich dann des Castells von
Famagosta zu bemächtigen. Zu der verabredeten Zeit sollten nea=
politanische Schiffe mit Charlotta an Bord vor dem Hafen er=
scheinen.

Daraufhin ließ, wie venetianische Quellen berichten, durch die
wir allein etwas von diesem Projecte wissen, Ferdinand 22 Galeeren
ausrüsten und Charlotta auf deren Ankunft vorbereiten. Ein Se=
kretär des Vicekönigs von Sizilien, der von Seiten Veniers geheime
Aufträge an Charlotta überbracht hatte und der dann von Kairo
nach Venedig gegangen war, endeckte dort dem Rath der Zehn den
ganzen Anschlag.

An Loredano erging jetzt der Befehl, Venier in Haft zu neh=
men und ihn, falls sich die Anschuldigungen als gegründet erwei=
sen sollten, aufknüpfen zu lassen. An dem Tage, wo die Depesche
in Famagosta eintraf, war aber Loredano schon von einem Mit=
verschworenen, dem Kandioten Nicolo Bon, der sich mit Venier
eines unsittlichen Verhältnisses halber entzweit hatte, von dessen Plä=
nen in Kenntniß gesetzt worden.

Der in Haft genommene Venier gestand, daß er den Vormit=
tag des Gründonnerstages zur Ausführung des Unternehmens be=
stimmt habe und daß viele edle Cyprioten darum gewußt hätten.
Man habe ihm den Oberbefehl über Cerines und eine Summe von
200,000 Dukaten zugesagt.

Man verhaftete nun auch die von Venier angegebenen Cyprio=
ten und hing ihn mit fünf derselben an den Zinnen des Palastes
auf. Der Rest erlitt nach dem Osterfeste das gleiche Schicksal,
fügt die venetianische Quelle hinzu.

Wenn der Sultan Charlotta auch zugeneigt war, wie er sie
denn mit Cypern förmlich beliehen haben soll, so gestaltete sich doch
ihre Lage sehr mißlich, seit Venedig durch den mit den Türken am
9. Januar 1479 abgeschlossenen Frieden vollständig freie Hand er=
langt hatte. Sie ergriff deshalb eine sichere Gelegenheit, um Egyp=
ten zu verlassen und in's Abendland zurückzukehren.

Einen bestimmten Zeitpunkt dafür anzugeben, sind wir außer
Stande, ebensowenig liegt ein Zeugniß vor, wohin sie sich zunächst

gewandt habe. [7]) In Rom traf sie nach einer Angabe des päpstlichen Sekretärs Jakob Volaterrano Ende Januar 1482 ein und da
seit Mitte 1479 bis dahin ihrer in dessen sehr sorgfältig geführtem
Tagebuche nicht erwähnt wird, so dürfen wir wohl annehmen, daß
sie seit ihrer Abreise nach Egypten die ewige Stadt nicht mehr gesehen hatte. Vielleicht hielt sie sich vorher in Neapel auf.

Noch einmal im Jahre 1484 bei dem allgemeinen Kampf der
italienischen Staaten gegen Venedig schien ihr von Neuem eine Hoffnung zu leuchten, indem ein von allen Seiten genehmigter Plan
Ferdinands vorlag, mit einem genuesischen Geschwader sie nach
Cypern zu senden. [8]) Während des Frühjahres wußte aber die venetianische Flotte die Kräfte Ferdinands vollständig zu fesseln und ihn
selbst in eine bedrängte Lage zu versetzen, bis der am 7. August dieses
Jahres zu Bagnolo geschlossene Friede in ganz Italien dem Krieg
ein Ende machte.

Nach so vielen herben Täuschungen erachtete Charlotta die
Zeit für gekommen, um allen Hoffnungen auf Wiedererlangung ihres
Erblandes zu entsagen und sich in die Stille des Privatlebens zurückzuziehen. Sie trat deßhalb mit ihrem Neffen, dem Herzog Karl
von Savoyen, in Unterhandlung, um ihm noch bei ihren Lebzeiten
ihre Ansprüche auf die Krone der Lusignan's zu cediren. Dieser
beauftragte den Bischof von Belley, Jean de Varax (Baras),
den Hospitaliter Merle de Piozasque, jetzt Admiral von Rhodos, der schon bei der Abmachung von 1462 zugegen gewesen war, und
den Präsidenten von Savoyen, den Doctor Philipp Chevrier,
dem Act der Cession beizuwohnen. In Gegenwart derselben und im
Beisein der Cardinäle Julian, Bischofs von Ostia, und Dome-
nico della Rovere fand dieser in einer Kapelle neben der Sa-
kristei von St. Peter am 25. Februar 1485 statt. Die Königin
erschien dazu mit ihrem Beichtvater Johannes Chafforicios und ihrem
Rathe Jakob Anglicos, [9]) der zugleich das Amt eines Dol-
metschers hatte, beide aus Nikosia gebürtig.

Charlotta trat hier in Anbetracht der Wohlthaten, die ihr das
Haus Savoyen schon früher erwiesen und noch erweisen werde, ferner
in Anbetracht der gegenseitigen Blutsverwandtschaft, zuletzt in Er-
wägung, daß sie zur Wiedererlangung ihres im venetianischen Besitz befindlichen Reiches soviel Mühe und Kosten aufgewandt habe,
„daß ihre Kräfte fast, ihre Macht aber gänzlich erschöpft sei," ihrem
Neffen Karl von Savoyen Krone und Herrschaft von Cypern mit
allen Rechten und Ansprüchen ab, indem sie nur den Titel einer

cyprischen Königin beibehielt. Sie überreichte zugleich das Zeichen ihrer Würde, den königlichen Ring, dem Präsidenten von Savoyen und beschwor die geschehene Verzichtleistung auf die Evangelien. [10])

Am folgenden Tage schloßen die savoyischen Gesandten mit ihr einen Vertrag ab, wonach Karl ihr, so lange sie in Rom wohnte, eine lebenslängliche jährliche Rente von 4300 Floren und außerdem eine ihres Ranges würdige Wohnung zusagte. Sie machte dabei die Bedingung, daß sie testamentarisch über eine zweijährige Rente im Voraus verfügen könne.

Zur Ratification dieses Vertrages und zur Regelung ihrer sonstigen Angelegenheiten ging im folgenden Monate der Ritter Jacques de Langlois aus ihrer Umgebung nach Savoyen ab. (Charlotta's treuester Diener, der Kämmerer Hugo de Langlois, war schon am 14. August 1476 zu Tivoli gestorben, woraus wir noch mit Sicherheit den Schluß ziehen dürfen, daß sie damals sich zu Rom oder in der nächsten Umgebung aufhielt.) [11])

Am 7. April 1485 bestätigte Herzog Karl den Vergleich vom 26. Februar und wies ihre Rente auf die Gefälle von Nizza an.

Charlotta's Gemahl, Ludwig von Savoyen, war bereits im Jahre 1482 in der Abtei Ripaille gestorben. Außer einigen schwäch= lichen Versuchen, bei der Kurie in den Jahren 1473 und 1474 sein Recht geltend zu machen, hatte er kein weiteres Lebenszeichen von sich gegeben.

Die Vermehrung ihrer Hülfsquellen benutzte Charlotta, um in ausgedehnterer Weise ihrem Hang zur Freigebigkeit und zum Wohl= thun sich hingeben zu können. Bald zeigten sich indeß die Vorboten einer Krankheit, die sich immer hartnäckiger gestaltete. Es war ein gichtisches Leiden, das sie jetzt monatelang an das Lager gefesselt hielt.

Als sie ihre Kräfte allmälig schwinden fühlte, ließ sie sich in die päpstliche Hauskapelle tragen und erneuerte dort in Gegenwart vieler Cardinäle und des Papstes Innocenz VIII. die Uebertragung ihrer Rechte an den Herzog von Savoyen.

Bald darauf am 16. Juli 1487 Morgens gegen zehn Uhr (drei= zehn Uhr nach italienischer Zählung) gab sie ihren Geist auf und wurde noch am selbigen Abend gegen sieben Uhr unter zahlreichem Gefolge in die Peterskirche gebracht, wo man sie in der Nähe der St. Andreaskapelle beisetzte.

Sie hatte ein Alter von ungefähr 45 Jahren erreicht.

Durch ein Breve vom 21. Juli benachrichtigte Innocenz VIII. den Herzog Karl von dem Hingang Charlotta's (post diuturnum exilium totque fortunae impetus, quos ipsa semper constanti et religioso animo pertulit). Da in Rom augenblicklich Niemand sei, der im Namen des Herzogs der Leichenfeier, und was dazu ge= höre, sich unterziehen könne, so werde er (der Papst) dieses über= nehmen, ohne die Unkosten zu scheuen. Auch wolle er trotz seiner Bedrängniß das Gleiche bezüglich des hinterbliebenen, zahlreichen Gefolges thun, doch verhoffe er von der Noblesse des Herzogs, daß derselbe in Zukunft sich dieser Persönlichkeiten annehmen werde, da viele von ihnen, die durch Adel des Geschlechtes und persönliche Tüch= tigkeit sich auszeichneten, Vaterland und Vermögen verloren und treu bei ihr ausgehalten hätten, bis sie alt und hinfällig gewor= den seien.

Auch möge der Herzog für ein anständiges Grabmal sorgen.

Wir wissen nicht, wie weit der Hof von Savoyen, der sich nie durch große Freigebigkeit gegen Charlotta hervorgethan, dieser Anmahnung des Papstes nachgekommen ist.

In Betreff der Succession in Cypern richtete der Herzog, der jetzt den Königstitel annahm, unterm 18. August 1488 ein kurzes Schreiben an den Sultan Kaitbei, worin er sich als den Nachfolger Charlotta's präsentirte und seine Hoffnung auf Wiedereroberung Cyperns aussprach unter gleichzeitiger Anerkennung der Rechte des Sultans. [12]) Eine besondere Wirkung hatte das Schreiben nicht, auch starb der Herzog schon im folgenden Jahre.

Am 31. Juli fanden zu St. Peter in der Gregoriuskapelle unter Entfaltung des bei fürstlichen Häuptern üblichen Leichenpomps die feierlichen Exequien für Charlotta statt, denen eine große Anzahl Cardinäle beiwohnte. Sie, wie die anwesenden Prälaten, trugen Fackeln in den Händen. Der Bischof von Trau, als Vikar der Peterskirche, celebrirte das Todtenamt und ertheilte dann an dem vor der Kapelle aufgestellten, großartigen Katafalk unter Assistenz dreier anderen Bischöfe die Absolution. Ein Dominikaner hielt die Leichenrede.

Der Peterskirche hatte Charlotta kostbare Kirchenparamente und vier Pfund Silber vermacht.

Dem Papst Innocenz hatte sie eine griechische Apostelgeschichte sammt den Episteln mit Goldbuchstaben auf Pergament geschrieben und den herrlichsten Miniaturen ausgeschmückt, geschenkt, die der vatikanischen Bibliothek einverleibt wurde. [13]) Sie trägt auf der Vorderseite das Wappen des Hauses Cibo, aus dem Innocenz stammte, und auf der Rückseite das des Hauses Lusignan. [14])

Der Grabstein, den Charlotta erhielt, trägt die einfachen Worte:

Karola Hierusalem, Cypri et Armeniae Regina, obiit XVI Julii anno Domini MCCCCLXXXVII.

Er sollte vielleicht nur so lange ihre Ruhestätte bezeichnen, bis das von Savoyen zu erhoffende, aber wahrscheinlich niemals er= schienene Grabmal aufgestellt sein würde.

Ihr Grab blieb unangetastet bis Paul V. im Jahre 1620 den unterirdischen Corridor um die Confession, der unter dem Namen der Sagre grotte Vaticane bekannt ist, anlegen ließ. Die durch den Neubau der Kirche bedingte Erhöhung des Fußbodens — er liegt 11 Fuß über dem der alten Basilika — hatte die Hinweg= räumung vieler Gräber, Sarkophage, Statuen u. s. w. verlangt, weshalb man diesen Corridor zur Aufnahme derselben einrichtete.

Charlotta's Gebeine, aus denen man noch die Kleinheit ihrer Statur erkennen konnte, wurden mit den Resten ihrer Kleidung da= mals in ihrem bisherigen Marmorsarg wieder verschlossen und dann in den Sagre Grotte beigesetzt. An ihrem Sarge befestigte man wieder den alten Grabstein. Der Zufall wollte, daß sie jetzt neben einem ihrer treusten Freunde, dem Großmeister Zakosta, der am 21. Februar 1467 in Folge des Generalkapitels zu Rom gestorben war, und in der Nähe des unglücklichen jungen Kaisers Otto II., so wie verschiedener Päpste, deren Reste dieselbe Wanderung durch= machen mußten, ihre dauernde Ruhestätte erhielt.

Ueber ihren Charakter brauchen wir wohl nichts weiter zu be= merken. Klar und deutlich zeichnet er sich in ihrem ganzen Thun und Lassen. Fügen wir nur hinzu, daß trotzdem Parteileidenschaft venetianische Federn bewogen hat, ihr so edles und reines Bild zu entstellen, und sie als Fürstin, wie als Gattin mit Schmutz zu bewerfen.

Auch ihren thaten= und energielosen Gemahl Ludwig haben dieselben Federn durch Verleumdungen, die schlecht mit seiner frei= willigen Ascese in der Stille eines Alpenklosters harmoniren, zu verunglimpfen gesucht.

Anmerkungen.

1) Marco Cornaro finden wir zuerst im Jahre 1449 auf Cypern, wo er auf den Gütern der Großkommende eine beträchtliche Quantität Getreide zusammenkaufte. In Venedig begleitete er hierauf mehrere Aemter und war auch einer der fünf Proveditoren, die dem Kaiser Friedrich III. bei seinem dortigen Aufenthalte die Honneurs zu machen hatten. Wie schon früher erwähnt, befand er sich seit 1458 wieder in Cypern und unterstützte später Jakob mit großen Geldsummen. Im Jahre 1468 war Marco Gesandter der Republik in der Lombardei. Auch den Hof Sixtus V. (1471—1484) besuchte er im Auftrage der Republik.

Seine Rückkehr von Cypern, so wie sein Todesjahr sind nicht zu ermitteln.

Mit seiner Gemahlin Fiorina Crispo hatte er sieben Töchter, die mit Ausnahme der vierten, Caterina, sämmtlich an venetianische Nobili verheiratet wurden, und einen Sohn Giorgio, der nach Caterina kommt. **Mas Latrie III. S. 819.**

2) „Hec omnia tutius et ex omni parti melius fore credimus ut *agas ex trireme et in terram non descendas*, tum ut pericula persone tue declines, tum ut reputatiora, existimatiora sint verba tua; *ne rogare illos, sed potius monere et minari etiam videaris*, si minus, quam convenientes et amice se gerere nobiscum in rebus illis voluerint. Modesta tamen semper sit forma verborum tuorum." **Mas Latrie III. S. 399.**

3) „Vadit pars (Befehl) quod quecumque proposita et disputata sunt, proponentur et disputabuntur atque deliberabuntur in presenti materia Cypri, secretissima teneri debeant, et neque verbo, neque nutu aut aliquo cigno, forma, modo vel ingenio, tacito vel expresso, aliquid possit nunquam extra hoc consilium significari, nisi per dominium, his quibus fuerit aliqua executio imperata; aut nominari persona aliqua, que locuta fuerit sive loquetur, sive in arenga sive extra arengam; neque opinio alicujus, numerus ballotarum, diversitas partium, aut aliquid aliud ad materiam propositam pertinens; neque de materia ipsa extra hoc consilium disputari, sive aliquid dici, per quod ab aliquo comprehendi possit opinio sive judicium alicujus aut verbum aliquot prolatum, sub pena persone et facultatis." **Mas Latrie III. S. 410.**

4) Als in Folge des Friedens von 1479 Venedig die Stadt Skutari an die Türken abtreten mußte, lud die Signorie die Einwohner derselben ein, unter den günstigsten Bedingungen nach Cypern überzusiedeln. Dieselben weigerten sich aber, weil sie gehört hatten, daß das Klima so schlecht sei und wurden deshalb in Italien untergebracht. Navagiero col. 1162.

5) Navagiero col. 1156.

6) „Vivit (regina Cypri) Pontificis munificentia, menstrua centum aureo-
rum pensione recepta." Jacobi Volaterrani diarium Romanum
col. 162 bei Muratori T. XXIII. Es ist in hohem Grade bedauerlich,
daß dieses Diarium mit dem Jahre 1473 abbricht und erst wieder mit
1479 beginnt, wir würden sonst jedenfalls sehr werthvolle Nachrichten
über Charlotta's römischen Aufenthalt darin finden.

7) Da die Nachrichten über diese Ereignisse, den Aufenthalt Charlotta's in
Egypten, die Absichten Veniers u. s. w. lediglich venetianischen Quellen
entnommen sind, so ist schwer zu sagen, wie weit hier Wahres mit
Falschem gemischt ist. Das jedenfalls steht fest, daß Ravagiero, dem
wir gefolgt sind, sich in Widersprüche mit seinen eigenen Angaben ver-
wickelt und sich oft über Charlotta sehr schlecht unterrichtet zeigt, so
col. 1146, wo er sagt, daß sie im Jahre 1476 noch in Rhodos gewohnt
habe. Nach seiner Darstellung darf man annehmen, daß Veniers Verschwörung kurz vor dem zur Ausführung bestimmten Tage entdeckt worden
ist; es zeigt sich indeß nicht, daß Charlotta, die zu dem angegebenen
Zeitpunkt vor Famagosta eintreffen sollte, in Egypten unter Segel
gegangen war.

8) Mas Latrie III. S. 151.

9) Es war dieses wohl derselbe, dessen das Diarium Romanum col. 192
erwähnt: „Hodie die XXIII. (Novembris 1483) regina Cypri Carola
quum a Pontifice per Interpretem audiatur, non ignobiliori nec
inferiori sede sedebat Pontificis sella, quod ab aliquibus probatum
non fuit."

10) Guichenon T. II. S. 401.

11) Reinhard Th. II Beilagen S. 630, woselbst seine Grabschrift angegeben.

12) Guichenon T. II. S. 431.

13) Es trägt die Nummer 1208.

14) Es besteht dasselbe aus einem quadrirten Schild, dessen erstes Feld das
Wappen von Jerusalem, ein goldenes Krückenkreuz mit vier kleineren
goldenen Kreuzen zwischen den Balken enthält. Das zweite Feld hat, als
Geschlechtswappen der Lusignan's, in Silber einen rothen schreitenden
Löwen mit vier horizontal laufenden blauen Streifen. Im dritten Feld
ist das Wappen von Armenien, ein rother schreitender Löwe in Gold.
Im vierten das von Cypern, ein rother schreitender Löwe in Silber,
der, wie vielleicht auch der vorhergehende, seinen Ursprung wahrscheinlich
auf das Geschlechtswappen der Lusignan's zurückzuführen hat. Dazu hatte
noch Charlotta, wie wir an dem erwähnten Geschenk sehen können, das
Wappen ihres Gemahls, das weiße savoyische Kreuz in rothem Feld,
als (herzförmiges) Mittelschild angenommen. Entgegen den Angaben
von Reinhard (I. 289), dessen im zweiten Bande mitgetheiltes Wappen
im Wesentlichen richtig ist, sind hier die Löwen nicht gekrönt. Auch
enthält das zweite Feld nur vier, nicht fünf blaue Streifen.

Zwölftes Kapitel.

Venedig beschließt die Einverleibung Cyperns. Rizzo di Marin sucht die Königin zu entführen und sie mit Don Alfonso zu vermählen. Rizzo di Marin und Tristan de Giblet werden ergriffen (September 1488). Des Letzteren Tod. Neuer Beschluß wegen der Einverleibung Cyperns und Entfernung Caterina's. Sendung Giorgio's Cornaro's. Einverleibung Cyperns (Februar 1489). Abreise Caterina's. Ihr Empfang zu Venedig und Schenkung der Herrschaft Asolo (Juni 1489). Ihr Leben daselbst und ihr Tod zu Venedig (Juli 1510). Heimliche Hinrichtung Rizzo's di Marin. Sendung Malipiero's und Diedo's nach Kairo. Vertrag mit Egypten (März 1490). Einsetzung einer neuen Regierung. Pariser. Statistisches. Rückblick. Schlußbemerkung.

Seit Errichtung des Kollegiums der Drei (Sommer 1474) kann von einer Regierung Caterina's nur dem Namen nach die Rede sein. Sie genoß die äußern Ehren des Königthums und bezog ihre feste Rente von 8000 Dukaten, war dabei aber so überwacht, daß selbst der Senat es für angemessen hielt, das Kollegium darauf aufmerksam zu machen, daß Caterina ihre vollständige Freiheit habe und an jedem anderen Punkte der Insel, der ihr gerade gefalle, ihre Residenz aufschlagen könne. Auch sei es gerade nicht nöthig, daß man in allzu großem Eifer sich bis in die innersten Gemächer der Königin dränge (1479). Sie war zudem noch von einer 35 Mann starken Leibwache umgeben, die, da sie größtentheils aus Stratioten gebildet war, ebenso sehr zu ihrer Ueberwachung als zu ihrem Schutze dienen mochte. Ein Kapitän Matteo de Rossi befehligte diese Compagnie, die später aufgelöst wurde.

Die Republik hatte kein Interesse, den fingirten Zustand Cyperns umzustoßen und die factische Einverleibung zu vollziehen, so lange kein auswärtiger Feind dieses angeblich selbstständige Königreich in einen Kampf zu verwickeln suchte. Als aber der Großherr die Absicht verrieth, gegen seinen nunmehrigen Grenznachbar, den Sultan von Egypten, auszuziehen, fürchtete die Republik nicht ohne Grund, daß der Angreifer unter dem Vorwand, Cypern sei Egypten tributpflichtig, sich der Insel bemächtigen könne. Nach den Friedensbedingungen vom Januar 1479 mußte der Großherr aber auch solche venetianische Besitzungen respectiren, die die Republik erst nach geschlossenem Frieden an sich gebracht hatte.

14*

Im Rath der Pregadi kam man deshalb am 21. Februar 1487 überein, daß das beste Mittel, um die Gedanken des Großherrn von Cypern abzulenken, die Aufrichtung des Banners des heiligen Markus, des glorwürdigsten Protectors der Republik, sei und solle dieses demnächst im Namen des heiligen Geistes und der glorreichen Jungfrau Maria auf der ganzen Insel geschehen.

Man trug jetzt Sorge, die Festungen, namentlich Famagosta, stärker zu machen und sie mit neuen Söldnern aus Kreta und Morea zu versehen, die Einverleibung beanstandete man indeß immer noch.

Am 18. August 1488 war in der That ein entscheidender Zusammenstoß der türkischen und egyptischen Macht zwischen Tarsus und Adana erfolgt (die Feindseligkeiten hatten schon mit dem Jahre 1485 begonnen), der Sieg aber auf Seite der Egypter geblieben. Von den Türken war daher vorläufig für Cypern nichts zu besorgen, wie denn auch die sehr starke türkische Flotte, die während des Feldzuges die syrische und karamanische Küste gebrandschatzt hatte, ohne sich um Cypern zu kümmern, wieder zurücksegelte. Die zur Bewachung der Insel unter dem Generalkapitän Francesko di Priuli aufgestellte Flotte betrug nur 27 Galeeren.

Der innere Zustand Cyperns hatte seit dem Jahre 1476 keine irgendwie nennenswerthe Störung erlitten. Venedigs Herrschaft befestigte sich immer mehr und im Jahre 1486 glaubte die Republik die internirten Cyprioten, an ihrer Spitze den Grafen von Rochas, [1]) wieder heimkehren lassen zu können (mit Ausnahme natürlich der zu Padua internirten Familie Jakobs II.). Eine venetianische Quelle gibt als Grund für diese Erlaubniß an, daß Don Alfonso nach vieljährigem nutzlosen Verweilen am Hofe zu Kairo damals endlich nach Neapel zurückgegangen sei, was indeß unrichtig zu sein scheint, viel eher mag die Verzichtleistung Charlotta's die Republik zu einem milderen Auftreten gegen die Cyprioten bestimmt haben.

Alle bisherigen Mißerfolge hatten aber den unermüdlichen Rizzo di Marin nicht abgehalten, der Republik und zwar diesmal mit alleiniger Unterstützung des früher erwähnten Tristan de Giblet durch neue Intriguen unruhige Tage zu bereiten.

Sein jetziger Plan übertraf an Kühnheit alle früheren. Er ging auf nichts Geringeres hinaus, als die jetzt vierunddreißigjährige Caterina zu entführen und sie mit dem ungefähr zweiundzwanzigjährigen Don Alfonso, der unter dem Titel eines neapolitanischen Gesandten sich bisher in Kairo aufgehalten hatte, zu verheiraten. Die Schwester Tristan's de Giblet scheint die Mittelsperson abgegeben zu haben, durch welche man die Königin zu gewinnen gesucht hatte. Diese, die ihrer lästigen Rolle und der steten Ueberwachung längst müde sein mochte und die wohl einsah, daß die Republik ihr nie mehr eine zweite Heirat gestatten werde, ging in der That auf den Plan ein. Die Ausführung des Unternehmens war aber nicht eher zu bewerkstelligen, als bis Priuli mit seiner Flotte die cyprischen Gewässer verlassen und sich in das Winterlager nach Modon zurück- gezogen haben würde. Es hing dieses von der Rückfahrt der türki- schen Flotte ab, die auch bald nach der Niederlage ihres Landheeres die karamanische Küste verließ und schon am 8. September auf Kanonenschußweite vor Rhodos vorübersegelte, wobei man sich sowohl von den Schiffen, als von den Thürmen der Festung auf das Höf- lichste salutirte.

Da auf Priuli's Flotte Caterina's Mutter, Fiorina, die lange Zeit bei ihrer Tochter gelebt hatte, ihre Heimreise nach Venedig machte, so scheint es nicht ganz unwahrscheinlich, daß die Königin, der die Anwesenheit ihrer Mutter bei der Ausführung des gedachten Unternehmens sehr im Wege stehen mußte, diese zur Abreise zu bringen gewußt hatte.

Rizzo di Marin, der bei Sultan Kaitbei in großer Gunst stand und selbst als dessen Gesandter am 27. Juni 1488 zu Rhodos erschienen war, um ein Bündniß zwischen dem Orden und Egypten zu Stande zu bringen,[2]) hatte die Zustimmung Kaitbei's zu seinem Anschlag auf Cypern bereits erlangt. Nach Kairo zurückgekehrt ver- schaffte er sich Empfehlungsbriefe von ihm und ging dann nach Damiette, um dort ein französisches Barkschiff zu miethen. Der venetianische Konsul in Kairo, Antonio Giustiniani, und der zu Damiette, Piero de Piero, ein Albanese, hatten indeß Rizzo scharf überwacht und dem Generalkapitän Nachricht gegeben, daß er wieder auf neue Unternehmungen ausgehe. Piero hatte außerdem das von jenem gemiethete Schiff dem Generalkapitän genau be- zeichnen lassen.

Nicht sobald hatte Priuli dies vernommen, als er mit der Flotte sich der Südseite der Insel zuwandte, um die Richtung nach Egypten zu überwachen. Er vermochte nichts zu entdecken, aber einer seiner Unterkommandanten, Antonio di Stephani, bemerkte an der westlichen Spitze der Insel, am Kap Akamas, ein Schiff, dessen Charakter er nicht erkennen konnte. Er ging auf dasselbe los und ließ den Patron und den Schreiber des Schiffes auf die Galeere des Generalkapitäns bescheiden, wo dieser den Patron mit den Worten anfuhr: „Patron, wenn du Paſſagiere in deinem Schiffe haſt, ſo ſage mir, wer ſie ſind, ſonſt laß ich dich am Halſe aufhängen!“ Da= durch eingeſchüchtert geſtand der Patron, daß Rizzo di Marin in Damiette auf ſein Schiff geſtiegen ſei, daß er ihn bei Fontana Amoroſa (einem Platz, der nach einer auf dem Vorgebirge Aka= mas entſpringenden Quelle benannt iſt) ausgeſetzt und ihn in vier Tagen von hier zu erwarten habe. Zugleich offenbarte er dem General= kapitän die Zeichen, die er mit Rizzo für die Wiedereinſchiffung verabredet hatte.

Priuli ließ jetzt die Bemannung des Schiffes auf ſeine Galeere bringen und dieſes mit venetianiſchen Seeleuten beſetzen. Darauf zog er ſich mit der Flotte zurück.

Zur feſtgeſetzten Zeit erſchien Rizzo mit ſeinem Sekretär, zwei Dienern und Triſtan de Giblet. Nachdem ſie das verabredete Zei= chen gegeben, erwiderte es der Patron und ließ dann das Boot aus= ſetzen, um ſie vom Lande abholen zu laſſen. Als Rizzo es beſtieg, ſagte er noch: „Gott ſei Dank, daß wir endlich in Sicherheit ſind,“ zugleich fragte er, ob dem Schiffe nichts Widerwärtiges zugeſtoßen ſei, denn er habe den ganzen Tag einen Raben vor Augen gehabt und dieſes als ein ſchlechtes Zeichen genommen.

Venetianer, die im Boote verſteckt lagen, ſprangen jetzt auf und ergriffen Rizzo, dem ſie zuriefen: Halt Rizzo, du biſt Ge= fangener des Generalkapitäns! Auf das Schiff gebracht wurde er mit ſeinen Gefährten gefeſſelt und an Priuli übergeben. Die bei ihnen gefundenen Schriften, ſowie Geld und Edelſteine nahm man ihnen ab.

Dieſer ließ ihn ſofort, obſchon er ſein Patent als Geſandter des Sultans vorzeigte, auf der Folter nach ſeinen Projecten aus= fragen und dann in Anbetracht der Wichtigkeit ſeiner Ausſagen ihn in Eiſen auf der Galeere Sebenzana nach Venedig ſenden. Seine zwei Diener mußten ihn begleiten, ſeinen Sekretär hingegen ließ man laufen. Mit Rizzo di Marin wurde Triſtan de Giblet, bei dem man ſehr wichtige, das Heiratsproject Caterina’s mit Alfonſo betreffende Papiere vorfand, gleichfalls in Feſſeln abgeſandt, er ver= ſchluckte aber einen Ring mit einem ſpitzen Diamanten, den er am Finger trug, und ſtarb daher bald nach der Ankunft der Galeere in Corfu.

Am 17. October kam Rizzo di Marin in Venedig an und wurde ſofort in den feſteſten und engſten Kerker der Turricella gebracht.

Nach Einsicht der von dem Generalkapitän mitgesandten Papiere, die das Datum des 22. September trugen und in Naxos abgefaßt waren, glaubte der Rath der Zehn, dem nach seiner eigenen Erklärung die ganze Intrigue vollständig neu und höchst unerwartet gekommen war, daß es die höchste Zeit sei, Caterina von Cypern zu entfernen und das Banner des heiligen Markus aufzupflanzen zu lassen. Am 22. October beschloß man daher, dem Generalkapitän den Befehl zu geben, daß er nach Cypern zurückgehe und die Königin mit möglichster Umsicht auf einer Galeere nach Venedig sende. Dasselbe sollte mit Thomas Phicard,[3]) ihrem Vertrauten und früheren Kanzler Jakobs II., geschehen.

Da Priuli in seinen Berichten von höchst wichtigen Dingen gesprochen hatte, die er nur mündlich dem Rath der Zehn eröffnen könne und die sich zweifelsohne auf die Geneigtheit Caterina's gegenüber den Plänen der Verschworenen bezogen, so befahl ihm der Rath sich jetzt schriftlich darüber zu erklären.

Zugleich wurde die Einsetzung einer der kretensischen vollständig analogen Regierung für Cypern angeordnet.

Am folgenden Tage änderte man diesen Beschluß dahin ab, daß Caterina zwar im Princip von der Regierung entfernt werden solle, daß diese Maßregel aber bis zur Ankunft neuer Depeschen ausgesetzt und dann mit möglichst äußeren Ehrenbezeigungen ausgeführt werden solle.

Diese Depeschen kamen schon nach wenigen Tagen an. Der zu Famagosta stationirte Flottenproveditore, Nikolo Capello, und das Kollegium der Drei hatten sie abgesandt. Es ging daraus hervor, daß in Cypern Alles ruhig sei und daß die Königin beabsichtige, nach Cerines zu gehen, was insofern sehr günstig war, als sie von dort aus leichter eingeschifft werden konnte, als zu Famagosta, wo es ohne Aufsehen zu erregen nicht von Statten gehen konnte.

Der Rath der Zehn schrieb nun am 28. October an Priuli, daß jetzt die Zeit gekommen sei, um die vorher beschlossene Maßregel auszuführen, nämlich die Königin zu entfernen, die, so lange noch solche Intriguen und Heiratsgelüste beständen, die Republik leicht um das Königreich bringen könne (que, stantibus hujus modo praticis et desideriis maritandi sese, posset de facili tali modo subtrahere nobis regnum illud).[4])

Diese Maßregel müsse aber mit möglichster Berücksichtigung der Würde Caterina's geschehen und zwar so, daß Priuli unter Anwendung seiner ganzen, vielerprobten Umsicht und Beredsamkeit sie

Ein besonderes Tribunal, bestehend aus vier Mitgliedern des Rathes der Zehn, wurde zu diesem Zwecke gewählt und bildete hier das später so berüchtigt gewordene Tribunal der Staatsinquisitoren, das bald darauf in Permanenz trat und die oberste Gewalt in der Republik an sich riß.

Dank den raschen Maßregeln, die die Signorie ergriffen, befand sich Caterina noch in Cypern und zwar zu Nikosia, als Priuli und ihr Bruder an der Insel mit der Flotte erschienen. Auf Veranlassung des letzteren begab sie sich jetzt nach Famagosta, nachdem sie seinen Auseinandersetzungen anfangs einen hartnäckigen Widerstand entgegengesetzt hatte und erst durch die Vorstellung, daß sie mit Gewalt entfernt werden würde und daß ihre ganze Familie von der Ungnade der Signorie zu leiden haben werde, konnte sie zur Nachgiebigkeit bewogen werden.

Auf ihrer sofortigen Abreise glaubte man indeß in Anbetracht der winterlichen Zeit nicht bestehen zu müssen, dagegen sollte die völlige Einverleibung des Königreichs noch während ihrer Anwesenheit vorgenommen werden.

Am 26. Februar 1489 wurde zu Famagosta im königlichen Palast ein feierliches Hochamt abgehalten, dem der Generalkapitän und seine Offiziere beiwohnten und bei dem der Adel des Königreichs zahlreich vertreten war. Ein mit den Insignien des heiligen Markus geschmücktes Banner wurde hiebei geweiht. Caterina ergriff es sodann und überreichte es dem Generalkapitän, der es mit den Worten annahm, daß die erlauchte Signorie, die hiermit Besitz von Cypern ergreife, dieses Reich gegen Alle und Jeden zu vertheidigen wissen werde. Dann wurde das Banner auf dem Schloß von Famagosta aufgehißt. [6])

Das Gleiche geschah jetzt an allen übrigen Plätzen Cyperns.

Gegen Ende März schiffte sich Caterina mit ihrem Bruder Giorgio und einem zahlreichen Gefolge auf der Galeere ihres Verwandten, des Nicolo Cornaro ein, während eine zweite dalmatinische Galeere ihr Gepäck aufnahm, die indeß schon im Golf von Satalia scheiterte. Eine große Volksmenge umgab sie bei ihrer Abfahrt und da Viele von ihnen weinten, weil Caterina sehr beliebt war und sich namentlich durch Freigebigkeit ausgezeichnet hatte, sagte sie tröstend zu ihnen: Seid guten Muthes, ich werde wieder zu euch zurückkommen!

Am 5. Juni kam sie am Lido an. Hier waren zu ihrer Aufnahme schon vorher eine Anzahl Gemächer im Kloster San Nicolo in Bereitschaft gehalten worden. Fünfzig Nobili mußten sie bei ihrer Ankunft begrüßen.

Am folgenden Abend fand ihr feierlicher Einzug in Venedig statt.

Der Doge Agostino Barbarigo holte sie vom Lido auf dem Bucentaur ab, der viele reichgeschmückte Edeldamen trug. Da die Lagune aber sehr unruhig war, so geriethen die armen Frauen auf dem schwerfälligen Schiff in große Angst und Verlegenheit.

Caterina hatte den Sitz über dem Dogen. Sie war in schwarzen Sammt gekleidet, trug einen Schleier auf dem Haupte und war nach cyprischer Sitte reich mit Juwelen geschmückt. Ihrem Bruder Giorgio wurde hier, nachdem ihn der Doge auf das Schiff gerufen, die Ritterwürde ertheilt, was in Venedig sehr selten geschah und immer als ganz außerordentliche Gunstbezeigung seitens der Republik betrachtet wurde.

Unter Glockengeläute, Musik und Kanonendonner landete das Schiff an der Piazetta, worauf der Zug sich nach der Markuskirche richtete. Dort leistete Caterina noch einmal auf ihre Krone zu Gunsten der Republik Verzicht. Dann begab man sich zu Wasser nach dem Palast der Herzoge von Ferrara am großen Kanal (vor dem Rialto und später als Fondaco de' Turchi bekannt), wo der Königin von der Republik ein solennes Banket gegeben wurde und wo sie auch in den ersten Tagen auf Kosten derselben wohnte. Später nahm sie in dem Palast ihres Hauses Wohnung.

Die Republik überwies ihr jetzt (20. Juni 1489) die kleine, mit einem Castell versehene Stadt Asolo in der fruchtbaren Mark Treviso sammt allen Rechten und Nutzungen auf Lebenszeit, „damit sie während ihres Aufenthaltes in Venetien sich der Herrschaft und des milden Klimas dieses lieblichen Ortes erfreuen könne."[7] Die Einkünfte von Asolo sollten in die 8000 Dukaten eingerechnet werden, die Caterina von der Republik zu beanspruchen habe. Wenn gleich sie dort die hohe und niedere Gerichtsbarkeit erhielt, so durfte sie doch an dem bisherigen Gang der Verwaltung nichts ändern und namentlich keine neuen Steuern auflegen. Ihre Herrschaft war auch hier eine nominelle und blieben die Asolaner so gut venetianische Unterthanen, wie früher. Sie freuten sich indeß nicht wenig, jetzt eine königliche Residenz zu erhalten und empfingen Caterina, als sie am 11. October daselbst ihren Einzug hielt, mit großer Feierlichkeit.

Fenster und Balkone waren mit ausgehängten Teppichen geschmückt, die Thüren mit Laubwerk umwunden. Kinder gingen ihr mit Olivenzweigen entgegen und der Magistrat ließ sie auf dem halben Weg von Treviso durch eine besondere Abordnung begrüßen.

Unter einem Baldachin von Goldstoff, den die vornehmsten Personen ihres Gefolges trugen, wurde Caterina in die Hauptkirche geleitet, wo man ein Tedeum sang und sie dann in den Palast geleitete, der zur Wohnung für sie bestimmt war. Ihr Gefolge war sehr zahlreich und verschiedene Nationen darin vertreten. So war ihr Hofkaplan David Lamberti ein Cypriote, ihr Leibarzt Giovanni Sigismundo ein Deutscher, wie auch wahrscheinlich ihr Sekretär Francesko Amadeo, genannt „il Kurzio," der als ein vortrefflicher Dichter und nicht gewöhnlicher Philosoph gerühmt wird.

Da sie keine Lust hatte, die heiße Jahreszeit in der Stadt zuzubringen, so begann sie schon im nächsten Frühjahr in einiger Entfernung von Asolo ein eine Miglie im Umfang haltendes Territorium zu einem anmuthigen Sommersitz umschaffen zu lassen. Auf Vorschlag ihres Vetters Pietro Bembo,[8] der nachmals Cardinal wurde, gab man ihm den Namen „il Barco" (Park), als gleichbedeutend im Griechischen mit dem Worte „Paradies." Bembo war es auch, dessen Rath Caterina bei Anlage der Gebäulichkeiten im Barco vorzüglich befolgte und der die für die Fontänen u. s w. bestimmten Inschriften verfertigte.

Im Winter hielt sie sich häufig in Venedig auf und nahm an den dortigen Vergnügungen Theil.

So verbrachte Caterina ihr Leben in heiterer, angenehmer Weise und bei ihrer nicht gewöhnlichen Bildung läßt sich annehmen, daß sie vorzüglich geistreiche Gesellschaft um sich liebte. Auch vornehme Besuche sah sie häufig und von einem derselben, Pandolfo Malatesta, legitimirtem Sohn und Nachfolger Roberto's, Herrn von Rimini, den Cesare Borgia aus seiner Herrschaft vertrieb, weiß ihr Chronist, der Asolaner Antonio Colbertaldi,[9] daß er ihr seine Huldigung zugewandt und diese von Caterina angenommen worden sei.

In ihrer Umgebung befand sich auch Philipp Cornaro, ein in Cypern geborener natürlicher Sohn ihres zu Famagosta ermordeten Oheims Andrea, dessen Unterhalt sie noch durch eine Anstellung an der Kanzlei von Asolo sicherte.

Ihr Hofstaat belief sich auf 80 Personen, worunter zwölf Edeldamen und eben so viele Cavaliere aus den besten Häusern.

Auch fehlten Mohren und der Leibzwerg nicht, der ihre Schleppe nachtrug. Sie war und blieb noch immer eine bemerkenswerthe Schönheit, wenn auch bereits etwas stark geworden. Es wird ihr nachgerühmt, daß sie diese niemals durch künstliche Mittel zu erhöhen versucht und dieses auch ihren Damen anempfohlen habe.

Sie starb am 10. Juli 1510 zu Venedig, wohin sie sich der Kriegsunruhen wegen begeben hatte, an einem Magenübel nach ganz kurzer Erkrankung im fünf und fünfzigsten Lebensjahre. Zu ihrem Haupterben hatte sie ihren Bruder Giorgio, jetzt Prokurator von San Marco und Stellvertreter des Dogen, eingesetzt, der zugleich die Verpflichtung übernahm, für die einzelnen Glieder ihrer Umgebung zu sorgen. (Ihre Mitgift von 100,000 Dukaten war ihr ungeschmälert geblieben, sonst hätte sie wohl ihren Hof zu Asolo nicht in so glänzender Weise unterhalten können.)

In der dem Sterbehause (Palazo della regina) benachbarten Kirche San Cassan wurde der Leichnam am folgenden Tage im Franziskanerhabit einstweilen niedergesetzt.

Am Morgen des 12. Juli versammelte sich die Signorie, wobei Giorgio Cornaro mit seinen Söhnen, ferner der gesammte Clerus mit dem Patriarchen, dem Erzbischof von Spoleto und dem Bischof von Feltre, die Klostergeistlichkeit und eine zahlose Volksmenge bei San Cassan und bildete hier den Leichenkonduft, der sich über eine zu diesem Behufe von der Pescharia über den großen Kanal nach dem Campo Santa Sofia geschlagene Bretterbrücke nach der Apostelkirche bewegte, wo das Erbbegräbniß der Cornaro sich befand. Dort wurden die feierlichen Exequien abgehalten; der bekannte Historiker und Chronist Andrea Navagiero hielt die Trauerrede und dann wurden die Ueberreste Caterina's in der Capelle beigesetzt, in der bereits ihr Vater und ihre Mutter begraben lagen.

Im Jahre 1660 wurden ihre Gebeine jedoch in eine dafür bestimmte Gruft der Kirche S. Salvator übergeführt.

Bereits am 13. Mai 1489 hatte der Rath der Zehn, damals aus 28 stimmfähigen Mitgliedern bestehend, sein Urtheil über Rizzo di Marin abgegeben. Es lautete auf heimliche Hinrichtung durch Strangulation innerhalb dreier Tage und auf ebenso heimliche Beerdigung. Durch einen Staatssekretär sollte ihm sein Todesurtheil, nicht aber die Art seines Todes bekannt gemacht werden. Seine beiden Diener sollten getrennt in Verona gefangen gehalten werden, bis man sie ohne Gefahr entlassen könne.

Die Mitglieder des Rathes erhielten zugleich die förmliche Erlaubniß, bewaffnet der Execution, die im Waffensaal des Rathes der Zehn stattzufinden habe, beizuwohnen.

Die Sentenz wurde aber nicht vollstreckt und zwar weil man fürchtete, der Sultan, dessen Gesandter Rizzo gewesen war, möchte der Republik deshalb Ungelegenheiten bereiten. Indeß sprengte man aus, Rizzo habe sich in ähnlicher Weise, wie Tristan de Giblet, um's Leben gebracht oder sei in Folge von genommenem Gift, das er zu diesem Zwecke stets mit sich geführt habe, im Kerker gestorben. Man wollte so abwarten, wie die Nachricht von seinem Tode in Egypten aufgenommen werden würde.

Als das Verhältniß Venedigs zu Egypten längst ein freundschaftliches geworden war, glaubte man sich des in verborgenem Kerker liegenden Rizzo entledigen zu können. Er war ohnehin lästig geworden, da er durch seine jetzt in's dritte Jahr gehende Gefangenschaft zu dem Glauben gebracht worden war, die Signorie werde nicht wagen, Hand an ihn zu legen und sich deshalb in allerlei Drohungen und Schmähungen gegen dieselbe erging. Als dieses dem Haupt des Rathes der Zehn, Nicolo Foskari, zu Ohren kam, drang derselbe darauf, daß die frühere Sentenz jetzt vollzogen würde. Es geschah dieses aber nicht, wie Rizzo verlangte, öffentlich, sondern dem Spruch gemäß geheim, indem eines Abends Pietro Marete, der Kapitän der Barken des Rathes der Zehn, in sein Gefängniß hinabstieg, ihn halb entkleidete und ihn barfuß, in einem langen Gewande, das Haupt verhüllt und die Hände gefesselt in den Waffensaal des Rathes führte. Dort hieß man ihn auf eine Bank steigen, warf ihm eine Schnur um den Hals, befestigte sie an einem vorstehenden Holze und zog dann die Bank unter seinen Füßen weg.

Den todten Körper steckte man in einen Sack und führte ihn des Nachts nach Murano in's Kloster San Cristoforo, wo er in einer Grube versenkt wurde. Die Mönche, die gern wissen wollten, um wem es sich hier handle, bedeutete man ernstlich, keine weiteren Nachforschungen anstellen zu wollen.

Wie der jüngere Marino Sanudo erzählt, [10] trug Rizzo di Marin in seinen Kleidern einen Stein, genannt „Schlangenthräne" oder auf arabisch „Azarbesar" (Bezoar) bei sich, der, wenn man ihn auseinander brach, eine milchige Flüssigkeit von sich gab, die die Wirkungen eines jeden Giftes aufhob.

Dem Sultan Kaitbei war die Ergreifung seines Gesandten nicht lange unbekannt geblieben. Rizzo's Sekretär, Giorgio, bes-

sen Festhaltung Priuli nicht für nöthig erachtet, hatte ihm von Rho=
dos aus einen in arabischer Sprache abgefaßten Brief geschrieben,
worin er ihm namentlich mitgetheilt hatte, daß der venetianische
Consul in Damiette, Piero, es hauptsächlich gewesen sei, der Rizzo
in's Unglück gestürzt habe. Kaitbei ließ ihn sofort greifen und nach
Kairo in's Gefängniß schleppen. Er würde ohne Zweifel sein Leben
eingebüßt haben, wenn es nicht den Bemühungen des venetianischen
Consuls zu Alexandrien, Leonardo Longo, gelungen wäre, ihm,
als der erste Grimm des Sultans verraucht war, durch seine Freunde
am Hofe wieder zur Freiheit zu verhelfen. Er ließ ihn dann rasch
aus dem Lande nach Venedig schaffen.

Bald nach der feierlichen Besitzergreifung Cyperns wurde im
Auftrage Caterina's und des Generalkapitäns der Großkommendator
von Cypern, Marco Malipiero, [11]) ein Verwandter Caterina's,
mit 16,000 Dukaten rückständigem Tribut und einer entsprechenden Zahl
seidner Stoffe und Camelotten nach Kairo geschickt. Der Sultan ließ
ihm zwar Geld und Stoffe abnehmen, verweigerte ihm aber aus
Grimm über die Behandlung Rizzo's bi Marin und die Einver=
leibung Cyperns die erbetene geheime Audienz und verwies ihn mit
seinem Auftrag an den Großdiodar. Da der Großkommendator sich
damit nicht begnügen zu können erklärte, sondern fortwährend auf
einer Audienz bestand, die ihm ebenso harnäckig verweigert wurde,
sah er sich endlich genöthigt, die Sachlage der Signorie vorzustel=
len und um Verhaltungsbefehle zu bitten.

Diese beschloß jetzt am 1. September 1489 eine feierliche Ge=
sandtschaft an den Sultan abgehen zu lassen und bestimmte dazu
Pietro Diedo.

In seinen unterm 10. September erlassenen ausführlichen
Instructionen wurde ihm die allergrößte Behutsamkeit und ein äußerst
diplomatisches Auftreten zur Pflicht gemacht. Den Sultan solle
er wegen seiner Waffenerfolge beglückwünschen und, falls der Friede
zwischen ihm und dem Großherrn schon zu Stande gekommen sei,
die große Befriedigung der Republik darüber ausdrücken, daß zwei
so mächtige, mit Venedig zugleich so sehr befreundete Herren ihrem
Zwist ein Ende gemacht hätten.

Von Malipiero solle Diedo, ob er ihn nun noch in Egypten
oder schon auf dem Heimweg treffe, die augenblickliche Lage zu er=
fahren suchen und, wenn die cyprischen Angelegenheiten jetzt besser
ständen, ihrer beim Sultan nicht mehr erwähnen, sei aber im Ge=
gentheil der Sultan noch aufgebracht, dann müsse er den Auftrag

Malipiero's, von deſſen zu dieſem Behuf ihm damals ausgefertigten Papieren er zugleich Abſchrift erhalten ſolle, weiterführen.

Der Weggang der Königin, ſolle er vorſtellen, ſei nur geſchehen, weil ſie allſeits von Gefahren umringt geweſen ſei.

Einestheils ſei ſie von dem Großherrn, in deſſen Berückſichtigung man hauptſächlich die venetianiſchen Banner aufgerichtet habe, um Cypern der Wohlthat des Friedens von 1479 theilhaftig zu machen, bedroht geweſen, anderntheils werde ihr von offenen und heimlichen Feinden nachgeſtellt. Wenn alſo die Königin geſucht habe, auf jede Weiſe ihr Reich zu ſichern, ſo könne der Sultan ſich darüber nur freuen und habe keinen Grund ungehalten zu ſein, am allerwenigſten aber über die Republik, durch die die Inſel' in die Hände friedliebender Perſonen gekommen ſei, und nicht ſolcher, die wie die Catalanen, Spanier, Franzoſen und Rhodiſer (Hoſpitaliter) nichts wie Seeraub trieben, die egyptiſche Küſte plündern und allen Piraten einen Schlupfwinkel gewähren würden. Noch ſchlimmer würde es geweſen ſein, wenn ſie in türkiſche Hände gefallen wäre, denn der Großherr würde eine Station für ſeine Flotte daraus gemacht haben, um alle ſyriſchen Handelsplätze von da zu ſchädigen. Der Sultan möge ſich deshalb in die Lage der Dinge finden, ſein Tribut würde ohnehin regelmäßig bezahlt werden.

Wenn nach Rizzo di Marin und Triſtan de Giblet gefragt werde, ſo ſolle Diedo antworten, daß dieſe beiden Verräther nicht allein der Königin Nachſtellungen bereitet, ſondern ſich auch auf's Schändlichſte gegen den Sultan benommen hätten, indem ſie, namentlich Triſtan, ihn in Betreff des Heiratsprojectes ſo ſchmählich getäuſcht, denn es ſei der Königin nicht eingefallen, einen ſolchen Plan mit Hülfe ſolcher Leute in's Werk zu ſetzen, vielmehr hätten ſie ihr Leben und Krone nehmen wollen, wie ja ſchon früher ihr Oheim Andrea von ihnen ermordet worden ſei. Jetzt hätten ſie ſich beide auf gleiche Weiſe mit einigen Diamanten „vergiftet" und zwar ſei Triſtan unterwegs geſtorben, Rizzo aber „wahrhaftig" bald nach ſeiner Ankunft zu Venedig.

Die Signorie ertheilte Diedo noch die Erlaubniß, Depeſchen von ihrem Bailei zu Conſtantinopel oder von Malipiero an ſie, oder an Priuli gerichtet, die ihm vielleicht unterwegs begegnen ſollten, zu erbrechen und ſie vermittelſt des ihm mitgetheilten Chiffreſchlüſſels zu leſen. Dann ſolle er ſie wohlverwahrt an die Signorie weiter ſenden. Der ihm als Kanzler beigegebene Staatsſekretär, Giovanni Borgi, dürfe gleichfalls davon Kenntniß nehmen.

Am 7. December kam Diedo in Kairo an und erhielt auch bald eine Audienz bei dem Sultan. Als er darin aber von der Sendung Malipiero's, den er noch in Kairo getroffen hatte, anfangen wollte, erwiderte ihm Kaitbei, daß er keine Königin von Cypern kenne, auch keinen Generalkapitän Priuli, noch auch einen Abgesandten derselben. Wolle er aber im Namen der Signorie über Cypern verhandeln, so werde er dafür Bevollmächtigte aufstellen.

Dieses geschah denn auch und die Verhandlungen neigten sich schon ihrem Ende zu, als in der zweiten Hälfte des Februar 1490 Diedo starb. Borgi und Malipiero brachten sie indeß kurz darauf zu einem günstigen Abschluß.

Am 9. März gaben die egyptischen Bevollmächtigten eine urkundliche Erklärung ab, wonach der Sultan unter der Bedingung, daß der jährliche Tribut von 8000 Dukaten regelmäßig bezahlt und die angelaufenen Reste in jährlichen Raten abgetragen würden, die Signorie als Herrin von Cypern anerkannte. Im Namen derselben gelobten nun die Venetianer diese Bedingungen stets einzuhalten.

Kaitbei richtete jetzt ein verbindliches Schreiben an den Dogen Barbarigo, bestätigte darin die Erklärung seiner Bevollmächtigten und sandte ihm ein Feierkleid und reiche Geschenke derselben Gattung, wie sie früher Caterina von ihm empfangen hatte.

Borgi erhielt gleichfalls Geschenke und ein Feierkleid.

So hatte auch nach dieser Seite hin die Republik durch ihr umsichtiges Verfahren die Befestigung ihres neuen Besitzes zu erreichen gewußt. Wie empfindlich sie übrigens in Bezug auf die geringste Kleinigkeit war, die auf die Legitimität ihrer Rechte nur im mindesten ein ungünstiges Licht werfen konnte, beweist ein in dieser Zeit von der Staatsinquisition gefaßter Beschluß, wonach alle diejenigen ihrer Bürger, die weil sie mit den Cornaro verwandt waren oder weil sie Lehen in der Levante besaßen, gesprächsweise als Prinzen von Geblüt angesehen sein wollten oder die die Rechtmäßigkeit der Besitznahme Cyperns bezweifelten, bei Androhung des Todes ermahnt werden sollten, sich solcher absurden Gespräche auf den öffentlichen Plätzen zu enthalten. Im Falle der Wiederholung sollte Einer davon zum warnenden Exempel ersäuft werden. [12])

Die förmliche Besitzergreifung Cyperns hatte natürlich auch eine Aenderung der bisherigen Regierungsform zur Folge.

Im Rathe der Pregadi beschloß man am 28. Juli 1489 einen Statthalter, zwei Räthe und einen Capitän von Cypern zu ernennen.

Dieser Statthalter mit seinen Räthen bildete das Kollegium der „Rectoren" und residirte zu Nikosia. Er bezog außer den Reiseunkosten ein Gehalt von 3500 Dukaten, das, wie üblich, zur Hälfte einbehalten wurde und wovon er ein Gefolge von acht Personen mit eben so vielen Pferden zu unterhalten hatte. Seine Räthe waren in finanzieller Beziehung auf den gleichen Fuß, wie die bisherigen Räthe der Königin gestellt.

Als oberste Kassenbeamte standen unter dem Kollegium zwei Kämmerer oder Cammerlenghi, venetianische Patrizier, deren Einsetzung der Senat bereits im Jahre 1470 dekretirt hatte. Sie alle, wie auch der Capitän, wurden von ihm immer auf zwei Jahre ernannt.

Das Kollegium der Rectoren hatte alle Befugnisse der früheren „hohen Kammer," des Lehenhofes und der Schatzverwaltung, dagegen bildete man aus sämmtlichen Edelleuten der Insel und den sich neuansiedelnden venetianischen Familien nach venetianischem Vorbild einen sogenannten großen Rath, der aber natürlich wenig zu sagen hatte.

Unter solchen Umständen verloren auch die Assisen von Jerusalem, die man zwar beibehielt, später aber (1531) in's Italienische übertrug, ihre frühere Bedeutung, auch die Stellung der Vicegrafen von Nikosia und Famagosta wurde eine abgeschwächtere. Letzteres behielt übrigens seine genuesischen Gesetze.

Der Capitän von Cypern, der eigentlich aus einer Stellenverschmelzung des bisherigen Proveditore und des Castellans von Famagosta hervorging, war nicht allein der erste Militärbeamte der Insel, sondern hatte auch in der Umgebung von Famagosta, der Messorea und der ganzen karpasischen Halbinsel die oberste Verwaltung und die gleiche Gerichtsbarkeit in peinlichen Dingen, wie der Statthalter in den andern Distrikten. Auch er war von zwei in Venedig gewählten Räthen unterstützt und hatte einen Schreiber der venetianischen Staatskanzlei bei sich.

Mit der Schatzverwaltung, der Gerichtsbarkeit über die Lehensleute und ihre Pariker hatte er übrigens nichts zu thun, dieses war lediglich Sache der Rectoren.

In Bezug auf Gehalt und Gefolge war er dem Statthalter gleichgestellt. Seine Residenz war Famagosta, doch hatte die Stadt noch einen eigenen Gouverneur und zwei Castellane, die sich im Dienst ablösten. Die Besatzung betrug 500 Mann in Friedenszeiten.

In besonders kriegerischen Zeitläuften wurde für die rein militärischen Angelegenheiten ein Generalprovebitore von Cypern ernannt, der den Rang unmittelbar nach dem Statthalter hatte. Der erste Statthalter war Francesco Barbarigo und der erste Capitän von Cypern Balthasar Trevisani.

Die bisherige Eintheilung der Insel in zwölf Districte blieb bestehen.

In denen von Nikosia und Famagosta hatten die beiden Vicegrafen Verwaltung und niedere Justiz. Wie alle solche Beamte wurden sie von den Rectoren auf zwei Jahre gewählt.

Der District Karpas stand unter einem Ballei, die Mesorea unter dem Capitän des Castells Siguri, beide von dem Capitän von Famagosta gewählt.

Die Districte Paphos, Cerines, Salines (Larnaka) und Limasol hatten Capitäne, bisweilen auch Balleien genannt, die von Avdimu, Chrysocho, Pendaia und Masoto Civitane.

Die bedeutenderen dieser Stellen waren in venetianischen Händen, für die Eingebornen blieben nur die unteren Posten. Auch die drei lateinischen Bisthümer mit dem Erzbisthum von Nikosia wurden fast durchweg mit Venetianern besetzt.

Der Wohlstand der Insel war schon seit der Eroberung Famagosta's durch die Genuesen in fortwährender Abnahme begriffen. Die unglücklichen Kämpfe mit Genua und Egypten, die inneren Unruhen seit Peter II., die durch den zerrütteten Staatshaushalt vermehrte Steuerlast der Unterthanen hatten mächtig zur Entvölkerung des Reiches beigetragen. Seeraub machte die Küsten unsicher und die handeltreibenden Nationen, vorzüglich die Venetianer, entführten die Pariker zu Hunderten, worüber Jakob II. so bittere Klage bei der Republik führte. Seine Bitte an diese, ihm Colonisten aus ihren nächstgelegenen Besitzungen überlassen zu wollen, wurde, wie erwähnt, abschlägig beschieden.

Cypern war in der That schon so in Verruf gekommen, daß weder die venetianischen Patrizier trotz der günstigen Bedingungen sich zu einer Ansiedelung daselbst verstehen wollten, noch daß selbst die Einwohner von Skutari, das den Türken übergeben werden mußte, mit der beabsichtigten Verpflanzung dorthin einverstanden waren. Da griff man zu dem neuen Auskunftsmittel, daß man den venetianischen Familien von der Terra Firma, die nach Cypern übersiedelten, den Adel und damit das Recht verlieh, in den großen Rath von Nikosia einzutreten. Dadurch zog man eine verhältniß= mäßig große Anzahl solcher in der That herbei, drängte aber den alten Adel noch mehr in den Hintergrund.

Die Signorie sah wohl ein, „daß die Erhaltung der Pariker diejenige Sache sei, die mehr, wie alles Andere, den Wohlstand der Insel bedinge." In ihren Instructionen an den Capitän von Famagosta vom 27. August 1489 weist sie ihn deshalb an, öffent= lich zu verkünden, daß Alle, die Pariker aus ihren Districten an sich gezogen hätten, sei es nun durch Kauf oder für Lohn auf eine be= stimmte Zeit, innerhalb acht Tagen der Ortsobrigkeit davon Anzeige zu machen hätten. In diesem Fall sollten sie straflos ausgehen und von der Republik noch entschädigt werden. Ferner sollte jeder Schiffskapitän, der einen Pariker entführe, nicht allein die Fähig= keit verlieren, jemals wieder ein Schiff führen zu können, er sollte auch mit einjährigem Kerker und 100 Dukaten Buße für jeden ent= führten Pariker — wovon 50 Dukaten dem Angeber — bestraft werden. Jedes Schiff solle vor der Abfahrt untersucht werden, ob die Passagiere, sofern sie Cyprioten seien, mit dem vorschrifts= mäßigen Passirschein (bulletinum) versehen seien. Dieses Gebot eines Passirscheines bestand übrigens schon seit langer Zeit auf Cypern, wie auf Rhodos, und beruhte hier, wie dort, auf gleichen Gründen. Mit dem Orden sei übrigens schon eine Vereinbarung wegen gegenseitiger Auslieferung der Pariker getroffen. Ein Passir= schein solle von den Rectoren Niemanden, als den Parikern und den Söldnern, verweigert werden.

Weiter sollte kein Pariker von den Gutspächtern zu einer Dienstleistung herangezogen werden, zu der er nicht verpflichtet sei, sonst sollten ihm für jeden aufgewandten Tag drei Bisanten ver= gütet werden.

Die Creirung von „weißen" Venetianern falle von nun an gänz= lich weg; die bisherigen sollten jedoch bei ihren Rechten erhalten bleiben.

Um der Verödung Famagosta's zu steuern, sollte jeder Fremde dort wohnen können und dazu geeignete Bauplätze erhalten. Alle Lebensmittel, die in den Hafen gebracht würden, sollten künftig steuerfrei sein. Die Bewohner Morea's und der griechischen Inseln, die unter venetianischer Botmäßigkeit ständen, sollten eingeladen werden, sich in Famagosta niederzulassen und zu diesem Behufe freie Reise und Verköstigung, sowie drei Dukaten Geld für jede Familie erhalten.

Ferner sollten alle Diejenigen, welche wegen Todtschlages einem alten Gesetze gemäß — das gleichfalls eine Ursache der Entvölkerung Cyperns sei — von der Insel verbannt seien, zu Famagosta, und wenn sie eben da den Mord begangen, zu Paphos unbelästigt wohnen dürfen. Dasselbe sollte gleichfalls allen Denjenigen gestattet sein, welche wegen irgend eines Verbrechens, mit Ausnahme des der Rebellion, von venetianischem Gebiet verwiesen seien.

Von solchen verzweifelten Mitteln war sicher kein günstiger Erfolg zu hoffen. Wir finden auch nicht, daß der Zustand der Insel trotz des jetzt eintretenden langjährigen Friedens sich erheblich gebessert hätte. Leider sind wir erst seit der venetianischen Besitzergreifung, durch die ein regelmäßiger Census eingeführt wurde, in den Stand gesetzt, genauere statistische Nachweise über die Insel geben zu können.

Aus den einzelnen Berichten von 1490 bis zur Eroberung durch die Türken (1570) ergeben sich folgende Zahlen:

Gesammtbevölkerung   um   1490:   147,700
       „   1540:   197,000
       „   1567:   180,000
       heutzutage: 120,000.

Von diesen rechnet man Francomaten:
       um   1490:   77,000
       „   1540:   95,000
       „   1567:   90,000;

Pariker   um   1490:   47,000
       „   1540:   70,000
       „   1567:   50,000 (?).

Bevölkerung von Nikosia um 1490:   16,000
       „   1540:   21,000,
       heutzutage: 12—15,000 Seelen;

von Famagosta um 1400:   6,500
       „   1540:   8,000
heutzutage: ungefähr 200, wovon drei Viertel Soldaten;

von Paphos um 1540:   2,000
von Cerines   „   1540:   950 Seelen.

Die Zahl der Casali betrug   „   1490:   834
       „   1562:   813
       „   1570:   868.

Davon besaß die königliche Domäne um 1490: 325,
       „   1562: 246.

Zur Zeit der Eroberung Cyperns durch die Türken (1570) hatte die Signorie aus ihrem Domänenbesitz und den Abgaben ein Einkommen von 546,000 Dukaten (das Grundeigenthum der Privaten ertrug 394,000 Dukaten), wovon allerdings 300,000 auf die Saline von Larnaka kamen. Da die Kosten für Militär- und Civilverwaltung sich auf 184,331 Dukaten beliefen, so ergab sich für die Signorie ein Reinertrag von 361,669 Dukaten. [15])

Von den kostbaren Landesprodukten wurde die Baumwollenernte um 1490 auf 7000, um 1540 auf 20,000 Quintal (à 225 Kilogrammes) geschätzt; der Zucker der ersten Kochung um 1490 auf 2000, um 1540 auf 1500 Quintal, der feinere Zuckerstaub um 1490 auf 250, um 1540 auf 450 Quintal.

Die Streitmacht bestand um 1540 aus einer Cavallerie von 1448 Berittenen, wozu der Adel nur 182 stellte. Das Uebrige waren Turkopolen (150), Stratioten (800) und eingeborne Arkebusiere zu Pferd (200).

Die Turkopolen waren schon mit den Lusignans in das Land gekommen, daher auch die Würde eines Turkopoliers. Sie scheinen hier, wie in Rhodos, hauptsächlich als Strandwachen gedient zu haben, wozu man in venetianischer Zeit auch die Stratioten (sie erhielten einen jährlichen Sold von 40 Dukaten und Futter für das Pferd) verwandte. Man hatte die ganze cyprische Küste mit einer aus Turkopolen, Stratioten und Arkebusieren gebildeten Postenkette versehen, die auf das erste Zeichen bereit waren, an den Strand zu eilen. An diesem wurden nämlich, sobald die Sonne untergegangen war, in angemessener Entfernung Wachen aufgestellt, die nach verdächtigen Schiffen auszuspähen hatten. ·Dieser Dienst, der von dem letzten Avemaria bis zum ersten dauerte, gehörte zu den Verpflichtungen der Francomaten, von denen abwechselnd zwei oder drei zusammen zu wachen hatten (doch konnten sie sich auch davon loskaufen). Sie hatten stets Brennmaterial in ihrer Nähe und mußten so viele Feuer anzünden, als sie verdächtige Schiffe bemerkten. Jedes Feuer mußte so lange brennen, bis man sechs Paternoster gesprochen hatte.

Besondere Wachen gegen die Piraten befanden sich auch Tags über auf der Höhe des Kastells Buffavent, von dem aus man die ganze Nordküste übersehen konnte und auf dem Berg Sainte Croix, von dem aus der größte Theil der Südküste sichtbar ist.

Die Infanterie bestand aus 858 meist italienischen Söldnern, wozu die von 15 italienischen Kapitänen kommandirte Landmiliz in einer Stärke von 4550 Mann kam.

Sehr bedeutend war das Einkommen des lateinischen Klerus, der darin sogar den eigentlich venetianischen weit überflügelte. [14])

So schätzte man das Erzbisthum von Nikosia um 1330 auf 25,000 Floren, um 1460 auf 15,000, um 1490 auf 6000, um 1559 wieder auf 13,000 Dukaten. Der entsprechende griechische Bischof hatte 600 Dukaten. Das Bisthum von Paphos gab um 1490: 2000, um 1559: 3000 Dukaten. Der griechische Bischof hatte 400 Dukaten. Der Stuhl von Limasol wurde 1490 auf 1500, im Jahr 1559 aber auf nur 800 und der von Famagosta 1490 auf 1000, im Jahr 1559 auf 2000 Dukaten geschätzt. Jeder der beiden entsprechenden griechischen Bischöfe hatte 200 Dukaten.

Im Jahre 1491 verlangten die Einwohner von Famagosta in einer Eingabe an die Signorie, daß ihr (lateinisches) Bisthum mit dem von Limasol verschmolzen werde, da in letzterer Stadt, die eigentlich nur ein großes Dorf sei, für die Anwesenheit eines Bischofes kein Bedürfniß vorliege. Anderseits entgehe jetzt dem Bischof von Famagosta die ihm früher von Genua ausbezahlte Pension, weshalb er zum großen Schaden der Kirchen und Klöster, die nach und nach verfielen, nicht mehr dort residiren könne. Die Signorie schlug dieses Begehren unter dem Vorwande ab, daß die Kurie sich auf eine solche Verschmelzung nicht einlassen würde, weil dadurch dem apostolischen Schatz die betreffenden Annaten entgingen.

Der damalige Bischof von Famagosta war Ludovico, ein Sohn des erwähnten dalmatinischen Historikers und Galeerenkapitäns Coriolano Cippico, wegen dessen Verdienste die Republik im Jahre 1489 dem Sohne das Bisthum verliehen hatte. Was überhaupt die kirchlichen Verhältnisse anbetrifft, so war die vom Concil zu Florenz (1439—1442) herbeigeführte Union von so kurzer Dauer, daß schon 1447 Nikolaus V. den Erzbischof Andreas von Nikosia auffordern ließ, die Griechen, wenn es sein müßte, selbst mit Hülfe des weltlichen Arms wieder zur Union zurückzuführen. Daran war um so weniger zu denken, als die Königin Helena damals alle Macht in Händen hatte und durch die willkürliche Besetzung des erzbischöflichen Stuhles mit dem illegitimen Knaben Jakob sich zu der Kurie in ein feindseliges Verhältniß setzte, das erst mit der kanonischen Neubesetzung des Stuhles von Nikosia um 1469 nachließ. Bald darauf im Jahre 1472 schärfte Sixtus IV. mit aller

Strenge die Verordnung von 1260 wieder ein, wonach kein grie=
chischer Bischof außerhalb des ihm zur Residenz angewiesenen Or=
tes einen Act kirchlicher Jurisdiction ausüben, noch irgend Jeman=
den zu einer priesterlichen Function ohne Erlaubniß des betreffen=
den lateinischen Bischofes zulassen dürfe. Zur Zeit der venetiani=
schen Herrschaft scheint ein gutes gegenseitiges Einvernehmen ge=
herrscht zu haben, denn wir wissen, daß an hohen Festtagen die
verschiedenen Riten, Lateiner, Griechen, Armenier, Jakobiten, Ne=
storianer, Maroniten und Kopten einträchtig in derselben Pro=
cession gingen, was nach der Aussage des Dominikaners Stephan
von Lusignan nicht allein bei der Mannigfaltigkeit und dem Glanz
der kirchlichen und weltlichen Trachten einen sehr malerischen, son=
dern auch sehr erhebenden Eindruck gewährte.

Der Ertrag der Großkommende (mit 41 Casali) wurde um
1490 auf 8000, der der Kommende von Phinika (mit 5 Casali)
auf 1600, der der Kommende von Tempros auf 200 Dukaten
geschätzt.

Die Großkommende wurde übrigens später in ein Juspatro=
nat der Familie Cornaro verwandelt, weshalb diese immer in dem
Orden vertreten war. [15]) Freilich war seit der türkischen Eroberung
die Würde eines Großkommendators von Cypern nur eine nominelle.

Der reichste cyprische Grundbesitzer war seit der venetiani=
schen Besitznahme Giorgio Cornaro, [16]) der Bruder Caterina's, der
7000 Dukaten Revenüen hatte. Die Signorie hatte ihm nämlich nach
seiner Rückkehr aus Cypern 14 Casali geschenkt. Dann kam Ca=
terina's Vetter, Tommaso Contarini, Graf von Joppe, mit
3000 Dukaten. Die Cornaro von Piskopi hatten nur 2500 Du=
katen. Das gleiche Einkommen hatten Anzolo Giustiniani,
Graf von Karpas, der Ritter Giovanni de Constanzo und
Francesko Davila. Der Seneschall Calceran Requesens,
ein Aragonese und wahrscheinlich Sohn des erwähnten Seneschalls
Onofrio Requesens, der wunderbarer Weise niemals mit der Re=
publik in Conflict gekommen war, wird mit einem Einkommen von
1000 Dukaten angegeben.

Diesen gegenüber waren die Verhältnisse des Hauses Lusig=
nan wahrhaft ärmlich zu nennen.

Die Erben des Phöbus von Lusignan, natürlichen Sohnes
des Königs Janus, hatten 300 Dukaten, und Isabella von Lu=
signan, unter der hier unzweifelhaft die Tochter des Grafen von
Karpas, Juan Perez Fabrices, und Gemahlin Philipps, des

Sohnes des früher erwähnten Klarion von Lusignan, zu verstehen ist, hatte mit ihrer Schwester Orsola (Ursula) Pobochatoro zusammen nur 400 Dukaten.

Wir haben bereits oben erzählt, wie es kam, daß der so reiche Klarion von Lusignan, Vetter Jakobs II., von diesem seiner gesammten Lehen beraubt worden war, und auch bemerkt, daß Venedig sich hütete, diese wieder herauszugeben, daß aber die Republik es nicht der Mühe werth erachtete, diese Familie, der die unbezweifelte Thronfolge nach dem Tod Charlotta's zustand, in Venetien zu interniren, sondern sie ruhig in Cypern ließ, beweist mehr als Alles, daß sie gänzlich bedeutungslos war und kein Cypriote bei ihr ehrgeizige Absichten voraussetzte.

Von Isabella's vier Söhnen bekleideten die beiden ältesten, Phöbus und Jason, nach einander die Stelle eines Kapitäns von Limasol. Jason ist der Vater unseres Historikers Giacomo, der Dominikaner wurde, sich als solcher Stephan nannte und die Stelle eines Vikars des Bischofs von Limasol, Andrea Mocenigo, bis zur Eroberung Cyperns durch die Türken inne hatte. Diese trieb ihn in's Abendland und die am 9. September 1570 erfolgende Erstürmung Nikosia's, bei der fast die ganze Einwohnerschaft niedergemetzelt wurde, bereitete auch den meisten Gliedern der Deszendenz seiner beiden Oheime Hector und Pietro (Phöbus hatte keine männliche Nachkommenschaft) einen plötzlichen Untergang. Was übrig blieb, versank in Dunkel und Vergessenheit.

Dieses war der Ausgang des einst so gefeierten Geschlechtes der Lusignan's.

So lange es mit der cyprischen Krone auch die von Jerusalem trug, wirkten die unglückseligen Verhältnisse dieses von Parteien zerrissenen Landes lähmend auf den Geist seiner Regenten. Dem Aufblühen ihres Erbreiches, denn so dürfen wir Cypern wohl bezeichnen, traten sie nicht minder hemmend in den Weg. Erst als das heilige Land den Christen gänzlich verloren gegangen war, entwickelte sich die Insel zu einem wahrhaft überraschenden Wohlstand. Die Regierung Hugo's IV. (1324—1359) bezeichnet diese glückliche Zeit. Sein Sohn Peter I., die ritterlichste und bewundertste Erscheinung seines Hauses, wenn nicht seines ganzen Zeitalters, suchte und gewann kriegerischen Ruhm und äußern Glanz in hohem Maße, „indeß ihm schmachvoll das Heimische verdarb." Sein jäher Tod zeigt uns, wie innerhalb weniger Jahre die bisher so gedeihliche Entwicklung der inneren Zustände in eine verderbliche Bahn gebrängt ward. Eine kräftige Hand, die den Strom in sein altes Bett gelenkt hätte, fehlte; ein Kind sollte das Scepter führen und was vielleicht nur eine zeitweilige Erkrankung gewesen wäre, führte jetzt zu einem unheilbaren Siechthum, als mit Hülfe einer ehrvergessenen Fürstin Genua des Hauptquells des dem Lande zuströmenden Reich= thums sich bemächtigte und ihn so lange für sich ausbeutete, bis er gänzlich versiegt war und der Handel andere Bahnen eingeschlagen hatte. Die drückenden Verpflichtungen, die diese Republik dem Lande zudem noch auferlegte, hinderten einestheils die Regenten, in dem Staatshaushalt das so nöthige Gleichgewicht herzustellen, andern= theils trieben sie diese zu wiederholten, nutzlosen und kostspieligen Versuchen, sich dieses Joches zu entledigen. Die so leichtsinnig her= aufbeschworenen Kriege mit Egypten und 'die daraus hervorgehende Vasallenschaft vollendeten den Ruin Cyperns.

Die ganze Wucht dieser unglücklichen Verhältnisse lastete nach der langen Regierung eines gänzlich kraftlosen Monarchen auf den zarten Schultern einer erst sechzehnjährigen Fürstin, der ein ebenso energieloser Gemahl an die Seite trat. Obgleich mit Muth und Willenskraft ausgestattet, vermochte sie doch nicht unter dem all= mächtigen Einfluß eines stolzen Adels ihren Halbbruder, einen ge= fährlichen und wilden Charakter, vor dessen Nachstellungen zu schü= tzen. Aus dem Lande vertrieben bemächtigte sich dieser mit egyp= tischer Hülfe in kurzer Zeit der Regierung und zwang nun seine Schwester, ein ruhe= und freudeloses Leben in der Verbannung zu führen, bis die ununterbrochenen Anstrengungen zur Wiedererlangung der Herrschaft ihr endlich einen vorzeitigen Tod bereiteten.

Dem Usurpator gelang, womit sich seine Vorgänger vergeblich abgemüht hatten, die Vertreibung des gefährlichsten Feindes, der Genuesen, von der Insel. Dafür wußte die Republik Venedig ihn an sich zu fesseln, indem sie ihn einestheils unter ihre Protection nahm, anderntheils durch eine Verbindung mit einer der angesehen= sten venetianischen Familien enger an sich heranzog und zugleich sich einen dauernden Einfluß auf die cyprischen Verhältnisse zu sichern suchte. Der plötzliche Tod ihres Günstlings in der Kraft seiner Jahre brachte die geheimen Plane der Republik zur Reife. Unter äußerlicher Beibehaltung der bisherigen Regierungsformen herrschte sie bereits daselbst in unbeschränkter Weise, bis sie nach Jahren in einem günstigen Augenblick durch eine erzwungene Thron= entsagung der Königin, ihrer Adoptivtochter, der Welt zeigte, daß das Reich der Lusignan's längst nicht mehr bestehe, daß vielmehr

der geflügelte Löwe des heiligen Markus mit einem neuen Beute=
stück heimgekehrt sei.

Der Name der Lusignan's ist, wie der so vieler anderen
Königsgeschlechter, längst verklungen. Der Reiz des Wunderbaren
aber, der an ihm in höherem Grade haftet, rettete ihn für die Poesie,
für die märchenhafte Sage. Und so lebt er fort in dem Sagen=
schatz des deutschen Volkes, in dem duftigsten Gebilde, das die ge=
staltungsreiche Phantasie der abendländischen Völker jemals hervor=
gebracht hat. Er schimmert uns entgegen aus dem Märchen von
der schönen Melusina, der Herrin des Schlosses Lussin, die ob=
gleich ein Wesen aus jenen Regionen, wozu nur der Poesie die
goldenen Schlüssel anvertraut sind, und den Gesetzen unseres Da=
seins nicht unterworfen, unter diese doch, erfaßt von der Macht der
Liebe, sich beugt und so die Mutter eines edlen Geschlechtes wird,
dessen Söhne in die Zauberwelt des Orients nach Ehren und Ruhm
ausziehen [17]) und dabei bis zu einem Throne sich aufschwingen. Zwar
muß sie, nachdem einmal ihre ideale Natur und damit der Gegen=
satz zu unserem Dasein kund geworden, ihrem menschlichen Walten
fortan wieder entsagen, aber als ein echtes Gebilde der Poesie, die
uns in ihr verkörpert entgegen tritt, wacht sie nun schützend über
den Sprossen ihres Hauses und empfindet ihre Schmerzen mit. Und
als ein solcher poetischer Schutzgeist hat sie in der strahlenden
Fassung des Märchens sich längst Unsterblichkeit gesichert, wenn
auch ihr eigener, spätgeborener Enkel, zugleich der letzte Zweig ihres
Stammes, wie wir ihn wohl bezeichnen dürfen, der gute Domini=
kaner Stephan von Lusignan, seine Ahnfrau in dieser idealen Ge=
staltung förmlich zu verläugnen sucht und sie gern in eine faßbare,
trockenangelegte, historisch = genealogische Figur umsetzen möchte. [18])

Anmerkungen.

1) Er starb zu Nikosia den 24. Juni 1501. Jean Attar, einer der ersten
Anhänger Jakobs II., war in Venedig geblieben und in den Kriegs=
dienst der Republik getreten. Er starb auch zu Venedig. Mas Latrie
III. S. 527.

2) Bosio II. S. 408. Auch an Ferdinand von Neapel und den Papst
ließ der Sultan damals Gesandte abgehen. Paoli II. S. 447.

3) Thomas Phicard wurde durch ein Dekret des Rathes der Zehn vom
19. September 1489 wieder in Freiheit gesetzt, da er sich stets als einen

treuen Diener Caterina's und der Republik bewährt habe. In dem Verzeichniß der Lehensleute, das bald nach der Einverleibung aufgestellt wurde, kommt er mit einem Einkommen von nur 550 Dukaten vor.

4) Mas Latrie III. S. 421.

5) „Et sic volumus et cum consilio nostro decem cum additione (näm¬ lich giunta oder Ergänzung des Rathes, der bei diesem Beschluß 29 stimmfähige Mitglieder zählte) mandamus vobis, ut ita disponere et providere debeatis omnia ad hunc effectum pertinentia quod ipsa serenissima regina *vel nolens habeat satisfacere huic deliberate nostre voluntati.“* Mas Latrie III. S. 423.

6) Zur Erinnerung an dieses Ereigniß wurde im Chor des Domes von Famagosta eine Mamortafel mit der Inschrift angebracht:

„Francisco de Priolis Venetae classi imperante divi Marci vexil¬ lum Cypri feliciter erectum est ao. MCCCCLVIII. die XXVI. Febr.“ (Die Datirung hier nach venetianischem Gebrauch.) Reyßbuch des h. Landes S. 377.

7) Die Schenkungsurkunde (Mas Latrie III. S. 452), in der nirgends von einer Thronentsagung die Rede ist, beginnt mit den etwas eigenthüm¬ lichen Worten: „Cum serenissima et excelcissima domina Cathe¬ rina Veneta de Lusignano, eadem (sc. Dei) gratia Hyerusalem, Cypri et Armenie regina illustrissima, carissima filia nostra, ad hanc Venetiarum civitatem in personam se contulerit, dignum arbi¬ trari sumus non modo ejus reginalem majestatem, pro paterno amore et singulari benevolentia, qua illam merito prosequimur, honorifice excipere, hilarique vultu amplecti, verum etiam ipsam regiam celsitudinem donare terra nostra Asili, in Tarvisino sita, ut, dum in his regionibus apud nos moram trahet, ejus dominio et amena loci salubritate gaudeat et fruatur.“

8) Geboren 1470 zu Benedig, studirte er von 1492—94 bei Constantin Laskaris zu Messina griechische Literatur, worauf er sich nur mit wissen¬ schaftlichen Arbeiten beschäftigt abwechselnd zu Benedig, Padua, Ferrara, Rom und Urbino (1506—12) aufhielt. Nach dem frühzeitigen Tode seiner Frau war er in den geistlichen Stand getreten, ohne sich dadurch in seiner ziemlich ungebundenen Lebensweise beirren zu lassen. Er folgte 1512 Julius von Medici nach Rom und ließ sich dort vom Papst Julius II. die Hospitalkommenden von Pola und später von Benevent übertragen, weshalb er auch das Ordenskleid nahm. Leo X. (Bruder seines Gönners) machte ihn sofort nach seiner Thronbesteigung (1513) zu seinem Sekretär. Nach dem Tode dieses Papstes (1521) zog er sich ganz nach Padua zurück. Wie es scheint, hatte er sich durch sein ge¬ nußsüchtiges Leben zuletzt in Rom unmöglich gemacht. In Padua lebte er vorzüglich den Wissenschaften und wurde wegen seiner großen Gelehrsamkeit und seiner reichen literarischen Sammlungen von frem¬ ben und einheimischen Gelehrten sehr gefeiert. Benedig machte ihn

1529 zum Historiographen der Republik und 1539 verlieh ihm Paul III. die Cardinalswürde, worauf er nach Rom übersiedelte. Der Hospital-orden ertheilte ihm damals auch die nominelle Großwürde eines Priors von Ungarn. Bembo starb zu Rom 1547 und wurde in der Domini-kanerkirche S. Maria sopra Minerva beerdigt.

Als Dichter wie als Prosaiker, sowohl in lateinischer, wie in ita-lienischer Sprache wird er außerordentlich geschätzt. Von seinen zahl-reichen Schriften nennen wir nur: Historia Veneta, welche die Zeit von 1487 bis 1513 umfaßt, und Gli Asolani, Dialoge über die Natur der Liebe, die sich auf seinen Aufenthalt an Caterina's Hof beziehen. Seine zahlreichen Gedichte sind zum Theil etwas freier Natur.

9) Le Bret, Magazin zum Gebrauch der Staaten- und Kirchengeschichte. Theil V. S. 439. Colbertalbi gibt eine Menge falscher Nachrichten, auch über Dinge, worüber er sich genau unterrichten konnte.

10) Mas Latrie III. S. 442.

11) Aus der Ordensgeschichte ist nicht ersichtlich, wenn er diese Würde er-hielt. Vor ihm (im Jahre 1485) besaß sie, aber sicherlich nur nominell, der Marschall Guy de Blanchefort, Neffe Aubusson's und später selbst Großmeister, dem damals die Bewachung des unglücklichen türki-schen Prinzen Dschem während seines Aufenthaltes in Frankreich oblag.

12) Mas Latrie III. S. 484.

13) Der Dukaten zu ungefähr 7 Frcs. und 20 Cts. gerechnet.

14) Der Patriarch von Venedig hatte nur 4600, der Erzbischof von Kandia 4000 Dukaten Einkommen. Auf dem Festland hatte der Bischof von Padua am meisten, nämlich 8000 Dukaten. Mas Latrie III. S. 542. Man vergleiche noch die Anmerkung 19 des zweiten Kapitels.

15) Die Behauptung Colbertalbi's (Mas Latrie III. S. 821), daß die Signorie nur den Familien Cornaro und Lippomani den Eintritt in den Hospitalorden erlaubt habe, ist unrichtig. Im fünfzehnten Jahr-hundert finden wir unter andern die Familien Bendramin, Diedo, Marcello, Querini, Dolfin darin vertreten. Im folgenden die Familie Bembo u. s. w. Daß die Signorie den Eintritt ihrer Patrizier in den Orden nicht gern sah, ergibt sich schon aus ihrer levantinischen Politik.

16) Giorgio Cornaro starb, nachdem er die höchsten Staatsämter mit Aus-nahme des Dukats und die wichtigsten Gesandtschaftsposten bekleidet hatte, 1524 in einem Alter von siebzig Jahren.

17) Schon bald nach dem ersten Kreuzzug war Hugo VI. von Lusignan mit einem Kreuzheere, das aus deutschen und französischen Herren bestand, aufgebrochen. In Kleinasien ging es auf eine jämmerliche Weise durch die Türken zu Grund, indeß rettete sich Hugo von Lusignan in das von den ersten Kreuzfahrern eroberte Tarsus in Cilicien.

18) Er sagt in seiner Histoire generale du Royaume de Cypre (Paris 1613) Fol. 190b: „L'an mil vingt et un il accompagna Guydo son nepueu Hugues Duc d'Aquiteine et Comte de Poicteurs. Ce comte

espousa la Dame de Melo, laquelle fut apres la mort de son mary surnommee Melusine, pour ce qu'elle estoit Dame des deux chasteaux Melo et Lusignan." (Da der Name Melusine bekanntlich nur eine andere Form für Melisende ist, so bleibt eine solche Deutung, wie sie hier der Dominikaner versucht, etwas eigenthümlich.) — „D'icelle est faict et inventé un vieil Roman plein de mensonges, fictions et impostures, comme de dire que son mary ait esté Comte de Forest et qu'elle a eu plusieurs enfans: bien-qu'à la verité elle n'ait iamais eu que Hugues de Lusignan." Er geht nun diesem Roman zu Leibe und weist ihm Differenzen in der Jahreszahl nach. Dann fährt er fort: „Aureste plusieurs ont escrit deuant mesme ces Romans et vrays Historiographes (womit er wahrscheinlich Bernardus Thesaurarius meint) que Melusine estoit fort versee en l'art Magique: et les autres que encor pour le iourdhuy on voit vne fenestre en la tour du chasteau de Lusignan et vn baing où elle se lavoit et qu'elle s'enfuyt par icelle en forme de serpent: et mesme que quand quelqu'un de la maison des Roys de France ou bien de la race des Lusignans est proche de la mort, vn serpent tourner trois tours autour dudit chasteau et iette trois cris fort espouuentables. Brief on en raconte meruerlles. Les autres disent que Melusine estoit vne femme fort addonnee à ses plaisirs et lubricitez et qu'à ceste occasion elle fit bastir ceste tour et edifier ce baing et que pour l'enormité de son peché on la feint avoir esté demy-serpent." — Nicht uninteressant ist auch das, was der gelehrte Perücken-professor Reinhard über denselben Gegenstand (I. S. 114) sagt: „Man trug sich ehedessen mit einem Mährlein, daß in einem viereckigen Thurme des Schlosses (Lusignan) die berufene Melusine, eine verwünschte Prinzessin aus dem Hause Lusignan, alle Freitage, halb als Weib, halb als Schlange, ihre Sünden büße. Auch glaubte man, daß sie denen aus dem Hause Lusignan den bevorstehenden Tod andeutete. Man verargte es dem Herzog von Montpensier durchgängig, daß er dieses uralte Gebäude zu Grunde gerichtet hatte, und Viele, die es zuvor nicht gesehen hatten, reiseten dahin, um wenigstens noch die Trümmer davon in Augenschein zu nehmen. Den bekannten Roman von der Melusine, an welchem sich noch der gemeine Mann vergnügt, hat Johann von Arras gemacht."

Inhalt.

Zusätze.

Zu Kapitel 5. Anmerkung 12.

Schon früher als Fontanus behauptet der Ulmer Mönch Frater Felix Faber in der Relation über seine, in den Jahren 1480 und 1483 in's heilige Land unternommenen Pilgerfahrten „Evagatorium in Terrae sanctae, Arabiae et Egypti peregrinationem" (Bibliothek des Literarischen Vereins in Stuttgart Bd. IV. S. 261), daß das St. Petersschloß von dem Ritter Schlegelholz, den er „Commentator dominus Johannes (?) Schlegelholz, qui de insula lacus Podamici prope Constantiam de domo Johannitarum Meinaw Rhodum advenerat" nennt, erbaut worden sei. Dieser Angabe stehen, wie bereits bemerkt, die von mir angeführten Quellen entgegen, doch scheint sie aus einer Art Tradition, die unter den deutschen Ordensrittern in Erinnerung an die hervorragende, conventuale Stellung Hesso's von Schlegelholz geherrscht haben mochte, hervorgegangen zu sein.

Zu Kapitel 5. Anmerkung 27.

Ungleich richtiger als bei Frater Felix (Evagatorium III. S. 252), der „Cholos" oder „Colon" (hergeleitet von dem Koloß) für einen Hauptnamen von Rhodos ausgibt und daher schließt: „Inde Rhodienses et Colocenses," heißt es bei Kohl, Pilgerfahrt des Landgrafen Wilhelm von Thüringen S. 94: „Da (zu Rhodos) ist ein Erzbisthum Colocene."

Berichtigungen.

Seite 22 Zeile 10 v. o. lies „sechzigsten"
„ 67 „ 5 v. o. lies „1385"
„ 70 „ 14 v. o. lies „Campagna = Peccana"
„ 72 „ 17 v. o. lies „Douane"
„ 73 „ 1 u. 14 v. u. lies „abschlägig"
„ 98 „ 5 v. o. lies „cyprischen"
„ 192 „ 3 v. o. lies „der"
„ 211 „ 6 v. u. lies „Cornaro"
Stammtafel A. Zeile 6 v. o. lies „† 1190"

Crus

KARPASISCHE P

Kantara

Gastria

Kap-Boy-Beu

Serghos

Paralimni

Sotira

Grenzlinie

Raimund,
in Maillezais.

b

Amalrich
† Februar 1205.

unds
chien
Pla=

Aus der erſten Ehe noch
zwei Söhne und eine
Tochter, die vor dem
Vater ſtarben.

a

Maria
prätendirt die Krone
v. Jeruſalem.

alric

loiſ
ld v
a

loise.   Margaretha.   Johannes von
d v. Sidon.   G. Walther von   Cäsarea.
  v. Mont-   Cäsarea.

b

Philipp v. Montfort,
   Herr v. Tyrus.
G. Maria, Erbin von
   Toron.

† 1283.   Humfried † 1284.   Rupin, Herr v. Tyrus,
.rgaretha   G. Eschiva v. Jbelin.   Toron u. Beirut.
fignan.

lbuin   Philipp, Seneschall.
  1284.

Heloise.   Jsabella.
G. Heinrich   a) Ferdinand von
v. Braunschweig.   Majorka.
                      b) Hugo v. Jbelin,
                         Graf v. Joppe u.
                         Askalon.

, daß
Nach-
, den
g zu

und
, in
Ur-

ngr.

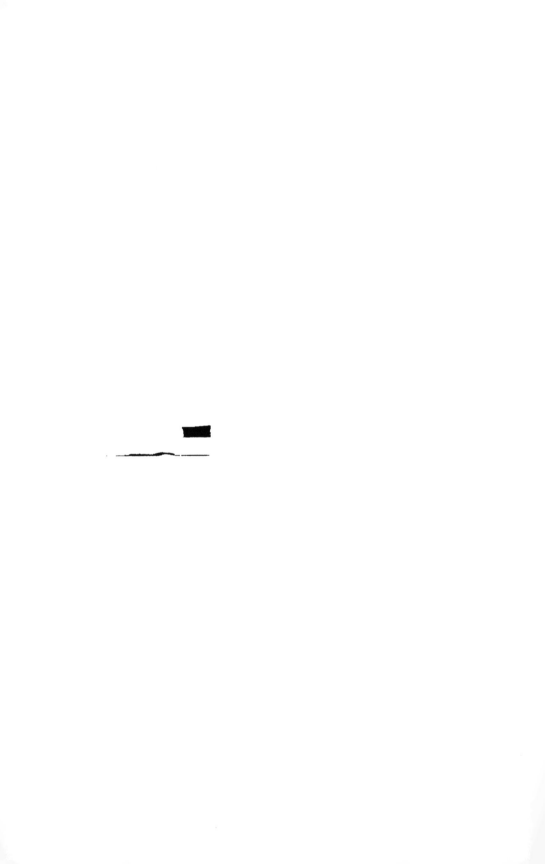

Bei denselben Verleger sind erschienen und können durch alle Buchhandlungen bezogen werden:

Damberger, J. F., P. S. J., Fürstenbuch zur Fürstentafel der Europäischen Staatengeschichte. 8°. Mit 60 Tabellen in gr. 4°.

Herabgesetzter Preis 2 fl. 42 kr. — 1 Thlr. 15 ngr.

— — Fürstentafel der Staatengeschichte (von 731—1830. Drei von J. Fried gezeichnete und von Serz und Spieß gestochene illuminirte Blätter in größtem Royal=Folio.

Herabgesetzter Preis 2 fl. 42 kr — 1 Thlr. 15 ngr.

— — Geschichte, synchronistische, der Kirche und Welt im Mittelalter. Umfassend die Jahre 476—1378.) Kritisch aus den Quellen bearbeitet. 15 Bände mit Kritikheften. gr. 8°.

Herabgesetzter Preis 25 fl. — 16 Thlr.

Die öffentliche Stimme unserer geachtetsten katholischen Organe gesteht, daß dieses großartige Werk einzig und unerreicht in unserer Literatur dastehe. Nachdem es als abgeschlossenes Ganze vorliegt, hat sich der Verleger entschlossen, den bisherigen Preis bedeutend zu reduziren, um es so Jedermann zugängig zu machen.

Gumpelzheimer, C. G., Regensburgs Geschichte, Sagen und Merkwürdigkeiten von den ältesten bis auf die neuesten Zeiten, in einem Abrisse aus den besten Chroniken, Geschichtsbüchern und Urkunden=Sammlungen dargestellt. 4 Bände. 8°.

Herabgesetzter Preis 2 fl. 42 kr. — 1 Thlr. 15 ngr.

Der Verfasser hat durch die Treue seiner Darstellungen sich den Namen einer Autorität erworben und wird der Geschichtsfreund aus dem Buche einen reichen Schatz der Vergangenheit schöpfen.

Kobler, A., Pr. d. G. J. und Professor der Kirchengeschichte an der k. k. Universität zu Innsbruck, Studien über die Klöster des Mittelalters. Aus dem Englischen übersetzt. 8°.

4 fl. — kr. — 2 Thlr. 10 ngr.

Soeben ist erschienen:

Regensburg

in seiner

Vergangenheit und Gegenwart.

Herausgegeben von dem historischen Verein für Oberpfalz und Regensburg.

Mit vielen Holzschnitten und zwei Plänen.

In halb Leinwand gebunden 1 fl. 36 kr. — 1 Thlr.

Wir haben es hier mit keinem gewöhnlichen Wegweiser oder Fremdenführer zu thun, der sich mit der Aufzählung einiger Kirchen und Gasthöfe begnügt, sondern mit einer Arbeit voll historischer Gründlichkeit, die sich in theilweise neuen Forschungsresultaten bekundet. Besonders anziehend ist die Betrachtung Regensburgs als Römerstadt, in der wir uns mittels eines eigenen Planes der römischen Stadtmauer vollkommen zu orientiren vermögen. Das Werkchen ist aber bei aller historischen Tüchtigkeit leichtfasslich geschrieben, so dass es Kenner und Laien befriedigen dürfte. Gelungene Illustrationen erleichtern das Verständniss und dienen der Schrift zur wesentlichen Zierde.

Bei denselben Verleger sind erschienen und können durch alle Buch=
handlungen bezogen werden:

Damberger, J. F., P. S. J., Fürstenbuch zur Fürstentafel der
Europäischen Staatengeschichte. 8°. Mit 60 Tabellen in gr. 4°.
Herabgesetzter Preis 2 fl. 42 kr. — 1 Thlr. 15 ngr.

— — Fürstentafel der Staatengeschichte (von 731—1830. Drei
von J. Fried gezeichnete und von Serz und Spieß gestochene
illuminirte Blätter in größtem Royal=Folio.
Herabgesetzter Preis 2 fl. 42 kr — 1 Thlr. 15 ngr.

— — Geschichte, synchronistische, der Kirche und Welt im Mittel=
alter. Umfassend die Jahre 476—1378.) Kritisch aus den Quellen
bearbeitet. 15 Bände mit Kritikheften. gr. 8°.
Herabgesetzter Preis 25 fl. — 16 Thlr.

Die öffentliche Stimme unserer geachtetsten katholischen Organe gesteht, daß
dieses großartige Werk einzig und unerreicht in unserer Literatur dastehe. Nach=
dem es als abgeschlossenes Ganze vorliegt, hat sich der Verleger entschlossen, den
bisherigen Preis bedeutend zu reduziren, um es so Jedermann zugängig zu
machen.

Gumpelzheimer, C. G., Regensburgs Geschichte, Sagen und
Merkwürdigkeiten von den ältesten bis auf die neuesten Zeiten, in
einem Abrisse aus den besten Chroniken, Geschichtsbüchern und Ur=
kunden=Sammlungen dargestellt. 4 Bände. 8°.
Herabgesetzter Preis 2 fl. 42 kr. — 1 Thlr. 15 ngr.

Der Verfasser hat durch die Treue seiner Darstellungen sich den Namen
einer Autorität erworben und wird der Geschichtsfreund aus dem Buche einen
reichen Schatz der Vergangenheit schöpfen.

Kobler, A., Pr. d. G. J. und Professor der Kirchengeschichte an
der k. k. Universität zu Innsbruck, Studien über die Klöster des
Mittelalters. Aus dem Englischen übersetzt. 8°.
4 fl. — kr. — 2 Thlr. 10 ngr.

Soeben ist erschienen:

Regensburg

in seiner

Vergangenheit und Gegenwart.

Herausgegeben von dem historischen Verein
für Oberpfalz und Regensburg.

Mit vielen Holzschnitten und zwei Plänen.

In halb Leinwand gebunden 1 fl. 36 kr. — 1 Thlr.

Wir haben es hier mit keinem gewöhnlichen Wegweiser
oder Fremdenführer zn thun, der sich mit der Aufzählung
einiger Kirchen und Gasthöfe begnügt, sondern mit einer Arbeit
voll historischer Gründlichkeit, die sich in theilweise
neuen Forschungsresultaten bekundet. Besonders anziehend ist
die Betrachtung Regensburgs als Römerstadt, in der wir uns
mittels eines eigenen Planes der römischen Stadtmauer vollkommen zu orientiren vermögen. Das Werkchen ist aber bei
aller historischen Tüchtigkeit leichtfasslich geschrieben, so
dass es Kenner und Laien befriedigen dürfte. Gelungene Illustrationen erleichtern das Verständniss und dienen der Schrift zur
wesentlichen Zierde.

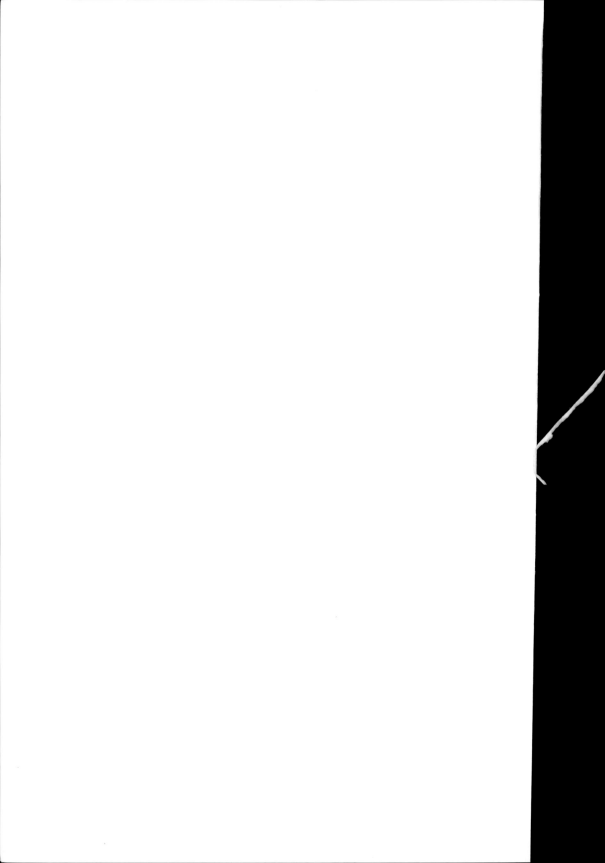

Lightning Source UK Ltd.
Milton Keynes UK
UKHW02f1330040718
325219UK00011B/817/P